程 勇/著

中国的美学问题

Aesthetic Problems of China

复旦大学出版社

浙江省哲学社会科学重点研究基地
浙江工业大学浙江学术文化研究中心资助出版

序言 | Foreword

本书题为"中国的美学问题",所讨论者既是属于(of)中国的美学问题,也是关于(about)、指向(to)中国的美学问题。

"中国"一词首见于文献,是何尊之铭文:"唯武王既克大邑商,则廷告于天,曰:余其宅兹中国,自兹乂民。"该器铸于周成王时,铭文追述周武王筹建成周而其子成王缵继其业,可知至迟在周初,今河南洛阳所在中原地区就被称作中国,将其视作居于"天下之中"的"国",而这"中"之定位,又是决定于由"天"亦即"上帝"或"太一神"所赋予王朝之合法性,因此也同时定位了天下的格局,天下其他部分都是因此一"中"而定。在周代文献中,"中国"的概念至少具有四种含义,即地理意义上的中原、政治意义上的天子之国、民族意义上的华夏民族、文化意义上的华夏文明。如《诗·大雅·民劳》:"惠此中国,以绥四方""惠此京师,以绥四方",如《礼记·王制》:"中国、夷、蛮、戎、狄,皆有安居、和味、宜服、利用、备器。五方之民,言语不通,嗜欲不同"等,都是从"宅兹中国"发展出来,而如考虑到张光直等学者论证的中国文明的连续性,则可以说这些含义的发生会更早。事实上,商代已经有"中商"之称谓。

将中国视作世界之中央、万邦之中心,是传统的中国观。石介说:"天处乎上,地处于下,居天地之中者曰中国,居天地之偏者曰四夷"①,就是一个典范性的解释。这似乎是以自我为中心的看待

---

① (宋)石介:《中国论》,见陈植锷点校《徂徕石先生文集》,中华书局1984年,第112页。

视野,但并不必然导向华夏中心主义、中国中心主义,因为在中国人眼中,有"家"、有"国"、有"天下",虽然三者是类似同心圆的同构关系,但"天下"不仅比"家""国"的外延要大得多,更具有逻辑而非事实上的优先性,意谓"家""国"都以"天下"为存在论前提。在经历明清易代之巨变后,顾炎武提出了著名的"亡国与亡天下之辨":"易姓改号,谓之亡国;仁义充塞,而至于率兽食人,人将相食,谓之亡天下。"①这清楚地表明了中国人"常把民族观念消融在人类观念里,也常把国家观念消融在天下或世界的观念里。他们只把民族和国家当作一个文化机体,并不存有狭义的民族观与狭义的国家观,'民族'与'国家'都只为文化而存在"②。

天下主义的国家观决定了中国的疆域和族群构成并非固定不变。所谓"'夷狄而中国,则中国之;中国而夷狄,则夷狄之'——这是中国思想正宗……它不是国家至上,不是种族至上,而是文化至上。于国家种族,仿佛皆不存彼我之见;而独于文化定其取舍",因而"中国非一般国家类型中之一国家,而是超国家类型的"③。这一思想极其深刻地影响了中国人对民族、国家和世界的基本理解,持续性地影响了古代中国的国家史、政治史的开展。"虽然秦制度终结了天下体系,但天下概念仍作为政治基因存在于中国实体里,使中国成为一个内含天下性之国家。尽管秦汉以来的中国不再经营世界,却试图把中国经营为一个天下的缩版","中国的双重性质注定了古代中国始终是一个未完成状态的概念,也是一个始终具有开放性的实体存在","时为秦之中土,时为唐元清之广域,或为十六国、南北朝、五代十国或宋辽金西夏之裂土"④。

---

① (清)顾炎武:《日知录》卷十三"正始"条,见黄汝成《日知录集释》,上海古籍出版社 2006 年,第 756—757 页。
② 钱穆:《中国文化史导论》,商务印书馆 1994 年,第 23 页。
③ 梁漱溟:《中国文化要义》,上海人民出版社 2005 年,第 144 页,第 21 页。
④ 赵汀阳:《中国作为一个政治神学概念》,《江海学刊》2015 年第 5 期,第 12—13 页。

天下概念造就了中国的开放性,一统概念则保证了中国的统一性。"'一统'不是化多(多不复存在)为一,而是合多(多仍旧存在)为一……但此'一'又非简单地合多为一,而是要从'头'、始或从根就合多为一"①,故一统之本意并非要将天下的所有存在同质化,而是要在保有各自品质、维持共在格局的基础上建立秩序,这个秩序必然是多样性和谐。一统就是要使天下从根源、始基上统一于中国与华夏,而"'华夏'与'中国'不能理解为大民族主义或者是一种强大的征服力量,它是一种理想,一种自民族、国家实体升华了的境界。这种境界有发达的经济、理想的政治、崇高的文化水平而没有种族歧视及阶级差别"②。中国与华夏两个概念最初是重叠的,在中国的生长(疆域的变动、族群的融合、政权的更替)过程中,政治中心不一定是今天洛阳一带之中原,而掌握政权的也不一定是华夏族,但在中原地区发展成熟的华夏文明始终熠熠生辉。当华夏文明为孔子创立的儒家学派继承、发扬,并在西汉中叶获得尊崇地位,逐步形成了中国文化的骨干,儒家文化、儒家的纲常伦理及其教化,也就逐步成为建构中国文化认同的核心。

这些观念萌生于中国文明的源头,构成中国之为中国的内在规定性,而观念和制度的优势,使中国拥有足够强大的解释和掌控自我与历史的能力。但到了 19 世纪中叶,面对西方资本主义国家凭借现代性支撑与经济、军事实力支持而建构起的世界体系,中国失去了从容应对的自信和能力。在这个体系里,中国非但不是中心,甚至没有中国的位置,除非她浴火重生,转型为民族国家,中国才能重新获得主体性与存在感,以新的身份进入历史。强势崛起的欧洲势力是中国不能按照自身生存逻辑予以转化/内化的外部因素,而在中国内部,此前被治乱循环的解释模式、王朝兴亡的历

---

① 刘家和:《论汉代春秋公羊学的大一统思想》,《史学理论研究》1985 年第 2 期,第 58—59 页。
② 杨向奎:《大一统与儒家思想》,北京出版社 2011 年,第 2、1 页。

史叙事掩盖了的社会和文化的结构性困境,也因欧洲列强全面入侵的刺激而显露无遗。在此"三千年未有之大变局"(李鸿章语)中,中国必须重新看待与设定自我,重新理解自我与世界的关系,并在这个陌生的世界中安置自我。

就基本事实说,中国的民族国家认同建构以中华民族多元一体的历史、文化格局为坚实基础,以"醒狮""巨龙腾飞"为核心象征与政治/文化想象,强有力地支撑了现代中国社会、制度、文化诸层面的巨大变革。正如许多学者指出的那样,从梁启超首次提出中华民族的概念,清朝作为最后一个王朝国家的覆灭,到社会主义中国作为现代主权国家的正式建立,中国作为民族国家的政治认同建构已告完成,但文化认同建构则是始终在进行的宏伟工程。以实现中华民族伟大复兴为目标的当代中国,全面深刻地感受着全球化和现代性的普遍压力,也以和平崛起的姿态积极参与全球多样性图景的构建。在全球化和后殖民状态下,世界政治、经济格局与中国社会关系的重组,在重塑中国的国家形象、重建中国的政治生活与文化生活的同时,也使历史形成的民族国家认同遭遇来自内外两方面的挑战。这也几乎是各个民族国家都不得不面对并必须予以解决的问题,这不仅因为当今多数民族国家都是多民族国家,而且同样感受着全球化与现代性的压力,感受着因信息技术革命造成的时空压缩带来的身份归属的困惑。

上述简略勾勒足以显示"中国"内涵之丰富。最近五十年的考古新发现业已证明,中国文明的起源与古代埃及文明时间相近,在形态、特征上也有相似之处,但中国文明有自己的发展道路和规律,而且是唯一没有中断的文明,这是人类史的奇迹。历史学家也早已用大量确凿史料论证,从秦建立大一统中国算起,直到清代中叶,中国在多数时间内都是其他国家和民族学习的榜样,中国是其借以实现自我认同建构的富有魅力和美感的文化镜像。至于中国从王朝国家向现代民族国家的成功转型,中国特色社会主义建设取得的伟大成就,中国崛起所显示的中国制度、中国方案的优越性,更是为思考现代性的多元开展,为广大发展中国家探索自己的发展道路,提供了范例和借鉴。无论在哪一方面,"我们中国人积累的历史经验和历史教训,对于整个人类历史发展有什么贡献,对于阐释人类的进步和人类的未来有什么样的意义,都是特别重大的问题"①。

把这些问题说清楚,也就进入了"释中国"的核心——"何以中国"。但这不只是一个历史学问题,还是一个哲学问题,更是一个文化政治问题。此诚如张旭东所说,一个民族国家如何定位和建构自己的政治/文化身份,就意味着构成这个国家的民族将以何种性质、何种形式的主体性,面对自己的传统,构思自己的未来,参与不同文化和价值体系之间的沟通/竞争、普遍主义话语的生产与分配,"这实际上也就是一个争取自主性,并由此参与界定世界文化和世界历史的问题。这反映出一个民族的根本性的抱负和自我期待"②。因此,要把这些问题说清楚,固然需要材料和事实的支撑——对上古中国的解释更是如此,但用来解释中国的理论也同样重要。"何以中国"既是一个知识论问题,也是一个价值论问题。

哲学家赵汀阳提出"检讨中国"和"重思中国"的概念,认为"'重思中国'的历史意义就在于试图恢复中国自己的思想能力,让中国重新开始思想,重新建立自己的思想框架和基本观念,重新创造自己的世界观、价值观和方法论,重新思考自身与世界,也就是去思考中国的前途、未来理念以及在世界中的作用和责任"。它针对的是百年来中国人从负面出发严重自我批评的"检讨中国"的思想运动,"如果说检讨中国所感兴趣的是'错误',那么,'重思中国'

---

① 李学勤:《尧、舜、禹的历史定位》,见其《中华古代文明的起源:李学勤说先秦》,生活·读书·新知三联书店 2019 年,第 87 页。
② 张旭东:《全球化时代的文化认同:西方普遍主义话语的历史批判》,北京大学出版社 2006 年,第 2 页。

关心的则是'创造'"①。据此,新时代的"释中国",其着力所在,一是"创造自己独立的概念系统和艺术感觉系统去进行对文化的发现和创造"②,二是发现和论证中国历史和经验中积极正面的价值,其目的所在,是将中国经验、中国观念从地方性知识建构为领导性的全球性知识,亦即在政治、经济实力逻辑的基点上,逐渐成为引领全球知识进步和体系重建的文明、文化体系。这绝非易事,但必得尝试,首先需要清理和调整的就是如下三种文化心理:

1. 文化自虐心理:沿袭近代以来"检讨中国""揭老底"的思想模式,以之为现代意识与知识分子批判精神的体现,不能积极正面地看待中国思想、中国经验的价值。例如,对"存天理,去人欲""饿死事小,失节事大"之类理学命题,不是从普遍伦理原则阐发其积极意义与生命力,而是一上手就具体化和简单化为封建意识形态而口诛笔伐。

2. 文化消闲心理:迎合平均化与世俗化的大众文化需要,以猎奇、探秘的眼光看待中国的历史和文化。于是,中华民族五千年辉煌的文明史,就被演绎成一部可供茶余饭后消遣的传奇,研究者则常被细枝末节的思想杂碎和知识片段纠缠不休,没有能力发明光大中华民族雄强、健全的生存气象和精神元素。

3. 文化冷漠心理:满足于"博物馆员"或"图书馆员"的身份,依照现代学科区划,将中国的事实和材料分门别类、贴签编号,充满敬意地送入各种规格的档案柜和保险箱,没有将传统文化看作"活的精神之流"和中华民族文化生命的慧根泉源,于是中国的知识以几何级飞速膨胀,而中国智慧却并不如期而至,他们所建构的中国的传统和历史,乃是自绝于当代生活和现代化的典籍化、材料

---

① 赵汀阳:《天下体系》,江苏教育出版社 2005 年,第 7、11 页。
② 胡惠林:《文化产业发展与国家文化安全》,《上海社会科学院学术季刊》2000年第 2 期,第 122 页。

化的传统和历史。

其次需要清理和调整的就是解释中国的范式和方法。以鸦片战争为界,救亡图存、"保种保国"的巨大压力,迫使中国的知识精英以批判、检讨的态度反省自己的文化核心观念,将民族生存困境归咎于传统文化自身的缺陷,并以"师夷长技以制夷"的心态全面接受西方知识体系。由此建立起中国的现代学术体制,包括类型化的学科知识系统、承担知识传递功能的教育体制,以及置身于高校研究机构的各个学科领域的专家、学者构成的知识生产机制。继而,当他们运用西方的话语系统(概念、方法、模型)描述和解释自己的历史与文化,虽然内蕴着通过将地方传统改写成现代知识而建构民族文化认同的深刻用意,但由于已经将西方知识体系作为生产标准,其潜在的思想逻辑是"凡西方的即合理的,凡合理的即普遍的,凡普遍的即善的"①,这种改写势必造成对中国传统之特性的遮蔽。这是因为,只有那些符合西方标准的思想材料才能纳入学科知识系统,获得合法性,此正如张岱年所体认:"区别哲学与非哲学,实在是以西洋哲学为表准,在现代知识情形下,这是不得不然的。"②

一个典型的例子就是"中国哲学"的成立。例如,按郑家栋的分析,"由经学模式向哲学模式的转换,构成了中国学术近现代发展的一个重要方面。而此种转化是通过引进西方的'哲学'观念及其所代表的一整套学术范式完成的。在此种转换中,西方的'学术范式'处于主动的、支配的地位,而中国传统思想内容在很大程度上成为了被处理的材料。而沟通二者的桥梁,就是强调'哲学'观念的普遍性",这不仅造成对"心性理论""天人合一"等"中国哲学"中特殊性问题的忽略,亦造成"中国哲学"界域的难以确定,"其所

---

① 余虹:《能否写"中国古代文学理论史"》,《文学评论》1998年第3期,第5页。
② 张岱年:《中国哲学大纲·自序》,中国社会科学出版社1982年,第17—18页。

涵盖的范围差不多是介于传统经学、子学和西方所谓'哲学'之间"①。美国汉学家安乐哲也指出："那些继续使用西方超越语言，用他们熟悉的概念范式重塑中国古典哲学的学者似乎已不会用其他方式看世界了"，"最具有讽刺意味的是，那些由于把某种'基础主义'的东西强加于中国古典哲学而引起的扭曲，在当代中国哲学家的合作努力下正得以长期保存"②。

这种令人沮丧的格局必须改变。20世纪90年代以来，在文史哲领域展开的程度不同的关于学科合法性的讨论，体现着中国学者的文化自觉与朝向创造的焦虑，也涌现出与学科性质相适应的解决方案，有各种尝试、探索、实验。我们现在还不能断定新的研究范式、方法、话语已经成型，但可大致确定如下几点共识：

1. 我们需要"非西方"的思路而非"反西方"的逻辑，这不仅是中国所处形势使然，也是大度、包容的中国思想的内在要求，然而也只有先行反思西方学科框架和解释范式的适用性，甚至拆解据以构建的"中国历史""中国思想"的七宝塔，中国的经验、观念、智慧才能呈现出本身所具有之活泼泼的开放性。

2. 我们需要秉持建构主义的中国观，在多种因素造就的中国的生长和开展中、在中华民族多元一体格局中看待和解释中国，而不是依赖某种凝固不变的"中国性"或"中华性"。事实上，"中国文化传统并不是单一的、铁板一块的知识体系、信仰系统或行为准则，也不会提供一个统一的观点看法，或统一的思维方式"③。

3. 我们需要进入中国历史的自身脉络，遵循中国文化的内在视野，在与西方学术的对话中提出体现我们自己的问题意识的核

---

① 郑家栋：《"中国哲学"的"合法性"问题》，见赵汀阳主编《论证3》，广西师范大学出版社2003年，第283—284页。
② ［美］安乐哲：《和而不同：比较哲学与中西会通》，北京大学出版社2002年，第32页。
③ 张隆溪：《中西文化研究十论》，复旦大学出版社2005年，第108页。

心概念,独立自主地发现和解释中国的历史,论证和确立中国历史和文化传统的独立性及其观念、制度、价值的优越性,并努力使其获得普遍性,亦即在全球范围内的可分享性,而这同时也是对具有普遍性的人类文化事实的反思。

上述讨论划定了本书所收论文的范围和主旨,是本书描述、解释和重构中国审美文化、中国人的审美生活及其反思的基础。这些论文分为三组:第一组论文带有元批判的性质,是对有关中国美学问题的研究视野、研究范式和研究方法等的反思和构思;第二组论文尝试在中国历史、中国文化和儒家思想的自身脉络中,描述儒家的审美思想,重构儒家的美学话语,如其所是地显示其特质、价值,及其对中国文化精神与中华民族共同体的塑造;第三组论文讨论当代中国的民族国家认同建构在审美文化领域的映射,思考如何在实现中华民族伟大复兴的战略框架内,构建旨在重塑、加强国家认同的国家文化长城和中华民族共同的精神文化家园。三组论文,虽然具体分析和阐释的对象有异,但研究预设和问题意识存在一致性,即重建中国的生活世界和思想世界。这无疑是一个巨大的中国问题,而之所以将其视为一个美学问题,则是因为在我看来,作为第一哲学的美学(杨春时语)的本性就是思考关于世界和人自身的大问题,而以礼乐文明为根柢的中国的政治和文化传统就是美学传统,"宅兹中国"设定的中国不仅是一个政治神学概念,也是一个美学概念。

目录 | Contents

序言 ··· 1

第一部分　反思与想象

时代思想气象与文艺学研究 ······································· 3
中国文学理论创新如何可能？ ···································· 16
制度美学的概念与意义 ·· 25
休闲时代美学何为？ ··· 39
儒家思想与当代中国美学的开展 ································ 52
中国古代文论研究的两种类型 ···································· 68
国家文化安全视野中的艺术教育问题 ··························· 80

第二部分　描述与重构

前儒家时代的文论遗产 ·· 97
内圣外王与儒家美学的精神、逻辑及话语生成 ·············· 111
六经之教与儒家文论之成型 ····································· 124
从孔子到荀子：儒家制度美学的构型及其内在症结 ········ 145
圣王意识与一统事业 ··· 168

今文经学的制度美学与汉代审美制度的形塑⋯⋯⋯⋯ 190
谶纬知识谱系中的儒家文论⋯⋯⋯⋯⋯⋯⋯⋯⋯⋯ 210
理学文论话语建构的脉络与特质⋯⋯⋯⋯⋯⋯⋯⋯ 232

第三部分　形象与镜像

审美文化与民族国家认同的关联性分析⋯⋯⋯⋯⋯ 251
红色记忆生产与民族国家认同的塑造⋯⋯⋯⋯⋯⋯ 270
大众文化的中国形象建构批判⋯⋯⋯⋯⋯⋯⋯⋯⋯ 285
和谐中国形象建构的意义、类型与方式⋯⋯⋯⋯⋯ 300

第一部分

反思与想象

时代思想气象与文艺学研究

一、文艺学研究的危机

作为中国传统学术范畴,"气象"指圣贤人格、天地自然、言语文章体现出来的整体精神风貌和生命形态,有所谓"圣贤气象""天地气象""言语气象"之称。"气"关涉事物的本体、生命、人的主观精神和时代精神,"象"则是形象、现象、显相、意象、规模,因而"气象"一词具有极强的涵摄性。用之于看待思想,即旨在把握和描述由多种因素和力量构成的思想领域的整体状况和气度规模,而不至于被细枝末节的思想杂碎和知识片段纠缠不休。气象是中性的概念,有好的气象,也有坏的气象。

以之观察20世纪90年代以来中国的精神状况,可以说,伴随着中国社会急剧向市民社会形态转变,在社会意识领域,古今中外种种正面负面的文化元素杂糅交错,主流与浮沫、风尚与迷误一时间难解难分,颇有些"乱花渐欲迷人眼"的味道。虽然知识界不乏严肃的思想者甚至殉道者,但正如赵汀阳尖锐指出的:目前这个社会似乎有一种集体性的对人民的误解,即以为人民只需要娱乐而不需要思想。很容易观察到,当下的精神生活主要是娱乐明星、都市写作和体育,这样轻浮的堕落是令人吃惊的。娱乐并不是坏事,问题在于,如果娱乐成为最高价值,同时还反对宏大叙事和深刻思想,就会形成一种轻浮和软弱无力的精神结构。用小叙事代替宏大叙事,用娱乐代替思想,这样腐败的精神最终会导致社会的崩溃①。既然知识界整体上呈现出的是一种孱弱无力、缺乏刚劲风骨的精神气象,那些严肃的思想也就如空谷足音,被喧嚣其实肤浅的时尚声浪迅速淹没,如此则学术的时尚化、学术界的造星运动自然在所难免。

时代思想气象如此,20世纪90年代以来的文艺学研究也未能幸免,思想的缺失与学术的萎缩同样令人抱憾。虽然我们一直有建设有中国特色的文学理论的呼吁与希冀,事实上现在也进入了一个"文学主张杂语化、多样化的时代"②,而且,与新中国成立以来前70年相比较,目前文坛上新说迭起的繁荣局面确实令人欢欣鼓舞。但假如这些新说不过是西方旧论的中国版,就未免不是一种假象,掩盖了中国文艺学思想创造贫乏无力的实质。我们很容易指出如下的事实:

1. 文艺学界推崇的思想偶像和操持的话语形态均来自西方;
2. 西方话语的引进,以及在西方话语启迪下提出的各种本土新说,并没有开辟中国文艺学的新纪元;
3. 中国传统文论并没有实质性地成为思想资源③;
4. 文学理论对文学实践的阐释显得捉襟见肘;
5. 文学理论迎合时尚与平庸,弱化了人文学者应有的批判气质④。

因此,若从20世纪中国文艺学建设与知识生产的维度评价文艺学研究,有理由认为新时期文艺学获得了"长足的多元的大发展"⑤。但若将其置于人类文艺学研究的整体视域与思想创造的

---

① 赵汀阳:《哲学原旨主义》,《中国人民大学学报》2005年第1期,第12页。
② 钱中文、童庆炳:《新时期文艺学的建设与展望》,《华中师范大学学报》2000年第3期,第73—74页。
③ 罗宏:《创新与迷失:新时期文艺学建设的若干反思》,《文学评论》2005年第4期,第188页。
④ 钱中文在"2005:新时期文学理论的回顾与展望"学术研讨会上的发言。
⑤ 朱立元、孙士聪、刘凯:《试论新时期以来中国文艺学的大发展》,《湖南文理学院学报》2006年第6期,第57—66页。

维度中审视,那就不能不承认当下中国的文艺学研究其实存在着深刻的危机:文艺学研究主体没有收拾精神、立定脚跟,而或者唯欧美学术马首是瞻,或者与消费社会意识形态达成共谋,或者在封闭僵化的知识体系中抱残守缺甚至孤芳自赏,或者为争夺话语权力刻意标新立异甚至党同伐异。据此展开的文艺学研究也如无根的浮萍,有各种各样层出不穷的文艺学知识生产,却少见对时代问题有深刻洞察力的文艺学思想创造。须知知识生产固然重要,但缺乏严肃的思想,知识本身也可能是完全无聊的,也很有可能成为娱乐的对象。

文艺学研究的这种整体性的漂浮状况,使其无法承担起应尽使命之沉重。在我看来,作为学术研究,文艺学研究乃是人类智性的凝结与精神力量的确证,是一个民族智慧才能与理论创造力的重要表征。作为文学研究,则不仅是观察我们历史的一种特殊方法,而且直接参与当代中国社会的人格建设,以澄明和提升国民的存在境界,从根本上说是通过文学性展开的现代性探究与文化认同。文艺学研究的存在意义端赖乎此,文艺学研究之道亦根植于斯。

然而,就文艺学作为学术研究而言,季羡林先生若干年前语惊四座的"门外谈文"至今仍令人警醒:"我们东方国家,在文艺理论方面噤若寒蝉,在近代没有一个人创立出什么比较有影响的文艺理论体系……没有一本文艺理论著作传入西方,起了影响,引起轰动。"[①]假如略嫌季老的话带有"西方不亮东方亮"的话语权之争的意味,那么朱苏力的感受似乎更切合当下时代:

> 在借鉴了这一切外来的知识之后,在经济发展的同时或之后,世界也许会发问,以理论、思想和学术表现出来的对于

[①] 季羡林:《东方文论选·序》,见曹顺庆主编:《东方文论选》,四川人民出版社1996年。

世界的解说,什么是你——中国——的贡献?①

那也就可以发问:在经历了现代主义与后现代主义的话语狂欢之后,在没有什么西方文学理论不是我们所不知道的以后,中国的文艺学研究贡献了什么与众不同的理论、思想和学术以解说这个世界呢?

就文艺学作为文学研究而言,我们看到,文艺学研究与文学现实的隔膜疏离,尤其是内在思想境界的匮乏,使其无法确立一种与时代核心价值相适应的雄健正大的审美气象,无法确立与此审美气象相适应的文学创造的精神品格与审美路径。而种种貌似深刻其实大而无当的感念言谈与出位错位之思,使其越来越难以成为作家的知音,更不用说提升作家的精神境界与审美品位了。这就使其从根本上对于诊治当下中国文学创作审美气象病态化的严峻现实有心无力,而一些对于消费意识形态审美化倾向的赞赏与迎合,反倒对文坛上简陋卑俗的"怎么都行"境界有推波助澜之势。

二、思想取境与思想方法

文艺学研究困境的形成,与 20 世纪中国文艺学传统的断裂有关,与 20 世纪 90 年代以来中国社会向市民社会形态的急剧转变有关,与当代学人缺乏贯通中西的学养和以中兴文化自命的学术责任有关,更与研究主体思想取境偏低与思想方法的偏失有关。这一点相当致命,因为如果不能自立根基、自立门户、自作主宰,则随波逐流、游骑无归就在所难免。

文艺学研究主体思想取境偏低,主要体现在三个方面,即问题

---

① 苏力:《法治及其本土资源·自序》,见苏力:《法治及其本土资源》,中国政法大学出版社 1996 年。

意识淡漠、历史意识匮乏、价值关怀虚化:

第一,问题意识淡漠:问题意识不仅决定着研究主体的价值导向,也决定了研究对象和研究方法的选择,而真正的问题来自当代中国社会文化创造所面临的困境。只有在问题之中,我们才能明了、确定自身的处境,也才能有真正的思想者出现,因而任何研究必须以问题为出发点。这是老生常谈,却并不容易做到,因为问题往往停留在意识表层,没有真正驱动研究。就文艺学研究而言,最为突出而亟须解决的问题是:

1. 对域外文艺学研究的新发展亦步亦趋,以为非此则不能推动我国文艺学研究的现代化进程,非此则不能使我国的文艺学研究居于世界学术前沿。这番"良苦用心"其实殊无意味,因为所谓文学并不具有某种永恒抽象的本质和发展规律,西方的文学理论未必适合在社会文化发展的进程和现实,以及在文学传统方面都与西方存在不同的我国。我们这方面的教训甚多,比如从西方舶来的现实主义、浪漫主义、古典主义一旦运用于中国古代文学研究,不仅在事实上阻碍了对古典文学的正当理解——这种研究实际上是以西方文学遮蔽本民族文学的特色为代价——而且也不得不对原型理论做出修正,因而事实上已非原意;而且,"盲目地进口'主义',即使是好的思想体系也会发生削足适履的错误"[①]。

2. 对研究对象持一种貌似中允客观的态度,以为非此则不能称作科学研究,殊不知"从来就不存在与价值判断截然分离的事实判断",这种所谓的客观研究实际上是"主体逃避对自己置身于其中的生活世界的艰难探索,逃避对主体应当持有的价值导向的确定的一种胆怯行为"[②]。

问题意识的淡漠使得中国的文艺学研究提不出自己的真正的

---

① 陈思和:《笔走龙蛇》,山东友谊出版社1997年,第21页。
② 俞吾金:《俞吾金集》,黑龙江教育出版社1995年,第65页。

问题,而多有假问题和伪问题,因而也就无从开展思想,或者只有错位之思。比如,当我们运用借自西方的"左"派批判理论对当代中国社会进行文化批判时,其潜台词是中国与西方资本主义国家一样面临同样的问题,如此则种种义愤填膺、振振有词、掷地有声便不仅无益,甚至有碍于人们了解当代中国文化事实的真相。

第二,历史意识匮乏:历史意识是确立应有的客观的价值坐标的前提,其核心是使研究者准确地理解和把握自己作为主体存在的历史性。历史意识的匮乏只能导致抽象的研究主体,这个主体不能把自己理解为处身于21世纪之初的中国人,从而在对自己应当持有的价值立场的选择上存在误解和错失,于是要么用他人的立场取代了自己的立场,要么用主观的价值导向取代了客观的价值导向。这并非文艺学研究所独然,而是自20世纪80年代中叶以来就较为普遍地存在于人文社会学界的问题。就文艺学研究而言,历史意识匮乏的突出表现有二:

1. 受西方后现代主义鼓噪的影响,竭力从当代中国社会精神文化结构中寻找具有后现代文化特征的要素,将某些局部的片段的事实膨胀为当代中国的普遍状况。如此不仅那些美轮美奂的理论大厦不过是海市蜃楼,而且还会严重影响对当下中国审美文化事实的认知、对审美文化建构的引导与规范。当下中国文艺生态表现出的某种无序化甚至病态化就与此有关,其实质是"忽略东西方的文化传统的差异、意识形态的差异以及所面临的问题的差异,把本来是西方的文化传统无条件地搬到了东方,嵌入我们的话语系统"[①]。

2. 虽然宣称不存在某种抽象永恒的本质,却在事实上追逐某种放之四海而皆准的普遍和永恒的理论幻影,往往以"科学的文艺

---

① 盛宁:《人文困惑与反思——西方后现代主义思潮批判》,生活·读书·新知三联书店1997年,第5页。

学"自命自负,以真理的代言人自居自傲,忘记了文学理论话语的建构性与文学变动不居的特性。这就不仅必然造成"自言自语"的文艺学研究与文学现实隔膜日深,同时也导致其在价值判断上的谬误和错位,即使是那些批判的声音,也不过是貌似严肃,而在事实上是隔靴搔痒,号错了脉。

第三,价值关怀虚化:问题意识的淡漠、历史意识的匮乏必然导致价值关怀的虚化,其突出表现有三:

1. 不能以植根于现代性境域的人文精神为价值关怀的思想根基,更不能以正致力于实现中华民族伟大复兴的当代中国社会的核心价值为思想根基,据以确立中国文学的高远境界,引领中国文学的发展。反倒以创作自由、批评宽容相标榜,对当下文坛迷醉于展示人世的卑污琐屑和精神的浑浊病态默许纵容,甚或以此病态体验与展示为揭示现代性之精髓而击节赞赏。

2. 将当代中国人虚化为与西方人同质的文学活动主体,并在此基础上探讨某种文学行为的意义与可能性。这种探讨因为全球化讨论的热度急剧升温,其结果往往是将研究者个人或某一群体的特殊需要泛化为当代中国人的普遍需要,因而确实有必要追问究竟是"什么地方的日常生活审美化了?谁的日常生活审美化了?"①

3. 不能很好地处理本土化与全球化的关系,不懂得全球化在实际上造成对于文化多元和民族差异性前所未有的尊重与强调,不懂得本土化既非理论建构的原点,也绝不是理论研究的最终指向。对于普适性的"世界文论体系"的向往,抑或对于本真性的"中国文论话语"的追求,看似截然相反,其实都失却了应有的价值关怀。至于那种只承认中国传统文论的资料性价值的做法,更是自

---

① 赵勇:《谁的"日常生活审美化"?怎样做"文化研究"?》,《河北学刊》2004年第5期,第81—85页。

觉远离了这个时代的思想中心。

文艺学研究主体在思想方法上的偏失,也体现为三个方面,即重演绎、轻归纳,重技术、轻思想,重本质、轻现象。

第一,重演绎、轻归纳。演绎法即从一个高层次的、普遍的原理出发,推广到个别事物。这种收敛式的思维方式与创造性无关,因为结论中出现的东西早已包含在作为演绎出发点的普遍原理之中了。而真正有创造性的思想总是面向生活、面向实际的,总是在与演绎法相反的归纳法的基础上展开的,诚如卡西尔所说:"思想的道路不是从概念、公理到现象,而是相反"①。演绎所依据的普遍原理,或来自马克思主义,或为西方的各种思潮,演绎的过程是从概念到概念,演绎出的结论则不仅缺乏创造性,也可能与事实不符。

重演绎、轻归纳,表明研究者在两方面存在问题:1. 研究者缺乏对研究对象的深入体察,不愿意在全面掌握材料的基础上展开现象学分析,只能依据高一级的原理或其他学科的成果推演成篇,迷醉于所谓理论的严谨性和逻辑性;2. 研究者迫于各种压力,逃避严谨求实因而需要耗费大量精力的分析工作,缺乏具有典范性的个案研究即与此相关。就此而言,一些从事文化研究的学者对文艺学知识生产与大学体制关系的深刻揭示,的确发人深省。

第二,重技术、轻思想。近年来弥漫于中国学术界的浮躁风气也极为深刻地影响到文艺学研究,其中一个表现就是对严肃思考的自觉流放。研究者不去就研究对象本身的意义和价值进行深刻的思考,反而竭力追逐自己未必通晓其义的时髦的名词术语,似乎这就是站在时代前列的具有创新性的学术研究了,却不深思华丽的外衣如何能够遮掩思想的贫乏?或者放弃事关以实现中华民族伟大复兴为核心的社会文化发展重大问题的宏大

---

① [德]卡西勒:《启蒙哲学》,顾伟铭等译,山东人民出版社1988年,第6页。

叙事的建构,主张理论的批评化,从而在事实上造成了对小叙事的迷恋。

这也从一个方面解释了研究者何以特别重视演绎法。因为在缺乏独立识见的前提下,将既定结论和时髦的语句甚至时尚元素嫁接在一起,不失为快速提升论文思想含量的办法。这就使一些研究类似于色彩斑斓的商品包装,因而也就不能期望其在思想创造上有实质性的突破。中国的文艺学研究论著的年产量居于世界领先地位,但我们并没有因此成为思想大国,与此关联甚深。技术固然重要,但只有"由技入乎道",才不至于舍本逐末。

第三,重本质、轻现象。这是顽固地存在于许多研究者头脑中的本质主义的思维方式。这种思维方式相信万事万物都存在着固定不变的永恒本质,现象本身是不重要的,重要的是隐藏在其背后的本质,只要抓住了永恒本质,就能用它来解释一切现象,与之相应的就是二元论的思想方法。本质主义是一种实体性的思维方式,是从实体而不是功能来看待事物的存在,因而是典型的西方文化。受此影响,文艺学研究也把原本变动不居、有无限多样可能性的文学"视作一种具有'普遍规律'和'固定本质'的实体,它不是在特定的语境中提出并讨论文学理论的具体问题,而是先验地假定了'问题'及其'答案',并相信只要掌握了正确、科学的方法,就可以把握这种'普遍规律'和'固有本质'"①,反过来可以指导文学实践。这种指望毕其功于一役的想法倘能真正成立,自然是好的。但问题在于,本质主义的思维方式不仅必然造成文艺学研究与文学现实的隔膜,使"文学理论对文学实践的阐释显得捉襟见肘",也必然造成对从概念到概念的演绎方法、从书本到书本的知识生产套路的依赖,甚至明知某些文艺学知识的无聊还要想方设法、煞有

---

① 陶东风:《大学文艺学的学科反思》,《文学评论》2001年第5期,第98页。

介事地进行辩论,以维护所谓本质、真理的崇高性。思想堕落至此,已全无严肃性可言。

三、我们应当如何思想文艺学?

中国文艺学必须思想,而且思想必须严肃。这首先是因为,"当中国发展成为一个在世界上必须说话的大国,一个必须做事的大国,一个必须为世界负责的大国,就不得不在思想上有所创造,不能无话可说,不能无所作为,不能随波逐流。在这里别无选择,因为这不是一个愿意不愿意的问题,而是所处地位和形势所迫的事情。因此,建设性的思想比以往任何时候都显得更加重要",如此当代中国就应致力于"恢复中国自己的思想能力,让中国重新开始思想,重新建立自己的思想框架和基本观念,重新创造自己的世界观、价值观和方法论,重新思考自身与世界"①,即重建中国的思想世界。这首先不存在与西方思想争取所谓话语权力的问题,也不仅仅是对于中国曾经是一个思想创造大国的缅怀,因而也就不能采取狭隘的民族文化保守主义的立场。而是要在致力于避免民族根性丧失的同时保持开放的胸怀,以此表明中国积极参与全球化进程的姿态,要为创造一个和而不同的世界政治文化秩序做出自己的贡献。同时,在世界文坛发出中国文论的声音,还将促进中华民族的文化认同建构,使中国人的文化经验和审美体悟真正成为可分享的精神财富。

其次是因为当下中国的精神生活出了问题。"我们所以思想,终究是因为生活出了问题,假如生活不出问题,就没有什么值得思想的。思想的严肃性来自生活的严肃性","人民需要思想,而不仅

---

① 赵汀阳:《天下体系:世界制度哲学导论》,江苏教育出版社 2005 年,第 11、7 页。

仅需要娱乐和知识"①。文艺学研究直接面对的是文学活动,因而"思想文学"是文艺学的本分,但不能仅止于此,因为文学作为文化活动,是民族精神的存在方式,展现着一个民族的生命形态、审美气象、文化形象。当下中国文坛"上不着天,下不接地",既缺乏高远的精神境界,也远离了人民生活的实相。这与根基深厚的民族文化传统、蓬勃向上的社会发展方向、实现中华民族伟大复兴的历史重任都不相吻合。不仅无助于这个伟大时代的人格建设,反倒鼓励人们胸无大志、沉迷于物质生活,只关心鸡毛蒜皮的生活细节,一些专一迎合低俗趣味的作品更直接危及国家文化安全。假如我们认同荀子对于艺术与政治之关联的深刻体察,所谓"声乐之入人也深,其化人也速……乐姚冶以险,则民流僈鄙贱矣。流僈则乱,鄙贱则争,乱争则兵弱城犯,敌国危之"(《荀子·乐论》),那就不能不承认,存在于当下文坛上的种种问题,其实是与每一个中国人的生活意义相关的问题,是关系着中国文化和中华民族未来命运的问题。

重建中国的思想世界将是一个漫长的过程,现在才刚刚开始。但是,严肃的文艺学思想创造必须以中国为根基,以当下中国精神生活为轴心,问题由此提出,思路由此创造。如此则无论西方文论抑或中国文论都不过是思想材料,我们所要做的就是将其价值做成真理。例如,中国传统美学文论不以实体眼光审视审美和文艺,不是殚精竭虑、逐层深入地寻求本质并做出定义式的说明,而是将其置于由气、阴阳、五行构成的宇宙整体中来看待,通过描述让其不同存在方式,各个层面、侧面、方面显现出来,而且强调不同的艺术体类因一气流通而造成的相通。这种思想方式是开放的、面向无数可能性的,因而是切合变动不居的文学活动的思想方式,对于看待当代文学泛化的事实更是一个有价值的眼光。但在中国传统

---

① 赵汀阳:《哲学原旨主义》,《中国人民大学学报》2005年第1期,第12页。

里,这种睿智的思想方式是未经反思的,更类似于文学表达的直觉体认,要据此确立中国文艺学研究的方法论,就不仅仅是简单找到其与现在的接榫处或会通处,更不是将其直接翻译为现代学术话语,而是在思想空间里补足其得以成立的知识和逻辑条件。在此方面,马克思主义、经过现象学洗礼的现代西方思想,都提供了许多材料和方法。这是说,中国的文艺学思想创造不需要反对西方,更无须执着于民族根性之纯粹,而是需要在"破执"基础上对二者都做一番"化"的功夫,多元文化间的对话与融构才是世界文化发展的走向。"善化"曾经是中国思想的气质,也理应成为中国思想重建的原则。

严肃的文艺学思想创造必须坚持价值优先原则,因为知识未必都是光辉的,而且正如福柯所说:"对知识的热情,如果仅仅导致某种程度上的学识增长,而不是以这样那样的方式或在可能的程度上使求知者偏离他的自我,那么它归根到底能有什么价值可言?"[①]甚至当某种真理违背了人类根本利益时,人类也应当加以反对。坚持价值优先原则的文艺学形态是规范诗学,即依据某种文化理想确立适宜的文学形态、文学生态,这是以道驭技、体用不二的诗学;而不是归纳诗学,以总结既往文学经验、形成某种知识系统为己任,这是道、器分离的诗学。在此方面,中国文论的思想方式和话语构建方式都提供了有益启示。且不说儒家以内圣外王作为文论话语构建的原初向度,因此儒家文论是典型的规范诗学形态,就是被鲁迅认为堪与亚里士多德《诗学》媲美、并为"解析神质,包举洪纤,开源发流,为世楷式"的《文心雕龙》,也强调所有文体都应当贯彻"六经"所承载的文化精神,其以《原道》《征圣》《宗经》《正纬》《辨骚》为"文之枢纽",正可见出这一根本目的。

这就有两个问题:1. 必须以植根于现代性境域的人文精神为

---

① [法]福柯:《性史》,张廷琛译,上海科学技术文献出版社 1989 年,第163页。

价值关怀的思想根基,尤其是以致力于实现中华民族伟大复兴的当代中国社会的核心价值为思想根基;2. 研究主体必须努力使个人关怀真正切近时代意识的中心,否则就只有"感想"而没有"思想",如此才能确立中国文学创作应取的意义元素、生命形态、精神气象、审美境界。这就有选择,有反思。但就研究主体来说,势不能满足于学科体制化的文艺学知识生产模式,止步于对文学现象的描述和解释,迷醉于建构"科学的文艺学"的知识体系,而必须对所有文艺学知识的合法性做出批判和证明,由此体现人文学者的批判气质,其矛头所向当然首先是批判者自己。我们需要自由平等的对话,却不需要无原则的宽容,自由平等的对话保证思想不陷入偏执,无原则的宽容却只能使灵魂飘泊无依,因而也就无从思想。

今天,世界格局正在发生重大变化,人类正面临又一次思想创新运动。西方学者已经开始"重思西方",中国学者也需要"重思中国",这一具有世界性意义的思想工作艰难而沉重,却必得亟切加以解决。这无疑也是文艺学研究的基本文化语境。在经历了一个世纪的学习西方、"反思中国"的思想运动之后,中国的文艺学研究者理应为重建中国的思想世界做出自己的贡献,唯此才能真正无愧于实现中华民族伟大复兴的时代要求。

中国文学理论创新如何可能？

一、中国文学理论创新的困惑

　　1995年左右，曹顺庆等人提出"中国文论失语症""古代文论创造性转换"的命题，其后陆续开展的讨论使中国文学理论创新的意识和吁求涌现文坛，激发起新一轮有关中国文学研究的美好想象。然而，现实总是喜欢让想象栽跟头，时至今日，十几年前令学人苦恼的中国文学理论的困局似乎并没有根本性改观。一如既往，如果撇开从欧美输入或移植的文学理论话语（模式、方法、概念），我们似乎还是不太会"说自己的话"，我们试图建构的文学理论的中国性、中国特色似乎依然如雾里看花，我们热衷讨论的似乎也还是从欧美传输进来的问题。因为话语不当引起的阐释焦虑，在当代文学批评领域体现得十分明显，对于一些重大的文学现象，批评家要么集体沉默，要么难免捉襟见肘的尴尬。

　　不能违心地说这一时段的中国文学理论研究一无长处，但如做纵向横向的比较，那就不难发现，中国文坛上还是缺少能对当代中国文化创造施加积极作用、可以打上"中国创造"标签的问题意识、研究范式、文学理念。一些创新性的研究也只是延续之前的思路，至于季羡林先生所说的"输出国外，发生影响"依然只是美好的期望。不少出身文艺学的年轻博士和资深教授转行从事文化产业、文化研究，虽是应时代之需，或可美其名曰跨学科研究，但似乎也可印证,中国文学理论创新的美好想象已失去其最初的感召力,文学理论研究已不再是有魅力的志业。

为什么竟会出现这样出乎所有人意料之外的情形?难道是中国文学理论创新的命题本身有误?这也就意味着中国学人在其中错置了理想和自我?如果"中国文学理论创新"中的"中国"不是从空间的层面定义,而是强调其思想风格、精神实质的意义,则如下质疑/困惑看上去似乎也有存在的理由:

1. 只要我们能把文学解剖清楚,能把历史上存在过的和正在发生的文学事实整理清楚,又何必在意手中所操是不是国产的"手术刀"和"储物箱"?尤其是在全球化时代,不同民族文化间的对话和相互改写,正在使纯粹、本真的"国性"和"族性"日益变得不可能,又何谈理论话语的"中国性"?

2. 既然与西方古代的"诗学"、中国古代的"文论"不同,文学理论本是西方文艺复兴以来的现代现象,本是在西方社会架构和文化传统中兴发出来的"人文话语",并随着现代性的全球开展获得了普遍性,那么这种"中国性"又该如何安置?焉知这不是又一种非历史/超历史的形而上学虚构/神话?

3. 既然创新是文学理论作为人文学术的本性,又何必一定要强调"中国"二字?这里面是不是有种非学术的狭隘的民族主义情绪在作怪?尤其是在我们还没有充分的学术积累,甚至连基本学术规范都还需重建的时候,侈谈创新岂非自欺欺人?并且,当我们移植欧美话语进入中国文化语境,按照"中国"的"语法"说话,与原型相比较,已多有调教、增删,这难道不也是一种创新,哪怕是削足适履式的?

意识总是关于存在的意识。平心而论,由于改革开放的中国正以日新月异的姿态,在世界政治、经济和文化格局中重塑自我形象,重建民族文化徽标,还未呈现其定型化的面目,对于变动中的当代中国文化图景,也就难以做结构清晰的把握。作为权宜之计,有此实用主义的文学研究观念也无可厚非，至少可以令人警醒那些绣花枕头式和快餐式的所谓创新，例如"新××文学""后××文学"之类概念的造作乃至炒作。而若从学人的个体学术信念说，在现代法制社会，操持何种理论话语乃是"文责自负"的个人自由选择，那不但无可厚非，反倒有助于维持批评文化的多元格局，真正的文论创新只有在此格局中才可能建立。甚至可以说，与那些并不鲜见的不顾基本学术逻辑和文化事实的创新妄言相比，这种冷静、理性的不自信，倒是更利于我们看清自己的真实面目和位置。

二、中国文学理论创新的命题为什么不能被证伪？

但是，这些还是不足以证伪中国文学理论创新的命题。因为"中国文学理论创新"不仅仅是一个符合学理逻辑的命题，其语义是中国学人对具有普遍性品质的文学理论的推进。文学理论的普遍性本就意味着中国学人有充分的正当性、合法性参与其话语建构，因为最大限度的普遍性就意味着最大限度的可分享性。

更具事实逻辑优先性的是，"中国文学理论创新"乃是一个文化政治命题，意味着"中国文学理论创新"有关于"中国"的身份认同、文化秩序、知识和信仰体系的建构，有关于对"中国"的经验、想象、诠释的感觉政治学和感知共同体的建构。这也就意味着，文学研究是一项基于生活本身的严肃性的严肃的文化事业，文学的表现、再现、象征都可能被赋予微观政治语义，文学审美也可能承担微观政治功能，因而文学生活本身就是微观政治的开展领域。如果中国人不能用自己的眼睛去发现和描述文学建构的中国的历史和现在，不能按自己的立场去规划和实现中国文学的未来，那中国人真实的经验、情感、信念、思想，就有被他人"改写""代言"的可能。即使假定其中不存在文化帝国主义的陷阱，在西方文化语境中有效的理论话语在中国也难免水土不服,因为中国无法"克隆"甚或"山寨"整个西方的文化存在,而如果中国不能参与文学理论的普遍性建构,那也就不能确立自己的特殊性存在。

同样重要的原因是中国文学本身提出的挑战。这首先是因为,当代中国文学体现出的混杂性超逸于西方的现代性和后现代性话语之外,即使是那些商业化的文学,在生产机制、存在方式和社会功能诸方面,也与西方后现代的大众文化貌合神离,因而必须遵循其内在视野才能得到恰如其分的呈现,这种视野无疑需要"中国文学理论创新"发明出来。宏观把握上的无力、混乱,只会导致错位和缺位的批评,非但必然影响对于"文学中国"的认知、体验和认同,也影响对"中国文学"之"中国性"的描述、解读和重建。

与此相映成趣的是,中国传统文学也早已遭遇阐释危机。由于古人不能如当代作家一般可以开口辩白,就更易于被"绑架""代言"。如此则中国文学的历史就是被西方理论之光照亮的历史,虽然辉煌灿烂,却并非发自其内在的光源。这又进而造成文学历史叙述中传统与现代之间的巨大断裂,而若要实现中国文学古今演变的补苴罅漏,也得以"中国文学理论创新"提供的文学观念和研究范式为前提。而从反面说,面对种种调侃民族国家历史、消解人生积极价值、热衷展示变态畸趣的文坛乱象,如果我们不能提出真实、有效的文学价值,实现新的文化自觉、道德重建、审美更新,而只会人云亦云、老调重弹些连自己都未必相信的主张,那就不可想象这些波涛汹涌的文化浪潮会将中国人带到怎样可怕的境地?如果一个社会、一个国家任由淫邪低俗弱智的文学生活存在,那几乎就是在自掘坟墓,有良知的文学批评家焉能不闻不问?

假如上述分析可以成立,则"中国文学理论创新"实在是一个为政治、文化"形"(空间)"势"(时间)所迫不得不如此的生死抉择,而其之所以可能则是基于:

1. 社会、文化发展模式的多元现代性提供的法理依据;

2. 自成体系的中国文学传统提供的事实依据;

3. 文学理论普遍性与特殊性的关系提供的逻辑依据。

正如哲学家赵汀阳所说,真正的根本性的价值和思想只能从创造者的角度来讨论。当全球化、中国模式将中国问题与世界问题紧密交织在一起,"中国文学理论创新"既要解决来自中国语境和中国问题的特殊性,同时也是对具有普遍性的人类文化事实的反思和构思,那它就不单体现了民族主义的正当诉求——毫无疑问,只要民族国家还有存在的理由,民族主义就是保持民族/国家同一性的基础,而迄今为止,人类还很难想象一个不以民族国家为区分单位的地球——同时也具有"文化的世界主义"的性质。因而"中国文学理论创新"必定是一个开放的文化工程。倘若对这些状况不清不楚,那就不但缺乏创新所需的自信和动力,也势必为"局"所"困",即使竭尽努力也找不到正确的方向,更有可能南辕北辙。例如试图撇开西方的文学理论范式,运用传统的诗文评材料整合、再造出一套理论话语。这种或许才华横溢但自我封闭的作品,除了作者之外恐怕没人会感兴趣,因为这几乎就是在拒绝分享和交流,这对于文学理论之为话语而言是不可思议的。

三、中国文学理论创新为何乏力?

既然"中国文学理论创新"的命题不能被证伪,而是有其必要性与可能性,那还是得追问究竟是什么使得创新如此乏力?

不得不首先提及的是创新意识的实质性匮乏。"实质性"的意思是说中国文坛并不缺少鼓吹创新的豪言壮语。前文提到的对于"中国文学理论创新"的困惑无疑属于阻碍创新的主体意识,但其中尚有可取之处,真正危险的意识乃是对文学理论研究作为事业与志业的自我放逐。仔细想来,这当中可能有看透学术腐败后的自我拯救意识,可能有善于经营学术圈子的精明世故,也可能有对文学研究的职业倦怠感，其动机未可一概而论。就其后果看，自我拯救意识和职业倦怠感尽管无助于"中国文学理论创新"，却也不至于让事情变得更糟，而精明世故则很有可能将创新也变为"经营学术"的手段，翻手为云，覆手为雨，令后生小子眼花缭乱、羡慕不已。

进一步考虑，创新意识的匮乏根源于精英意识、道义担当意识的弱化乃至消解，这也就意味着知识分子的自我放逐，当然也可能被自我表述为"解放"或"转型"，并为之欢呼雀跃。在一些"后知识分子"的眼界中，文学研究不再事关"正义""真理""良知"之类大词，也与"社会进步""民族认同""国家兴亡"之类宏大叙事了不相干，只不过是一种可供自娱自乐、操练智力的"话语游戏"，有没有他人参与亦无影响。或者就是一种纯为衣食生计谋划的"职业行为"。如此，走马灯式地变换概念、方法、立场就是合乎规则的、有效的，因为重要的是"话语"的"讲述"本身，而不是"讲述"的对象和境界。也正是因为一些批评家主动放弃了知识分子的精英立场、理想主义、批判精神，纵身跃入大众文化的"物欲狂欢"，关注"作品"的"卖点"甚于"文学"的"审美"，当代文学批评的商业化、媚俗化才难以避免，这种"著书都为稻粱谋"的行径就更与"中国文学理论创新"了不相干。

接着要谈的就是环境/机制了。倘若缺乏利于创新的环境/机制，再强烈的创新意识也不可能转为创新实践。必须承认，持续深入全面的改革开放，在实现中国社会（政治、经济、文化）转型的同时，也使学人拥有了较宽松自由的学术空间，文学研究已不再是政治的附庸和工具，而文化创新更被提高到国家发展战略的高度，但在一些具体的层面和细节上，挫伤创新激情的因素并不少见。从大的方面说，由于文学研究主体主要集中于高校、研究机构，是"单位"和"体制"中人，体制之外的民间批评家和理论家还未形成堪与争锋的实力/势力，现行的大学考核机制、学术评定机制、学位评审机制等就成了"中国文学理论创新"的掣肘因素。这套机制催生了若干被一些学者戏称为"项目体""学位体"的论著,以及若干"短平快""集团军作战"式的研究,可以在体制内借以获得若干切关个体生活品质的利益,包括职称、地位、荣誉、奖金等"物质利益"和"精神利益"。而"精神利益"可以换算为"物质利益",但未必与文学理论创新正相关。

这种糟糕的情形肯定与知识分子的自我放逐有关系,但显然体制也并没有发挥其应有的约束、激励功能,根本原因在于没有遵循人文学术的内在规律。这也就意味着人文学术还没有得到应有和实质性的尊重,"行政化"气味浓郁,极易滋生学术腐败,可为既得利益者的党同伐异提供冠冕堂皇的借口。与此相关,"跑项目""跑奖励""跑文章"已成学术圈内的潜规则,当"人情"远比"学术"重要,当"善跑"远比"勤思"重要,真正意义上的创新又从何谈起?这并不是说所有的专家、评委、编辑一概"黑了良心",而是说置身于这样的大格局中,个人的良知、德性几乎是软弱无力的。这样也就可以理解为什么有些德高望重的学者会婉拒出任某些项目、奖励的评委,可以理解为什么一些曾经意气风发的批评家、理论家,特别是青年才俊会做出抽身而出的选择。

再就是创新的路径。创新路径的重要性在于确保创新意识与创新机制提供的强大动力不至于偏离目标。这也就是中国文学理论话语的生产/建构方式问题。一种值得从理论上分析的常见方式是"推论式",具体做法是或者将"高位理论"(如哲学)的命题"下推"至文学现象,或者将"平位理论"(如人类学、社会学)的命题"平推"至文学领域。假定其中不存在前文所述阻碍"中国文学理论创新"的因素,则其存在论根据就是一些理论家对文学理论的理解。他们往往特别强调其作为理论的严谨性和逻辑性、作为知识体系的系统性和完美性,及其与文学批评的分野。这种理解无疑有切合文学理论本性之处,但也可能存在致命性的过失,至少有三:

1. 如果文学和文学理论的存在要由其他文化活动来说明,而非决定于自身价值,则其存在前提就是可疑的;

2. 如果文学理论与文学批评不通声气,则文学理论也就失去了与文学事实的可通达性,则其存在本身就是可疑的;

3. 如果推论前提中已经包含了理论的所有可能性,则其结论也就与真正的创新无关,即使对于那些可将文学经验与理论命题融为一体、互为诠释的理论家来说也是如此。

再就是"转换式",具体做法是或者将"中国古代文论"的命题"转换"到"当代",或者将"西方文论"的命题"置换"到"中国"。而无论是时间上的转换,还是空间上的置换,都由于此时此地的我们不可能复制彼时彼地的文化存在,而不可避免地遭遇"走调""跑题""不伦不类"的尴尬。若就事实论,则"中国古代文论的现代转换"迄今未见堪称成功的实践,而"西方文论的中国置换"之创新性恐怕连置换者自己也不好意思承认,假如他们还有道德良心的底线与知识产权概念的话。

四、中国文学理论创新的路径

毫无疑问,任何创新都绝不可能向壁虚构,而必须建立在人类已有的创新成果的坚实基础上,向古人和他人学习因此是必需的训练和规范。问题在于,"推论式"和"转换式"没有意识到,中国古代文论和西方文论都只是些思想材料,需要将其送入当代中国文化的"熔炉"中冶炼,并在"中国文学"与"中国人"的相互锻造中,形塑"中国文学理论"的价值、概念、方法、体系,而不是简单地寻求如何接榫或会通。而在文学批评领域,由于批评家习惯于从理论到实践的操作方式,其视野类似于西方绘画的焦点透视,而非中国画的散点透视,那些鲜活而有价值的"中国文学经验"不但有可能摸捉不得,或者难以发现其"中国性"所在,更没机会为知识和思想的原创提供些许灵感和动力。

有"危机"才有"转机",但假如对"危机"麻木不仁,那也就不可能出现任何"转机"。要使"中国文学理论创新"解困祛乏,也就得从创新意识、创新机制、创新路径三方面着手,而文学研究主体驱除"心魔"、重建"自我"甚为关键。现代社会制度和现代学术体制内在地决定了"中国文学理论创新"的路径是充分体现研究者个体性的多元化的,但其基本方向一定是遵循中国文化、中国文学的内在视野,以建构主义的中国观为基点,思考那些体现了中国的特殊性的普遍性问题。尤其是将当下中国文学生活的事实转化为文学理论的问题,在具体的批评实践中构思中国文学理论的观念和方法。这不但因为真正的轴心永远是当代,还因为真正的创新只能源自归纳,而文学生活的可能性永远大于文学理论所能想象。

然而,这里所说的会不会也是一种注定遭遇现实抵抗的美妙想象?且让我们带着这疑惑上路,现实不容回避,而想象总还可以给我们必要的勇气。

制度美学的概念与意义

一、美学与制度的概念分析

在某种意义上,制度与审美都是人类社会的本质现象,人是制度性存在,也是审美性存在,人创造了制度与审美,也在制度与审美中生成。可以说,制度与审美都是从人的本性中生长出来,这决定了二者必然是一体互动的关系,这种关系是理解和阐释制度与审美的必要视野。现代社会凸显了制度与审美的重要性,在此背景下,提出制度美学的概念,以之统摄已有论说,进而在制度与审美一体互动视野中思考制度与审美的问题,就是既合乎学术史脉络也具有现实应对性的思路。

"制度美学"系"制度"与"美学"的组合,要讨论制度美学的概念,需先厘定"制度"与"美学"这两个基础性概念,进而分析二者组合形成的新义。但这并非易事,因为这两个概念的内涵与外延都不是单一的,而是共时性地存在着多种理解与界说。我不打算对其进行历史的逻辑的考索与辨析——这是学术史研究的任务,而只是结合已有理解与界说给出自己的解释,以便为后续讨论建立一个可依据的基础。

什么是美学?在我看来,美学有广、狭二义。广义的美学是一种世界观,而且是一种基础性的世界观,亦即一种基础性的看待和理解世界的视野与方法。当我们认为世界是和谐的、有秩序的存在时,就是在运用美学世界观,这观点实是美学的观点。如哲学家赵汀阳所论:"用来描写世界的概念体系始终是以'混乱/秩序'作为基本格式的,比如'必然/偶然''因果/自由''普遍/特殊',都与之同构。这些看起来很科学很逻辑的概念体系在本质上更像是美学观点。"①而物理学家 A. 热所说"终极设计者只会用美的方程来设计这个宇宙","审美事实上已经成了当代物理学的驱动力。物理学家已经发现了某些奇妙的东西:大自然在最基础的水平上是按美来设计的"②,也可以支撑这一理解。

所谓基础性,意谓对于人类生存而言,美学世界观具有时间与逻辑上的优位性,诸如科学世界观、宗教世界观等都是在这个基础上发展起来的。这是说,美学乃是人看待世界的原初视野,人向来是以审美的眼光建构与想象世界,并将此建构与想象的世界视作世界之本然。由此造成原发性的初始经验,即在揭示世界的同时将人与世界合一,而这个世界乃是充满活力与魅力的初始世界。在世界观的意义上,"美属于真理的自行发生(Sichereignen)。美不仅仅与趣味相关,不只是趣味的对象"③,因而与真和善相比,美更具基础性。这可以解释为什么在似乎更具严密逻辑性的科学世界观发展起来之后,人们还一厢情愿地相信艺术想象、艺术虚构的真实性。

狭义的美学是研究审美生活的知识思想系统,是"审美意识的理论形态"④,而审美意识"是人与世界关系或者说人对世界的态度的最高阶段","审美意识中的天人合一是一种高级的万物一体的境界,它不是间接的分析,不是知识的充实,不是功利的缠绕,不

---

① 赵汀阳:《世界观是美学观点》,《文明》2007 年第 5 期,第 9 页。
② [美] A. 热:《可怕的对称——现代物理学中美的探索》,熊昆译,湖南科学技术出版社 1999 年,第 9、10 页。
③ [德] 海德格尔:《艺术作品的本源》,见 [德] 海德格尔:《林中路》,孙周兴译,上海译文出版社 1997 年,第 65 页。
④ 叶朗:《美在意象》,北京大学出版社 2010 年,第 3 页。

是善恶的规范,但它又不是同这些没有任何联系的,就像原始的天人合一阶段尚未发生这些一样,它包含间接性、知识性、功利性和道德性而又超出之"①。审美生活是人之本源性/理想性的生活方式,意谓为人所必需却未必达成,因而始终开放。审美生活的可能性本非艺术活动所能穷尽,但经过了劳动分工与文化分立的历史进程后,艺术活动最终被确立为体现人类审美意识的典范形态,美或审美被确立为艺术的第一原理,艺术生活被视为典型的审美生活,因而长久以来美学也被理解为研究艺术与美的理论与学科。不过,在后现代社会,面对社会生活日趋审美化的事实,这种具有历史合理性的理解已显得褊狭,美学存在空间的拓展必然导致美学自我定位与认知的变革。

在已有人类历史开展及自我理解的框架中,审美生活与相应的审美意识的开放性,体现为时代性、地域性、民族性、阶级性等维度。而对审美意识、审美生活的描述与分析,又存在多种视野、路径、方式,如此就形成了不同形态的美学。例如,西方用古典的思维方式和"学"的标准去掌握美学,就形成了"以美的本质为核心的美学""以审美心理为核心的美学""以艺术的共同规律为对象的美学",而中国"既无美学这个角度,又对美学进行了深刻的研究,因而可以称之为有美无学的美学"②。因而,不仅审美生活空间具有开放性,这从根本上决定于生活空间的开放性,思想审美生活的美学也必然因之具有多样性。甚至可以说,如果说美学是具有普遍性的,则美学必定先行设定了特殊性的加入,非此则其普遍性亦无以确立。

什么是制度?我的看法是,在最一般意义上,制度可以被理解为一些规则或规范,其功能在于规定和协调人们的关系。制度有

---

① 张世英:《进入澄明之境:哲学的新方向》,商务印书馆1999年,第241页。
② 张法:《中西美学与文化精神》,北京大学出版社1994年,第5—6页。

"正式制度""非正式制度"之别,但二者有内在联系并共同构成制度的整体:"构成社会基础的非正式制度产生于自发形成的过程。这些非正式的习俗和准则,通过提供有关社会行为人预期行为的相关信息,稳定了社会预期并且构建了社会生活",而"正式制度是基于非正式的习俗和准则而设计和创立的","随着正式制度的创立,法律和政府一起被引入到了社会生活的体系之中"①。社会生活的空间与复杂性决定了制度安排与结构的空间与复杂性,而"安全和经济是制度安排,从而也是制度结构存在的两个基本原因"。在各项制度安排中,必须要提到意识形态,因为"意识形态是减少提供其他制度安排的服务费用的最重要的制度安排"②。

制度之存在,乃是基于人之社会关系,或者说人之所以发明制度,乃在于建立适应人之生存需要的社会关系。人与制度共生,人背负制度而生,并在制度中生成。而建立何种类型的社会秩序与行为模式,固化何种形态的社会关系,建构何种性质的认同与自我认同,又决定于某种制度所体现的价值观念。只有这价值观念被内化或者说心灵化,外在的规范、规定、要求才可能成为人们自觉自愿的选择。人们之所以尊奉某种制度,反对某种制度,虽然根本原因是安全与经济的考虑,具体到个体,那就是生存的可能与质量如何,但首先取决于这些价值观念内化的程度,或者说某种制度被实施的程度。而要使制度成为可能,亦即让某种规范以及其中蕴含的价值观念被普遍性地接受下来——理想的状况就是心悦诚服的认同。那就需要作为实体存在的组织、机构、部门、人员等,其功能就在于使那些规范以及价值观念合法化,引导制度认同建构的

---

① [美]杰克·奈特:《制度与社会冲突》,周伟林译,上海人民出版社2009年,第178页。
② 林毅夫:《关于制度变迁的经济学理论:诱致性变迁与强制性变迁》,见[美]R.科斯等:《财产权利与制度变迁——产权学派与新制度学派译文集》,刘守英等译,上海三联书店1991年,第378、379页。

实践,对那些违反或恪守制度的行为予以相应的制裁或奖掖,这同时也就是在宣示制度的权威性。

如此可说,制度可以区分为三个层面,即制度作为规范、制度作为组织、制度作为价值,三者构成的整体可称之为制度文明,而当我们强调其作为规范与价值时,则可称之为制度文化,如果特别强调制度蕴含的价值观念,又可称之为制度精神。进而,可以说,如果一种思想,一种价值观念,被确立为建构社会秩序、生活形式的规范,以及建构各种认同(例如国家认同、族群认同、文化认同)的基础,并由一定的国家机构、社会组织承担传递与维护之责,因而具有某种程度的强制性时,这一过程就可称之为思想、观念的制度化,同时也是社会生活一体化的过程。

二、制度美学概念的三种意义

现在我们可以来讨论制度美学的概念了。

从构词方式说,制度美学是一个偏正式的合成词,"制度"用以限定、修饰"美学",意谓一种关于制度或与制度相关的美学。这虽有助于确定制度美学的问题域及其思想方向,但还不足以揭示其内涵,确定其研究对象。还需要在"制度""美学"构成的释义网格中,显明其蕴含的多种看待视野与问题意识。在我看来,大致有如下几种可能:

1. 从美学的视野思考制度问题,即把制度确立为一种审美对象,认为完美的制度是体现制度之美的美的制度,并据以思考制度设计、制度安排、制度认同等问题。在此意义上的制度美学视野中,完美的制度不但是符合政治学、经济学原则的制度,能维持与促进社会秩序的稳定、社会运行的效率,而且必定是在价值和形式上都令人心悦诚服的制度,而令人心悦诚服的制度也就是美的制度,这里面有感觉与情感认同的问题。

具体点说,完美的制度以建构和谐有序的社会为内在目的,这是基于美学世界观而展开的想象;制度认同建构需要诉诸国家政治、经济、军事等硬实力,以及人的理性能力,但对于完美的制度而言,其认同的形成却更需要诉诸个体感觉、情感、信仰的力量,实现基于个体之身体存在感的对于制度的认知与认同;制度是人的造物,完美的制度在理念、形式诸层面都不仅要体现安全与经济的考虑,还应体现基础性的世界观,符合人性人情之深层需要,这一意义上的制度同样可以被视作人的艺术作品。如果承认人的生存是制度性的,而制度会造成人的生存感觉,则从审美的角度审视制度问题,即与社会感觉共同体建构相关,与人性相关,与真理和正义相关,如此则制度美学也就是从社会生存感觉、人性、真理、正义来思想制度本体。

2. 从制度的视野思考美学问题,即对审美生活的理解以及审美生活建构问题。制度是规则、价值、组织,其功能是固化社会关系,维护社会秩序。这种关系与秩序涵盖了政治、经济、文化诸层面,体现着其间的互动,而具体表现为社会生活的建构与组织,包括审美生活的建构与组织。在此意义上的制度美学视野中,审美生活固然呈现为个体性品质,固然要基于个体的心性需要与能力并由个体实现,但并不是私己性的,而是具有公共性,即具有表达与分享的普遍性要求。

更重要的是,审美生活是建构制度认同与秩序的重要力量。这既指审美生活的理念与形式都应体现制度建构的要求,审美生活的合法性在于塑造朝向制度认同建构的社会感觉共同体,也意味着审美生活本身即存在秩序,是制度化的,而审美生活秩序不仅是政治和文化秩序的符号表征,它本身也是社会生活秩序的构成和表现。因此,并非所有类型与品质的审美生活都为某一特定制度所需,因而具有存在的合法性,特定制度出于建构与维护自身之合法性的需要,必定会动用其掌控的权力、资源,通过制度安排,即把审美生活纳入制度当中的方式,规范与引导审美生活的生产与再生产,这也包括美学知识的生产与传播。

3. 美学本身也存在制度问题,这既指美学思想的制度化,也指借由审美制度,才可能形成对美与审美的理解以及据以开展的审美实践。在此意义上的制度美学视野中,美学被视作意识形态,而意识形态本身就是一种有效的制度安排,因此必定存在美学思想的制度化,或者说意识形态化,用以规范与引导审美生活的建构。这种建构的核心指向是制度之价值及其存在的认同与维护。至于美学意识形态之成型,从根本上决定于某种美学思想与特定制度蕴含的价值观念的适应性,但也体现着思想与权力互动、博弈的一般情形,而制度化了的美学思想也因此获得一般意识形态拥有的权威性与排他性。这种权威性与排他性得到了制度力量(比如国家权力机构)的保证。

至于审美制度,则是文化制度的重要构成部分。作为制度,审美制度包括规范、组织、价值三层面,以引导、规约审美观念、审美趣味、审美选择、审美表达的方向及其实现方式。只有透过审美制度的"滤镜",审美生活图景才得以建立起来。美学思想的制度化与审美制度存在内在关联,美学思想制度化的成果是审美制度的形成,某种审美制度的存在也同时意味着某种美学思想的制度化。二者都旨在通过审美生活的建制化,以建立模式化的感觉结构、情感结构,进而实现社会生活的一体化、意识形态话语的再生产。

这三种可能情况,可以理解为制度美学概念的三种意义、制度美学研究的三个层面。其间的内在关联,使制度美学的概念具有足够的涵摄性与充分的解释性,不仅可以涵摄与解释审美生活的丰富性,也可以涵摄与解释美学自我理解的丰富性。制度审美,审美生活的制度建构,美学思想的制度化,审美制度,这些问题的展开必然会涉及审美与制度的互动与一体化。可以说,制度美学研究的问题意识就是制度与审美的一体互动性,是在制度与审美的一体互动视野中思考制度与审美的问题。如果我们承认制度、审美与人的共生共存关系,那么对制度与审美的一体互动关系的描述与阐释,就应是美学研究不可或缺的重要维度,是我们理解美学(特别是如果我们把美学看作是人类自我理解的一种方式)的必要途径,也是作为知识思想系统的美学的有机构成。

三、制度美学思想的历史考察

这大致可以显示制度美学概念的内涵与外延,勾勒制度美学研究的意向与图景。不过,在现代学术体制下,要使制度美学的命名与研究获得合法性,不仅需要在思想空间中通过逻辑的推演与想象呈现其可能性与必要性,还需将其置于美学知识共同体中进行审查,以呈现其历史的必然性。事实是,上述意义的制度美学概念虽不见提倡,但制度美学研究三个层面所涉及的问题,却并不缺少关注。

例如,对于制度之美与制度审美的问题,柏拉图就早有识见。在《会饮篇》中,他说人要把握"美本身",要"先从人世间个别的美的事物开始,逐渐提升到最高境界的美,好像升梯,逐步上进,从一个美形体到两个美形体,从两个美形体到全体的美形体;再从美的形体到美的行为制度,从美的行为制度到美的学问知识,最后再从各种美的学问知识一直到只以美本身为对象的那种学问,彻悟美的本体"①。美的行为制度虽比美的形体要高,但还低于美本身,是通过爱与回忆而对美的理式的分有,而要把握美的行为制度或行为和制度的美,则需要人的智慧②。他还在《法律篇》中将制度

---

① [古希腊]柏拉图:《柏拉图文艺对话集》,朱光潜译,人民文学出版社1963年,第273页。王太庆则将"美的行为制度"译作"各种行动中以及各种风俗习惯中的美",见王太庆译:《会饮篇》,商务印书馆2013年,第64页。
② 参见阎国忠:《柏拉图:哲学视野中的爱与美——一种神话学的建构》,《北京大学学报》(哲学社会科学版)2012年第4期,第24页以下。

等同于艺术作品:"我们的城邦不是别的,它就摹仿了最优美最高尚的生活,这就是我们所理解的真正的悲剧。"①

柏拉图不仅提出制度之美,且将制度之美视为美的理式的具体分有,也给出了制度之所以美的解释。然而,正如陆扬所论,传统美学还是"将美限定在形象上面",倒是杨振宁谈物理的美、陈省身谈数学的美,"秉承的未必不是柏拉图的美学传统",而文化研究、日常生活审美化的阐释需要,"在一定程度上正呼应了柏拉图视之为高于美色甚至美德的法律和行为制度的美"②。

近年来,中国学人也有相关思考。例如,李新市就明确提出"中国制度审美"的概念,认为在宏观、中观、微观各个层面的制度设计上都应体现审美要求,要提高人们的制度审美能力、增强人们的制度审美意识。③例如,张法论"政治美学":"整个与政治紧密相关的外在形象都是政治美学的领域,比如,建筑上,每一体现政治仪式的公共空间,每一与政治理念相关的纪念场馆;服装上,每一体现政治观念的着装定制、仪式,每一与政治相关的仪式设计;活动上,每一与政治活动相关的会议程序设计;每一与政治相关的仪式结构。总之,政治的每一方面都有其外在体现,这些外在体现都要为政治利益的最大化服务。独有的政治理念,构成了政治美学的核心,政治美学的审美的形式,有助于政治理念的完美实现。"④政治制度大概是人类最重要的制度发明之一,而政治理念以及体现政治仪式、政治观念的建筑、服装、仪式结构诸方面的外在形象,也就是政治制度之美。

虽然如此,在西方型的美学传统中,制度之美与制度审美的问

---

① [古希腊]柏拉图:《柏拉图文艺对话集》,第313页。
② 陆扬:《日常生活审美化批判》,复旦大学出版社2012年,第120—121页。
③ 李新市:《中国制度审美若干问题初探》,《西北工业大学学报》2012年第4期,第1—5页。
④ 张法:《政治美学:历史源流与当代理路》,《文艺争鸣》2017年第4期,第119—120页。

题并未获得充分开展,反倒在深度与广度上都有拓展的可能。这大概与长久以来将美学理解为美的艺术的哲学有关,与康德以来审美静观、审美无功利思想的偏执化发展有关,也与现代社会工具理性化、文化领域的专业分化有关。时至今日,经济与文化的全球化进程,愈来愈普遍化的人类社会由表及里的"审美化过程"①,正在促进美学的变革。经过后现代精神洗礼的人类知识体系,也正在打破学科壁垒的基础上进行重组,这可在知识论上证成制度之美、制度审美的概念及其展开的问题域。

至于审美生活的制度建构,则从来都是美学思考的重要问题。在《理想国》中,柏拉图借苏格拉底之口说:

> 我们要不要监督他们,强迫他们在诗篇里培植良好品格的形象,否则我们宁可不要有什么诗篇?我们要不要同样地监督其他的艺人,阻止他们不论在绘画或雕刻作品里,还是建筑或任何艺术作品里描绘邪恶、放荡、卑鄙、龌龊的坏精神?哪个艺人不肯服从,就不让他在我们中间存在下去,否则我们的护卫者从小就接触罪恶的形象,耳濡目染,犹如牛羊卧毒草中嘴嚼反刍,近墨者黑,不知不觉间心灵上便铸成大错了。因此我们必须寻找一些艺人巨匠,用其大才美德,开辟一条道路,使我们的年轻人由此而进,如入健康之乡;眼睛所看到的,耳朵所听到的,艺术作品,随处都是;使他们如坐春风如沾化雨,潜移默化,不知不觉之间受到熏陶,从童年时,就和优美、理智融合为一。②

审美生活对城邦公民的人格塑造有重大影响,所以必须借助国家

---

① [德] 沃尔夫冈·韦尔施:《重构美学》,陆扬、张岩冰译,上海译文出版社 2002 年,第 40 页。
② [古希腊] 柏拉图:《理想国》,郭斌和、张竹明译,商务印书馆 1986 年,第 107 页。

体制力量,对其类型、品质、题材、形式等进行规范、约束。这是审美教育思想的滥觞,也是审美政治学、审美意识形态思想的肇端。而国家体制力量,则如阿尔都塞所说,包括镇压性国家机器(如政府、军队、监狱)与意识形态国家机器(如教育、政治、文化等制度),"按各自的情况(首要或辅助性地)运用镇压或意识形态的双重方式'发挥功能'"①。柏拉图的上述主张,就体现了这两种国家机器的功能。

柏拉图开辟了西方美学话语建构的一条线索。从希腊化时期到古典主义、文艺复兴、启蒙运动,再到法兰克福学派、阿尔都塞学派,政治与美学上的左派与右派,或者肯定运用制度力量规范审美生活的正当性,或者揭示与批判审美生活制度化对人之自由本性的压制,而这又与对审美与政治、意识形态关系的理解相关。特里·伊格尔顿说:

> 审美从一开始就是个矛盾而且意义双关的概念。一方面,它扮演着真正的解放力量的角色——扮演着主体的统一的角色,这些主体通过感觉冲动和同情而不是通过外在的法律联系在一起,每一主体在达成社会和谐的同时又保持独特的个性……另一方面,审美预示了麦克思·霍克海默尔所称的"内化的压抑",把社会统治更深地置于被征服者的肉体中,并因此作为一种最有效的政治领导权模式而发挥作用。②

虽是针对18世纪以来的现代美学话语,却也恰当地解释了看待审美活动的两种视野。是否认同审美生活的制度化,决定于人

---

① [法]阿尔都塞:《意识形态和意识形态国家机器》,见陈越编译:《哲学与政治:阿尔都塞读本》,吉林人民出版社2003年,第335—337页。
② [英]特里·伊格尔顿:《美学意识形态》,王杰等译,广西师范大学出版社1997年,第16页。

们所持的审美看待视野与制度认同的符合程度,亦即某种社会制度需符合预期,且相信对审美生活的制度安排不仅有益于制度认同的塑造,而且能使人们"在达成社会和谐的同时又保持独特的个性"。

与此相关的是美学思想的制度化、审美制度问题。人类学家克利福德·格尔兹曾论及美学思想制度化的必要性:

> 宗教思想、道德思想、实践思想、美学思想也必须由强有力的社会集团承载,才能产生强大的社会作用。必须有人尊崇这些思想,鼓吹这些思想,捍卫这些思想,贯彻这些思想。要想在社会中不仅找到其在精神上的存在,而且找到其在物质上的存在,就必须将这些思想制度化。①

美学思想的制度化,亦即通过制度力量的运用,将某种审美理念、审美生活模式、艺术规矩确定为尊奉不移的圭臬。所谓制度力量不一定是政治性的,也可能是经济性的,或者是那些虽有失偏颇却根深蒂固的文化惯例、风俗习惯。它们可能会携手而行,但彼此间也可能存在摩擦和冲突,需要适应和化解。例如,借政治之力推行的美学思想,未必就适合某种文化传统中的审美惯例。

从政治治理的角度思考美学思想的制度化,往往与主张审美生活的制度化是一回事。这是因为,确认某种审美生活在政治、文化上的合法性,主张运用强制性的国家体制力量以维护之,乃是基于与这种审美生活相应的审美理想,因而必须要确立这种审美理想以及相关话语在意识形态领域里的权威性。

在西方美学传统中,这一思想仍可追溯到柏拉图,而17世纪

---

① [美]克利福德·格尔兹:《文化的解释》,纳日碧力戈等译,上海人民出版社1999年,第359页。

法兰西学院制定并强制要求艺术家遵循的新古典主义,则无论在理论还是实践方面都颇具典范性。"高乃依的戏剧《熙德》(1636)首演所引发的关于古典学说(the doctrine classique)有效性的论争,这是走向确立封建专制主义文学体制的关键一步。构成高乃依这出悲剧批评标准的那些规则,当时既不被大多数剧作家所承认,也不被公众所认可。只是由于黎世留和法兰西学院的干预(两者都赞同高乃依的批评家),这些规则才获得了官方认可的文学信条的地位,获得一种在19世纪以前不容争议的有效性","法国古典文学被用来服务于封建专制主义国家的表征要求"①。

至于审美制度,则是在晚近兴起的审美人类学研究中提出的概念。在宽泛的意义上,诸如文学制度、艺术制度的概念也可归诸一类。"审美制度是文化体系中隐在的一套规则和禁忌"②,"审美制度体现在两个层面:一个层面是精神观念的层面,包括习俗、禁忌、信仰、审美传统、意识形态等方面……另一层面是物质层面,包括具体的文化机构、场域、仪式活动及文化媒介等方面","体现了文化体系对美和艺术的理解和规定,主要体现在审美主体的塑造、文学艺术等审美客体表达机制、机构和氛围等方面。审美制度直接制约了人的审美观念、审美趣味、审美选择、审美表达和文学艺术的创造等方面"③。在很大程度上,审美制度决定了人们对美、审美、艺术的基本看法,进而规范和引领各种形式的审美实践。例如,彼得·彼格尔就认为:"文学体制在一个完整的社会系统中具有一些特殊的目标;它发展形成了一种审美的符号,起到反对其他

---

① [德]彼得·彼格尔:《现代主义的衰落》,见周宪选译:《激进的美学锋芒》,中国人民大学出版社2003年,第73—74、75页。
② 王杰:《审美幻象与审美人类学》,广西师范大学出版社2002年,第159页。
③ 张良丛:《审美制度:走出审美的象牙塔》,《文艺理论与批评》2013年第5期,第66页。

文学实践的边界功能；它宣称某种无限的有效性（这就是一种体制，它决定了在特定时期什么才被视为文学）。"①

如上引述虽不免挂一漏万，却也不仅能够证明制度美学的概念实有学术史依据，而且还可显示这一概念的涵摄性。以制度美学的概念为关键词，可以梳理、勾勒出一条美学思想史的文脉与轨迹，也可描摹与权力、制度勾连互动的人类审美生活的历史图景，这可以视为提出制度美学概念、从事制度美学研究的一个意义。不仅如此，制度美学的概念其实是提供了一个建构主义的解释维度或思想路径，可借以达成对美学与人类审美生活的一种理解与认同。其核心意指是诸如美、审美、艺术等都是被建构而非预成的存在与模式，只有将其置于由众多制度因素构成的社会网格、文化脉络中，才能得到恰如其分的理解。

进而，制度美学研究会给我们这样一种启示：既然审美生活与制度是一体互动、彼此建构的，二者同为人类生存之不可或缺，是从人之为人的根本规定性中生长出来的，那么，如果不能改变这一事实，那就去改变制度，以解决审美生活在理论与实践层面存在的种种危机。这正如杰弗里·J. 威廉斯所说："从各种意义上说，制度产生了我们所称的文学，或更恰当地说，文学问题与我们的制度实践和制度定位是密不可分的"，"借用马克思的说法，关键是不仅要将制度理论化，更要将制度加以修改"②。

---

① ［德］彼得·彼格尔：《现代主义的衰落》，见周宪选译：《激进的美学锋芒》，第73页。
② ［美］杰弗里·J. 威廉斯：《从制度说起》，见［美］杰弗里·J. 威廉斯编著：《文学制度》，李佳畅、穆雷译，南京大学出版社2014年，第1、14页。

休闲时代美学何为?

一、美学的困局

作为学科和学问的美学困顿已久。英国美学学会前主席哈罗德·奥斯本批评道:

> 今天的美学虽然已经有了大量越来越成熟的著作,但无论是讲演还是著作中,关于美的问题的论述比起柏拉图所生活的那个时代来并不具有更多正确的意义,相反无意义的胡扯倒是不少的。[①]

这一番话虽然不免让那些致力于美学事业的西方学者泄气,却道出了事实。

中国的情况并不比西方好多少,甚至因为美学本来是"舶来品"而可能更糟。虽然精妙深刻的审美思想在中国古代思想世界中比比皆是,却并未发展出西方式的以美的本质或艺术本质或审美心理为核心的美学体系,在 20 世纪中国,美学是中国的现代性问题催生出的现代学问体系。这种糟糕的情况甚至让作为哲学家的赵汀阳觉得"美学属于那种甚至不值得解构的理论,因为美学一

---

① 朱狄:《当代西方美学》,人民出版社 1984 年,第 164—165 页。

直很空洞,从来就没有很完整的思想……通常意义上的那些美学研究,无论多么深入和细致,都无法消除我们在艺术活动中所可能遇到的任何一个'审美上的困惑'"①。但是,还不能据此认定美学已经到了寿终正寝的时刻,因为实际上我们只能针对一种美学发言,而美学却有多种可能性。我们可以说,思想的空间有多大,美学的可能性就有多大。因此,只是某种流行或普及的美学出了问题,而造成这种情况的正是以美学研究为职业或志业的美学家,我们可称他们为"流行的美学家"。

"流行的美学家"已不再是思想家,尽管他们也许会装出很有思想的样子,或者自以为在思想。"所谓思想,就是去想他人、社会、国家和世界。不想大事情,就不是思想,而是感想","思想的严肃性来自生活的严肃性","生活的意义是一切思想的必要条件"②。据此可说,尽管流行的美学家热衷于发明与摆弄各种概念术语,像搭积木一样拼出美学的各种造型,却并不在思想。美学似乎已经没有精力去思想那些值得思想的事情。正像叔本华所批评的哲学家一样,"流行的美学家"也制造了一些精美绝伦的知识宫殿,可他们自己却并不居住其中。也正因此,"流行的美学"不能为人民的美学生活提供证明和支持,尤其不能为人民的幸福生活提供切实可行的美学规划。美学表述了不少很不错也很动听的道理,但与生活世界无关,因而在生活语境中没有意义。这一点十分关键,这揭示"流行的美学"已经从体系到命题都知识论化了,即使它还有智慧可称道,那也是知识型的智慧,然而知识并不能解决幸福问题——幸福并不仅仅是一个严肃的伦理学问题,也是一个真正的美学问题。假如一种美学生活不能给人们创造真正的幸福,则它就是坏的,而为它提供知识基础和价值动力的美学就是坏的

---

① 赵汀阳:《二十二个方案》,辽宁大学出版社1998年,第237页。
② 赵汀阳:《哲学原旨主义》,《中国人民大学学报》2005年第1期,第12页。

美学,因而即使是彻底的知识型的智慧,也与真正的问题无关。

但"流行的美学家"好像并不这么想,反倒被知识的炫目光辉所惑,孜孜以求知识的系统性和完美性。至于衡量美学知识系统与否、完美与否的标准则是形式逻辑或辩证逻辑,而不是生活。这就给从书本到书本、从概念到概念的知识生产提供了足够强大的理由。这当中有一种布尔迪厄所说的"内在于知识分子姿态中的、无迹可寻的限定之中"的学者偏见,自以为"从远处、从高处来考察一切事物",却并不具有对人类社会的现实关怀。① 可是,不仅知识未必都是光辉的——因为人类同时也制造了许多无聊的知识,还有许多旨在制造不幸的知识,而且正如福柯所说:"对知识的热情,如果仅仅导致某种程度上的学识增长,而不是以这样那样的方式或在可能的程度上使求知者偏离他的自我,那么它归根到底能有什么价值可言?"②"流行的美学家"对知识的过度迷恋造就了以个体无功利为主旨的静观、旁听的美学,这是"听"和"看"的美学,其特征是对象性思维、体系性追求与本质主义视野。尽管它也强调以人为本、热爱人生,可因为它并非从生命根源之地生长出来,因而就是冰冷僵硬的,即使其学理纯粹到不食人间烟火,但其内在逻辑并不植根于生命,所以是见物不见人的美学。在这种美学中,我们尽可以就有关美与审美的问题口若悬河般地相互辩难,可一旦进入生活语境,面对鲜活的审美事实,我们又总是茫然失措。

另有一种表现,虽然与此相反,却也同样表明"流行的美学家"并不在思想。他们误以为人民只需要娱乐,而美学的任务就在于为娱乐的合法性提供论证,也为娱乐的可能性提供创意手法。娱乐当然不是什么坏事,但并不是人类的最高价值,假如将其视为最高价值,而且竭力标榜,就只能导致社会文化境界的堕落和精神生

---

① [法]布尔迪厄、[美]韦肯特:《反观社会学的真谛》,见《文化资本与社会炼金术——布尔迪厄访谈录》,包亚明译,上海人民出版社1997年,第102—103页。
② [法]福柯:《性史》,张廷琛译,第163页。

活的鸡零狗碎。事情正像柯林伍德感慨的那样:"在我们生活的世界里,在艺术的名义下从事的绝大部分活动都是娱乐。"①而雅斯贝尔斯的预言竟然成真:

> 一切必须是当下的满足,精神生活已变成了飘忽而过的快感。随笔性的文章已成为合适的文学形式,报纸取代书籍,花样翻新的读物取代了伴随生命历程的著作。人们草草地阅读,追求简短的东西,但不是那种能引起反思的东西,而是那种快速告诉人们消息而又立刻被遗忘的东西。人们不再能真正地阅读,并与他所读的著作结成精神的同盟。②

艺术在当代更多地被看作是一种制造不计目的的快感、娱乐和享受的方法,美学则为这消费意识形态摇旗呐喊,出谋划策。人民被"流行的美学"精心打造的光彩幻影和苦心劝慰俘获,在对审美幻象的瞬间消费中迷途忘返,自以为这就是生活的全部意义所在——这种迷妄得到了商业资本家和各种各样的投机者的鼓励。

对于现代娱乐的实质,"流行的美学家"或者缺乏明辨,误以为是美学重返生活的良机,或者倾心认同,干脆对"为人民服务"做出合乎经济学原理的读解。美学家理应关注娱乐的问题——既然娱乐在现代世界无所不在,甚至变成艺术的同义语,但问题在于,"流行的美学家"在大众文化市场投入旨在换取社会权利的美学技术知识资本,用审美幻象刺激人民的感性欲望,使其满足于汤汤水水式的松散疲软的生活境界,这实际是为消费意识形态的合法性提供了美学证明。对于知识论的美学传统而言,这种举措看起来似

---

① [英]柯林伍德:《艺术原理》,王至元、陈华中译,中国社会科学出版社1985年,第107页。
② [德]雅斯贝尔斯:《现时代的人》,周晓亮、宋祖良译,社会科学文献出版社1992年,第68页。

乎使美学获得了某种及物性与行动性,但对于那些鸡毛蒜皮的琐碎细节施与美学关注,甚至为"日常生活的审美化"欢欣鼓舞,从根本上说并不是思想,因为思想所及一定是一些大事情。

这也就是说,美学不再具有引领时代精神超越的功能,而是被娱乐魅惑和同化了,因而这种美学关注实在是道、器分离的,它关心"肉体"胜于"灵魂",关心"眼球"胜于"眼睛"。这使得变形为审美工艺学的美学日渐迷失其人文本性,美学作为学问也就变成一种操劳算计的职业,而不再是一种植根于理想与道义的事业和志业。理应关注审美工艺学的问题,但一旦缺乏道的支撑和导引,审美技术也许会像脱缰的野马,将人类领往不可揣测之地。例如,深谙艺术魅力的希特勒的审美工艺学,就曾鼓动数以万计的纳粹士兵充满自豪感和自信心地开往大屠杀的现场,他们血腥屠杀无辜者的"日常生活"在艺术氛围中"审美化"了。"流行的美学"并未如"流行的美学家"所期望的那样"道成肉身",反倒在此肉身化过程中丢了魂儿,这是徒有其表的美学。

二、休闲时代批判

美学要有所作为,不能再旁听、静观,就必须对人民真正的幸福生活有所规划,有所贡献。既然我们注定不可能全盘复制某一种存在——不论是西方的还是古典中国的,那就只能根据我们所处的时代说话行事。事实清楚地表明,我们正在进入一个"休闲时代",而这意味着休闲不再如以往只是私人行为和心性境界,而是社会公共事业和时代文化特征,因而是值得思想的事情。然而,正像人类所有重大的事情都不能用数字来说明一样,尽管有众多的统计学数据意在标示休闲时代的种种特征,但"休闲时代"并未因此澄明,"犹抱琵琶半遮面",哲学意义上的批判因而是必不可少的。

休闲是"双面神",它怎样现身,取决于我们的态度。在中文里,"休"为"倚木而息","闲"有"娴"义,是指身心放松的状态,而西文中的 leisure 则特别点明"剩余时间"之义。因而包含了时间、活动与精神状态三重语义的休闲的积极意义在于,休闲是一种"自由活动","本身就是目的"①,通过休闲,人类成其为人。这里的关键是"自由时间":"自由时间内的活动包含有增长人的道德、智性,寻找人生志趣和活力,精神生活得到满足的自由支配性活动。所以没有自由时间,就不会有一切科学、艺术、诗歌等富于创造性,融智慧及浪漫于一体的社会文明。"②休闲因此是社会文化发展的推动力量,而休闲的普遍程度亦是社会进步的标尺。就其本质而言——这本质来自社会文化的历史性建构,不是形而上学制造出的亘古不变的幻念——休闲时代不是少数人"有闲"的时代,而是人民"普遍有闲"的时代。人民不再需要用全部生命换取生存资料,生命不再只具有生物学和经济学意义,而是可以享受和欣赏的。这揭示了休闲的人学意义,唯此休闲才能获得自身。

然而,休闲也可能被符号化和时尚化:人民被无所不在的大众传媒制造出的美妙幻影所惑——审美工艺学在其中起了重大作用,堕入消费主义的彀中而不自觉:

> 在传媒引导下的休闲活动和休闲产品如美食、汽车、购物、服饰、美容健身、艺术欣赏、民间工艺、钓鱼、极限运动、家居生活,等等,已演变为一种能够体现人们个性、身份、地位、文化品位与生活态度的消费时尚。③

---

① 李仲广、卢昌崇:《基础休闲学》,社会科学文献出版社 2004 年,第 96 页。
② 马惠娣、成素梅:《关于自由时间的理性思考》,《自然辩证法研究》1999 年第 1 期,第 35 页。
③ 邵小丽、朱春阳:《当前媒体引导休闲文化的批判研究》,《国际新闻界》2006 年第 11 期,第 45 页。

人们关注的并非休闲自身的意义,何时何地以何种方式进行休闲,也并不取决于自己。于是,休闲成了消费意识形态的展示场所,成了生活的奢侈品,或许它令人艳羡不已,比如央视曾经作为有品位的生活而宣扬的在辽阔草原上驾车遨游,但并不切合人民真实的生活语境。人民或许会驻足旁观,甚至暂时迷醉,但一旦回到他们的生活语境中,就决不会信以为真。也正因此,休闲不再轻松有趣,反倒是一件累人烦心的事儿。林语堂说:休闲生活并不是富有者和成功者独享的权利,而是一种宽怀心理的产物。"没有金钱也能享受悠闲的生活。有钱的人不一定能真正领略悠闲生活的乐趣,那些轻视钱财的人才真正懂得此中的乐趣。他须有丰富的心灵,有俭朴生活的爱好,对于生财之道不大在心,这样的人,才有资格享受悠闲的生活。"①这很能解释为何那些既有"闲"也有"钱"的中产阶级和无"闲"无"钱"的劳苦大众都同样不能享受休闲生活。

一个集体性的误解是把"休闲"等同于"娱乐"。这与对人民的集体性误解相关——"五一七天乐"之类的电视节目清楚地表明了知识精英的这一立场,这直接影响到休闲经济产品和服务的开发设计。这可能会带来相当可观的经济效益——事实上旅游休闲经济已经有力地拉动了国内 GDP 增长,"黄金周"早已成为商人们的节庆——但我们实在不能不考虑尼尔·波兹曼的提醒:

> 如果一个民族分心于繁杂琐事,如果文化生活被重新定义为娱乐的周而复始,如果严肃的公众对话变成了幼稚的婴儿语言,总而言之,如果人民蜕化为被动的受众,而一切公共事务形同杂耍,那么这个民族就会发现自己危在旦夕,文化灭亡的命运就在劫难逃。②

---

① 林语堂:《生活的艺术》,华艺出版社 2001 年,第 148 页。
② [美]尼尔·波兹曼:《娱乐至死》,章艳译,广西师范大学出版社 2004 年,第 202 页。

之所以必须考虑这些问题,是因其与每一个人的生存都息息相关,休闲因此而必须引入政治学视野,因为在休闲时代,休闲绝不单纯是个人的事情。但是知识精英并不这样认为,或许会认为这是言过其词,甚至可能还感到委屈:"难道我们的所作所为不正是为人民服务吗?"

这里的问题在于,知识精英显然是把"欲望"与"民心"弄错了:"民心并不就是大众的欲望,而是出于公心而为公而思的思想。那些'为公而思'的观念并不专门属于哪些人,而是属于人类,尽管通常是由精英所思考并说出来,但其所思所虑却不是为了精英集团,而是为了人类共同幸福。"① 一味迎合大众的欲望,会使休闲变成"生命中不可承受之轻",而将一个原本无意义的事情弄得煞有介事,这种知识论本身是极为无聊的。无聊只有一个意思,那就是耗费人的生命,而放逐那些真正值得追求的价值。据"公心"而论,人民不仅需要娱乐式的休闲,更需要将休闲内在化:休闲不是短暂的节庆,而是生命的节奏。

休闲时代也意味着休闲的市场化和产业化。休闲的各个构成环节都被纳入市场,服从经济运行的游戏规则,休闲产业也创造出巨大产值,形成休闲经济,成为国民经济的重要支柱。这正是休闲在当代才呈现出的面相。既然如此,经济学的视野显然有助于思考和规划人民的休闲活动,有助于充分调动利用各种社会资源为人民提供丰富多彩的休闲产品和休闲方式。但还不够,因为休闲不单单是经济活动,也同时是文化活动。假如缺乏有效的制衡,经济学的利益最大化原则有可能导致单纯追求经济数量的增长,忽视一些更值得珍爱维护的利益和价值。这当中首先是那些神圣不可侵犯的人类利益和原则,尤其不能为满足少数人的休闲需要而损害、剥夺、践踏多数人的利益,不能以发展经济为借口让休闲变

---

① 赵汀阳:《天下体系:世界制度哲学导论》,第29页。

身为暴政和商业暴力的承担者。同样需要避免的是不能为获取短期经济收益而破坏自然和文化生态,这种破坏可能是无法弥补的,即使能够弥补,也需要付出极大代价。例如,泰山第一索道的建设将著名景观日观峰峰面炸掉了1.9万平方米,以至在10公里以外的泰安城都可见到这一巨大伤疤,而近年来因"黄金周"旅游而造成的对自然与文化资源的损伤,也已足够我们深自反省。"拣芝麻丢西瓜"的事儿人类做得不少,不能老是心存侥幸,不能堕落到"穷得只剩钱"的地步。

显然,休闲也有能否可持续发展的问题。事实上,一些不负责任的休闲创意,不仅搅乱了文化秩序,损伤了民族文化的灵根,也已经或正在损毁人类赖以生存的自然环境。如是可说,经济学的视野固然有用,但还需要其他的视野,因而对休闲进行规划设计就不单是经济学家、政府和商人的事情,也是包括美学家在内的人文学者的事业。

三、休闲时代美学的可能性

面对业已变动的世界,美学不能再缄口不语,或自言自语,而必须采取行动,对世界和文化有所作为。为此需要转换话语方式,重建知识形态。就此而言,美学确实是知识,但"它需要的不是闭合,而是展现;它不是推论的。确切地说,是那种实际知识,给我们提供这样一种认识:知道怎样使人类和非人类世界中各种事物之间那些富有活力和成果的关系发挥作用"[①],这是中国古典知识论的启示。休闲时代给作为人文事业的美学研究提供了开展思想的可能性和必要性,休闲作为经济和文化活动都需要美学智慧的介

---

① [美]郝大维、[美]安乐哲:《汉哲学思维的文化探源》,施忠连译,江苏人民出版社1999年,第6页。

入引领。就思想而非知识来说,已经边缘化了的美学与作为时代显学的经济学并没有程度或地位的不同,美学的思想对于经济学同样重要,经济学的思想对于美学同样重要。

思想旨在创造,因此美学所思所想的乃是休闲生活的可能性,确切地说,是休闲生活何以成为幸福的美学生活。以"自由时间"为前提和基础的休闲理应让人感到幸福,而幸福是一个真正的美学问题。"没有来自某种想象美的刺激或抚慰,人类生活就几乎是不可想象的。缺少这样一种盐,人类生活就会变得淡而无味。"① 正像尼采所说:

> 只有作为审美现象,生存和世界才是永远有充分理由的。②

休闲也只有成为人类诗性存在的展开方式,才可能是幸福的生活,而不是纵情声色式的,或味同嚼蜡式的。休闲本应如此,人类发明休闲的各种游戏,就期望它如此。

如果我们认同"人民是历史进步的真正动力",那就得虚心承认人民并不缺少美学观和休闲观,美学家不能太自以为是。美学家要做的只是依据"民心""为公而思",目的"是为了人类共同幸福",而不是一味迎合公众娱乐的欲望,或者将一己趣味强加于人民,或者干脆成为意识形态的代言人,这都不是思想的任务。这意味着美学不再自欺欺人地依据某种美的本质对休闲生活推论式地做出裁判和限定——这种做法早已被反本质主义美学家们指出其虚妄性,而是在思想的逻辑空间里分析休闲生活作为诗性存在的种种可能,并让构成休闲的"各种事物之间那些富有活力和成果的

---

① [英]卡里特:《走向表现主义的美学》,苏晓离等译,光明日报出版社1990年,第23页。
② [德]尼采:《悲剧的诞生》,周国平译,华龄出版社1996年,第23页。

关系发挥作用"。美学家在这里将遭遇严峻挑战,"超越论"和"享受论"的美学传统都不适用,需要发明新的概念和分析框架。美学因此可能会被做成各种样子,但必须维持其人文本性,对享乐主义和消费主义的休闲观保持警惕和批判,这有助于休闲重获自身,而美学也将由此获得新生。这就形成"休闲美学",其基本问题是休闲作为诗性存在何以可能,是要在思想中如其所是地呈现休闲生活,是运用各种思想操作手段和思想程序让"休闲"自己现身,是对可能的美学生活的筹划,这当中就有哲学性的思考。现在也有些美学家在做"休闲美学",并提出"休闲美"之类的新概念,但在做法上有问题。他们是将"休闲"作为一个东西固定在那里,再用一套固定的概念做出解释,这些概念包括"主体性""自由""非功利"等。这表明美学家们还没有从旁听、静观的旧美学的迷梦中清醒,自然也就不能期望他们的工作对理解休闲和美学都有所促进,美学的困局仍然存在。休闲美学不是从已有的美学大树上结出的果实,而是从人类生活基壤上破土而出的新芽。之所以如此,是因为休闲正在成为人类的存在方式,而不是如以往那样作为人类生活的一个组成部分,因而休闲美学乃是基于休闲存在论的美学,现在的讨论似乎还没有进到这一层次。

这是休闲时代美学的一种可能,此外,还有一种"审美经济学"的可能。"审美经济学"首先是针对"美学经济"发言的,是"美学经济"催生出的思想,是美学与经济学交叉形成的"间性存在"。这与其说是一种学科,毋宁说是一种思想。"美学经济"是一种文化创意产业,包括文化艺术核心产业、设计产业和创意支持及周边创意产业。"休闲经济"也是一种"美学经济",也就有如何将美感生活与休闲产业发展结合起来的问题,这是美学或经济学的单一视野无力解决的。"美学经济"的核心是注意力和体验——"美学经济"也因此可称为"注意力经济"和"体验经济"。能否充分利用美学手段吸引人们的注意力,提供新颖丰富的精神享受,是"美学经济"成功与否的关键。这是审美经济学的基本问题,美学在此大有可为。事实上,当学院派美学家沉醉于概念游戏时,创意产业的工程师和技术员已经"摸石头过河"式地从事审美工艺学的实践了,但也正是因为那些严肃美学家的缺席,才造成美学创意的"无道"状况。三鹿奶粉事件就明白无误地宣示了"无道"的审美工艺学在中国所可能造成的恶果,这不只是一个食品质量事件,也是一个美学事件。

显然,我们需要一个以道驭技的审美经济学,至少需要展开如下的思考与对话:

1. 一种经济行为如果不能促进人类共同幸福,如果不能为人民创造出幸福的美学生活,就是"非美学经济"。"美学经济"提供的不仅是消费产品和生活服务,还有美的精神享受,前者恰恰因为后者而获得青睐,因此"美学经济"也是直接和强有力的影响文化的力量。

2. 既然如此,"美学经济"就不能仅仅对国民经济增长负责,还要对人类文化健康有序的发展负责。"美学经济"以不破坏文化生态为前提,也应自觉维护文化的多样性,这是美感生活的精神动源,因此也是"美学经济"成功的动源。这就有在全球本土化语境中如何开展"美学经济"的问题。

3. 打造品牌是"美学经济"作为"创意经济"的重要任务,品牌的成功不仅由产品和服务本身的质量决定,也有赖于成功的美学创意和审美工艺学的运作。这就有"品牌美学"问题,品牌的规划、设计和传播都需要美学的参与,需要审美哲学和审美心理学视野的介入。

4. 利益最大化原则仍然是有效的。在"美学经济"中,"美学成本"也应计算在内,因而审美经济学就应考虑如何寻求最小的美学投入而获取最大的经济收益,要选择那些最合乎经济学原则的美学创意,不经济的美学创意即使有魅力,也应被坚决拒绝。

显然,对休闲而言,基于休闲存在论的"休闲美学"给出的形而上解释,正是"审美经济学"所据依之"道"。没有这"道"的指引,"审美经济学"就蜕变为制造没有生命没有灵魂的幻境的技术,这幻境即使再美,也与人无关。但离开"审美经济学"对休闲所做的具体筹划安排,"休闲美学"就如同旧美学一样是漂泊无依的形而上学的游魂。如果我们不希望休闲异化为侵夺人民根本幸福的恶灵,如果我们希望休闲经济造就人民的福祉,那就不能不如此思,如此想。

儒家思想与当代中国美学的开展

本论题之提出基于两方面的考虑。一是当今的世界格局正在发生重大变化,人类面临又一次思想创新运动,西方学者已经开始"重思西方",中国学者也需要超越"学习西方""反思中国"的阶段,在新的语境中"重思中国"。因而"建设性的思想比以往任何时候都显得更加重要"①,儒家的智慧也比以往任何时候更值得受到重视。这智慧是世界观、价值观和方法论,而不是某类具体知识。二是尽管精妙深刻的审美思想在中国古代思想世界中比比皆是,却并未发展出西方式的美学体系,因此那种以现有美学框架整理传统思想材料、并据此探讨其当代意义的做法并不可取——这种美学从根本上说是遵照西方美学套路、以西方美学类型为典范建立起来的——毋宁如其所是地展开其思路与言路,并进一步将其价值做成真理。而倘能进一步将此真理推广至全球,中国则能由知识消费大国转变为思想生产大国,这也是实现中华民族伟大复兴的应有内涵。

一、内圣外王与美学研究的维度

如欲悬搁诸如政治意识形态与生命形态、心性儒学与政治儒学等各有其用的解释路向,如其所是地展开儒家的思想结构,那就

---

① 赵汀阳:《天下体系:世界制度哲学导论》,第11页。

不能不从内圣外王上手。《礼记·大学》详细记载了内圣外王的具体名目：格物、致知、诚意、正心、修身、齐家、治国、平天下，"前面的五个条目的目的是教育个人做内圣的功夫，而后面的三个条目的目的是推己及人，成就外王的事业"①。内圣功夫旨在解决个人的心灵安顿、精神超越与终极关怀等安身立命的根本问题，是从工夫进入存在、本体，因而是境界论，而非知识论，最终达成的是天人合一的精神境界。依照冯友兰的"四境界说"，儒家的内圣工夫是教人超越"自然境界"与"功利境界"，通过格物致知、诚意正心的努力，"反身而诚"，推极践仁的工夫而进至"道德境界"与"天地境界"，是于日用伦常之中求内在超越的"极高明而道中庸"②。儒家的外王之道即治国理民之道，可用四个字概括：从制度说是"礼制"，从理念说是"德政"③，贯通其中的则是仁的血脉与礼乐的精神。而"无论是修己还是治人，儒学都以'君子的理想'为其枢纽的观念；修己即所以成为'君子'；治人则必须先成为'君子'"④。如此则内圣外王实为理解儒家思想的根本性视野，儒学即内圣外王之学，儒家之道亦即内圣外王之道。

这一思想结构的关键在于，贯通内圣与外王的"仁"不仅是诸德之核心或四德之首，更是君子理想之最高的精神境界："被称为全德之名的仁，不是泛指任何一种精神境界，而是确指最高的境界——天地境界。"⑤在内圣层面，仁道是向内用力，是打通自家生命与天道的隔阂，并在精神活动和道德践履中肯定由此而生的超

---

① 刘述先：《论儒家"内圣外王"的理想》，见景海峰编：《儒家思想与现代化——刘述先新儒学论著辑要》，中国广播电视出版社1992年，第2页。
② 冯友兰：《贞元六书》，华东师范大学出版社1996年，第552—567页。
③ 李宪堂：《先秦儒家的专制主义精神》，中国人民大学出版社2003年，第229页。
④ 余英时：《儒家"君子"的理想》，见辛华、任菁编：《内在超越之路——余英时新儒学论著辑要》，中国广播电视出版社1992年，第103页。
⑤ 冯友兰：《对于孔子所讲的仁的进一步理解和体会》，见中国孔子基金会编：《孔子诞辰2540周年纪念与学术讨论会论文集》，上海三联书店1992年，第1005页。

越性价值:"儒家以存仁立乎其大,即于天地万物一体处认识大生命,体悟自性,护持大我,使人格向上发展,不离开现实世界又能超越现实世界的种种限制,把人的精神提扬到超脱寻常的人与己、物与我相分离的境界。"① 而从外王言,是在人伦日用之常中践仁行仁,以成德成圣,盖因仁乃是人精神生命之所依,君子之为君子,实以仁为其体(体仁),以始终如一、不间断地践行仁道而达成,理想的圣人之境亦由推极践仁的工夫而致。于是,尽管"齐、治、平"的行为活动不能不受外在条件的限制,但其实现和道德价值却本原于人之内在的道德抉择,故而对于外在的成败得失也就无所萦怀,"可以速而速,可以久而久,可以处而处,可以仕而仕"(《孟子·万章下》),因而永远快乐:"知者不惑,仁者不忧,勇者不惧"(《论语·子罕》)。所以孔子赞赏颜渊"一箪食,一瓢饮,在陋巷,人不堪其忧,回也不改其乐"(《论语·雍也》),自称"饭疏食,饮水,曲肱而枕之,乐亦在其中"(《论语·述而》),慨叹曾点"莫春者,春服既成,冠者五六人,童子六七人,浴乎沂,风乎舞雩,咏而归"(《论语·先进》)的志向,虽然境遇情势不一,但皆有其所乐之处,而乐所表达的正是"仁心"对此超越性价值的深切体会。

尤需注意的是,"对于孔子来说,人格的培育与对共同体的责任是相互蕴涵的"②。这是内圣外王的思想结构的必然逻辑,向内用力(内圣)与向外推广(外王)其实都在挺立自我生命(仁体),是生命的不同展开方式,"自我"由此确立,"世界"由此显豁。于此可见这一思想结构的通透性,是世界观,也是价值观,也是美学观。

在我看来,这一思想结构可以为当代美学研究提供思想开展的基本路径,不仅有助于重建美学研究者与美学研究间的血脉联系,实际也规划了美学研究的一种图景。这当然基于对当下美学

---

① 郭齐勇:《儒学的生死关怀及其当代意义》,见中国孔子基金会编:《儒学与二十一世纪》,华夏出版社 1995 年,第 668 页。
② 郝大维、安乐哲:《汉哲学思维的文化探源》,第 163 页。

研究情状的观察和反省,经历了"实践美学"与"后实践美学"的热潮,我们已经有了太多的美学知识,却鲜见透彻的美学智慧。尽管中国美学研究依然艰难前行,孕育着新变,名目繁多,颇有些"乱花渐欲迷人眼"的味道,但一个显然的症状是许多研究者不能视学术研究为生命呈现方式,缺乏道义担当精神与救世热忱。或者在封闭僵化的知识体系中抱残守缺甚至孤芳自赏,或者为争夺话语权力刻意标新立异甚至党同伐异,那些经不起理性审查的"新××理论""后××理论""大××理论"的一时喧嚣便是明证。更其严重的则是一些研究者自动放弃了对于超越性价值的体认与维护,与消费意识形态合谋,视娱乐为最高价值,同时还反对宏大叙事和深刻思想,形成一种轻浮和软弱无力的精神结构,而"用小叙事代替宏大叙事,用娱乐代替思想,这样腐败的精神最终会导致社会的崩溃"[①]。这既与我国作为一个泱泱大国应有的文化气象不符,也与实现中华民族伟大复兴的时代要求不相吻合。内圣外王的思想结构决定了儒家不是某种专家之业,不是某种知识系统和论说结构,而是强调躬行践履、知行合一。然而,当代美学研究的专业化和职业化,却使得许多研究者沉迷于观念的世界,内在思想境界的匮乏更使其无法确立一种与时代核心价值相适应的、雄健正大的审美气象,他们是美学的从业者,而不是思想者。

就美学研究图景而言,内圣外王实际上构成了美学开展的两个维度。儒家早已有此实践,如徐复观所指出,礼乐的意义"乃在于对具体生命中的情欲的安顿,使情欲与理性能得到谐和统一,以建立生活行为的'中道',更使情欲向理性升进,转变原始性的生命,以成为'成己成物'的道德理性的生命,由此道德理性的生命,以担承自己,担承人类的命运"[②]。无论内圣抑或外王,实都以此

[①] 赵汀阳:《哲学原旨主义》,《中国人民大学学报》2005 年第 1 期,第 12 页。
[②] 徐复观:《谈礼乐》,见李维武编:《中国人文精神之阐扬——徐复观新儒学论著辑要》,中国广播电视出版社 1996 年,第 126 页。

为根基。儒家规定"仁"是人之为人的根本德性,人、己、物、我、天之间的交流通贯以此根本德性为纽结。因而文艺从本源意义上说就是对此道德真实感(诚)的情意性开显,而其文化功能也便是造就情欲与理性谐和统一、成己成物的道德理性的生命。儒家推崇德政、仁政、王道,试图在礼制的制度架构里普遍地落实这一高远理想,即通过礼乐教化使人人都能维护存养其内在本体之仁心,进而建立和合统一的理想国,此即"人文化成天下"的社会理想。由于把仁"这种自觉与安邦治国、拯救社会紧密联系了起来,这种人性自觉便具有了超越的宗教使命感和形上的历史责任感……因之,并非'个性解放'之类的情感,而毋宁是人际关怀的共同感情(人道),成了历代儒家士大夫知识分子生活存在的严肃动力"[1]。真正的儒家必有此担当,因而儒家的事业、儒家的生活便是基于自得而"为己",而"学"也便是"为己之学",而非"为人之学"。

内圣外王的思想结构提示美学不能仅是"听"和"看"的美学——旁听、静观的美学,更应当首先是"做"的美学——行动、切己的美学。当代社会自有其内圣与外王的具体内涵,但美学研究必得从内圣与外王的价值论维度展开,再不能拘囿于知识论的思路和学院派美学的家法,以对象性思维、体系性追求与本质主义的眼光看待审美和美育问题。须知倘使一种美学不是从生命根源之地生长出来,它就是冰冷僵硬的,即使其学理纯粹到不食人间烟火,但其内在逻辑并不植根于生命,因而是见物不见人的美学,是无处挂搭的形而上学的游魂。

二、儒家思想与生态美学研究

近年来,生态美学在我国美学界蔚为大观。虽然它直接地来

---

[1] 李泽厚:《华夏美学》,见李泽厚:《美学三书》,安徽文艺出版社1999年,第257页。

自于西方生态文学批评的刺激,却别开生面地由文学批评的单一视野,提升为一种具有普遍性的美学理路。尽管一些学者对生态美学提出了种种质疑,但平心而论,生态美学不但汲取了百年中国美学研究的经验教训,而且作为理论根基的生态存在论植根于当代人类生存的困境——这困境既影响到内圣的方向,也影响到外王的方向。因而生态美学理应得到更多的呵护,即使它只是过渡形态,只是重建中国美学的必经阶段。

问题在于,尽管在多种可能运思路径中,汲取中国古典生态思想资源与美学智慧,是当代生态美学经过而又超越传统美学、建构知识形态与话语系统的必由之路,但在中国的思想传统中,多数学者更认可道家思想的积极意义,认为道家"道法自然"等思路和言路可以直接在当代生态美学的理论建构中发生作用。在我看来,假如我们想要克服既往美学传统过于理想化以至流于纸上谈兵式的玄想的根本局限,并且更准确地把握有源流有承传的中国思想传统的内在理路的话,便不能不将视野更多地投注在儒家。这是因为,追求"极高明而道中庸"的儒家,不仅在"六经之教"中保存了华夏先民的生态意识与行为规范,而且在创造性诠释中确立了作为支持精神的根本信念与基本态度,更以内在超越所达致的精神境界透显出和合论的审美观。大致说来,"天人合一"是儒家生态伦理与审美观的支持精神,"致中和"是其基本态度,"参赞天地化育"则是其终极关怀,而"仁者与物化生"的实践精神使儒家思想较之道家思想更具创造性转化的积极价值。

对于当代美学建构而言,这些思想中最具启示性的有两点:

1. 作为支持精神的"天人合一"。在哲学上充分地表述了这一思想的是宋明儒家。张载说:"乾称父,坤称母;予兹藐焉,乃混然中处。故天地之塞,吾其体;天地之帅,吾其性。民,吾同胞,物,吾与也。"[①]视

---

① (宋)张载:《正蒙·乾称篇》,见《张载集》,中华书局1978年,第62页。

天地为父母,视天地间万事万物与己同为一体,同为一性,所有人都是自己的同胞,所有事物都是自己的朋友。尽管对这种广博的同情,理学家更多强调"天只是以生为道",将人之为人的基本规定性"仁"释作"生生之性",在此普遍意义上立论;心学家则直认人与天地万物为一体,并从此根源意义上立论。但他们均直承《易传》"天地之大德曰生"之论,是在终极信仰层面解释了天人合一的根源,其意图在于唤醒对"万物一体之仁"的内在体认,积极践行仁道,最终达成人格修养的最高境界。与之相伴随的则是心与大化融洽无间、自我与宇宙合为一体、泯除一切差别的神秘体验。

尽管儒家的"天人合一"思想并非针对生态伦理问题而发,生态伦理在儒家思想中也绝非中心问题,"但是,在儒家的宇宙哲学中,却蕴涵着一种人与天地的关系应是融洽无间的,人并不能把自己看作世界上万事万物的主宰,不能以自然为仆人,相反,他应视天地为父母,视所有生命都与自己相通的精神"①,极富智慧。不仅如此,"身体发肤,受之父母"(《孝经》)从此"生生之义"作解,便意味着看待身体的一种根本视野。爱惜自己的身体就不仅是对父母尽孝,更是对宇宙大生命的珍重,不仅由此同样爱惜任何他人的身体,甚至"自然界的每一种事物,都是自己身体的一部分,与自己息息相关。人—自然共同构成一个身体。这种存在的一体性要求儒者在意识上真切地自觉其为一体,从而对万事万物怀抱'仁'的态度"②。

2. 作为终极关怀的"参赞天地化育"。这一思想首见于《中庸》"唯天下至诚,为能尽其性。能尽其性,则能尽人之性。能尽人之性,则能尽物之性。能尽物之性,则可以赞天地之化育。可以赞天地之化育,则可以与天地参",强调天道化了的"诚"之于实现"参赞

---

① 何怀宏:《儒家生态伦理思想述略》,《中国人民大学学报》2000年第2期,第38页。

② 陈来:《中国近世思想史研究》,商务印书馆2003年,第43页。

天地化育"的前提意义。宋明儒家将"仁"解释为贯通天、地、人的根本德性,"仁"作为"全德之称"因此获得了形上意蕴。朱熹说仁者之心,"在天地,则块然生物之心;在人,则温然爱人利物之心"①。王阳明说"仁是造化生生不息之理",而"人心与天地一体,故'上下与天地同流'"②。只要能体认、培植和推广仁爱之心,便能消弭人己之分、物我之隔,"见孺子之入井,而必有怵惕恻隐之心焉,是其仁之与孺子而为一体也;孺子犹同类者也,见鸟兽之哀鸣觳觫,而必有不忍之心焉,是其仁之与鸟兽而为一体也;鸟兽犹有知觉者也,见草木之摧折而必有悯恤之心焉,是其仁之与草木而为一体也;草木犹有生意者也,见瓦石之毁坏而必有顾惜之心焉,是其仁之与瓦石而为一体也"③。从儒家哲学的内在理路说,天、地、人、物皆一气贯通、本无间隔,因此仁者必得以仁心感通天地的生生之道、大化流行,以道德关切的态度看待天地万物,亲民、仁民、爱物,通过有序地推进以完成整体的实现,才能最终澄明仁者的天地情怀与存在意义。

这当中的关键元素是仁,其在伦理上的指向是"爱"。仁有两个基本规定,其一是"仁者,人也"(《中庸》),强调仁是人之为人应有的品德,赋予仁以基源性;其二是"爱人"(《论语·颜渊》),是从热爱自我生命扩展至热爱一切人,而一切与人为善、成人利人的感情和行为,都可以归之于"仁"④。而以"生生之性"释"仁",赋予"仁"以贯通天、地、人、物的性质,则践仁、行仁既是一个切近的生活原则,也是一个宏大的社会文化理想,它也不仅是一种遵循外在道德规范的人际行为,还是确立自我存在、敞开世界之意义的途

---

① (宋)朱熹:《晦庵先生朱文公文集》卷六十七,《四库全书》本。
② (明)王守仁:《传习录》,见吴光等编校:《王阳明全集》,上海古籍出版社2011年,第29、120页。
③ (明)王守仁:《大学问》,见吴光等编校:《王阳明全集》,第1066页。
④ 刘文英:《"仁"的本义及其两个基本规定》,见中国孔子基金会编:《孔子诞辰2540周年纪念与学术讨论会论文集》,第252—266页。

径。性与天道相贯通,既是对"人生在世"结构的根本性理解,也是对审美活动的根本性理解,其所成就的是天人合德的自由境界。在此境界中,"个体心态感到自身完满无缺,与天地宇宙相通,因而生机畅然。德感不仅内在地规定了自足无待于外的精神意向,而且规定了生命体自显的求乐意向。健动不息的生命力无需再有外在的目的、对象和根据,自身的显发就可以获得恬然自得、盎然机趣的生命流行之乐"①。这是不假外求、不需旁索的自得之乐,是乐的本身,无关心无目的,无任何利害纠葛,是纯粹的精神之乐,绝对的自由之乐。这种乐的获得,不一定要通过艺术形式,在平时日用中也可以得到,关键在于是否具备超越利害计较、超越官能苦乐的心境②。

尤为重要的是,以仁爱之心对待外物,对待自然,造就一个和谐的世界,实无外在目的,只为成就自我。天地万物皆有生生之性,皆有生之权利与应当,人之所以能与天地为参,只是因为人能自觉此与天地同体之心、与万物相通之性,因而也就应尽比万物更多的责任。这是人的使命与义务,是从人生在世的基本结构中必然引领出来的。并不是先赋予世界以和谐秩序,先赋予世界以意义,而是就在赋予世界以和谐、以意义的同时领略人在此秩序、在此世界结构中的地位和意义。即王阳明所说:"你未看此花时,此花与汝心同归于寂。你来看此花时,则此花颜色一时明白起来"③,这是一个事实上的逻辑。因此儒家不去构思彼岸世界,并不做出世之想,而就在"与物化生"的实践中实现价值。真正的儒家能破除物我界限、人己界限,将个人精神与宇宙精神融为一体,故能"居天下之广居,立天下之正位,行天下之大道。得志与民由之,不得志独行其道"。"富贵不能淫,贫贱不能移,威武不能屈,此

---

① 刘小枫:《拯救与逍遥》,上海三联书店2001年,第144—145页。
② 聂振斌:《理学家的理趣与艺术情趣》,《哲学研究》2004第6期,第67—68页。
③ (明)王守仁:《传习录》,见吴光等编校:《王阳明全集》,第122页。

之谓大丈夫"(《孟子·滕文公下》),这已由道德境界超越至天地境界,对于"人心与天地一体"的内在体认,开掘出了生存的深度,它使得经由道德实践获得的体验具有终极关怀的品质,是个体与类融合、回复人的本性的超越之情,是对生命内涵的高峰体验。这一境界同时也就是美的境界。

要再明晰地指出儒家思想对于当代生态美学开展的意义,可说有两方面:

1. 就作为生态美学理论根基之一的生态伦理而言,儒家伦理不仅"可能会对旧的人类中心主义和当代彻底摒弃人类中心主义的要求两者之间提供一种平衡"[①],更因其全球伦理的视域格外值得重视——"儒学对全球伦理的贡献还从未像今天这样得到广泛的认同"[②],生态美学必须引入这一全球视域——生态问题本来就是一个全球性问题,因而可以保证生态美学所体现的文化价值的普世性;

2. 儒家的"天人合一""参赞天地化育"显示出的是一种透彻的智慧,据此则依据生态存在论展开的审美世界,便是从生命根源之地开发出来,能够成就"新内圣"、开出"新外王"的意义世界。而我们之所以需要这个世界,根源在于我们的生存困境。我们的生活出了问题,故而不能不去思去想,而要思想,需要的是透彻的智慧而不是层累的知识——儒家正好能提供这不多的智慧。

顺便指出,一些学者区分出伦理的生态观(儒家)与审美的生态观(道家),虽然新鲜,却是对传统思想的误读。因为中国文化重"相通"远胜于"相异"的性质使得这种对立从根本上不能存在,这种区分不过是基于近代美学对真、善、美的区分而做出的解读。这种解读可能对于理解西方有益,却无益于理解中国传统。儒家自

---

① 陈来:《中国近世思想史研究》,第51页。
② 杜维明:《面对全球化的儒家人文主义》,《浙江社会科学》2003年第4期,第124页。

然观包含着审美观照的面向毋庸置疑,但儒家高超之处在于从道德的形而上学来规范和引领审美观照,由此则审美就不只为了静观审美对象那可以剥离抽绎出的外观或纯形式,而首先意味着一种道德态度,即审美而超审美。这不仅提醒当代生态美学建构需要注入道德理性的血脉,以此遏制过度感性消费主义在审美文化领域中的肆虐,也提醒当代美学建构避免堕入审美中心主义和审美绝对主义的陷阱,那种以为所有问题都能由美学来解决的想法,很可能只是美学研究者的一厢情愿。

三、儒家思想与国家美学重建

尽管和平与发展是当今世界的两大主题,但天下并不太平。随着"动力横决天下"的全球化浪潮席卷世界,随着我国在入世以后对外交流与合作领域不断扩大,国家文化安全开始凸显成为一个问题。我国的文化安全形势并不容乐观,面临着文化全球化、文化帝国主义、文化分裂主义的挑战,在语言文字、生活方式、价值观念、思想信仰、风俗习惯等方面都表现出令人不安的征兆。美国中央情报局对华《十条诫令》第二条说:"一定要尽一切可能,做好传播工作,包括电影、书籍、电视、无线电波和新式的宗教传播。只要他们向往我们的衣、食、住、行、娱乐和教育的方式,就是成功的一半。"其中道理正如 20 世纪 50 年代的美国国务卿杜勒斯所言:"如果我们教会苏联的年轻人唱我们的歌曲并随之舞蹈,那么我们迟早将教会他们按照我们所需要他们所采取的方法思考问题。"[①]这在冷战后成了试图在全球推广所谓民主政治的西方国家的政治思维。而在事实上,"西方的电影或音乐在同一时刻在全球发行,一个电影或一个明星,在不同文化背景国度同时受到追捧,这种统一

---

① 王晓德:《美国文化与外交》,世界知识出版社 2000 年,第 220 页。

给本土文化造成的侵害是潜移默化的。我们身边的孩子都无一例外地喜欢汉堡包,喜欢 HIPHOP,喜欢美国电影,喜欢 NBA,喜欢穿美国牌子"①。难以想象,徒具中国人的体貌特征,但精神信仰和思想方式乃至言行举止都西方化美国化了的年轻一代,如何能担起实现中华民族伟大复兴的重任?

这是一个严肃的政治问题,也是一个严肃的美学问题,美学必得尽其责任。然而,这却是传统以无功利、个体自由为要旨的静观美学所不能担当的,而必须另辟蹊径,引入审美功利主义和国家主义的思路,这不是一个愿意不愿意的问题,而是为所处地位和形势所迫不得不如此的事情。这就是国家美学的思路:"国家美学既是对民族国家主体性的捍卫,又包含着对民族国家主体性的反思、批判,它力求自己在国家现代化建设进程中保持自我生命,通过审美颠覆、审美救赎和审美建构等手段以不同于政治话语、经济调控、法律制裁、道德谴责的独特功能对社会发生作用。"②

在中国古代思想中,儒家对此问题关注最多,不仅在汉代以后始终扮演着华夏帝国国家美学代言人的角色,而且其内圣外王的思想结构本身已经暗含着这一进路。偏于外王实践的荀子强调文艺审美关乎国家的兴衰、存亡、强弱、治乱:"声乐之入人也深,其化人也速……乐中平则民和而不流,乐肃庄则民齐而不乱,民和齐则兵劲城固,敌国不敢婴也……乐姚冶以险,则民流僈鄙贱矣。流僈则乱,鄙贱则争,乱争则兵弱城犯,敌国危之。"(《荀子·乐论》)偏于内圣理想的孟子也说:"仁言不如仁声之入人深也,善政不如善教之得民也……善政得民财,善教得民心。"(《孟子·尽心上》)赵岐注曰:"仁言,政教法度之言也;仁声,乐声雅颂也。"而"乐民之乐

---

① 宋群:《错位与滞后——城市文化现状与艺术教育》,《西北美术》2006 年第 2 期,第 10 页。
② 杨小清、何凤雨:《审美权力假设与"国家美学"问题》,《文学评论》2007 年第 3 期,第 206 页。

者,民亦乐其乐;忧民之忧者,民亦忧其忧。乐以天下,忧以天下,然而不王者,未之有也。"(《孟子·梁惠王下》)这就有所谓诗教、乐教。而诗乐教化的目的不是为了获得感官娱乐的满足,而"正是以文艺,也就是以美作为净化人性的手段,以达到合乎礼的要求,而后能立于礼,成于乐。乐是最高的境界,因为它可以消灭个人的主观成见而达到'人际'协和的目的","前期儒家尽量使礼仪美化,使诗礼结合,以德解诗,以礼解诗,去掉礼的对等交换的原始意义,也避免礼的枯槁干燥,而绚丽多彩,有诗、有乐、有舞,它美化了人生,净化了人生"①。儒家显然十分清楚审美不同于政治话语、经济调控、法律制裁的功能,艺术是人的情意表现,通过艺术教育,便能陶冶性情,敦厚风俗,和合天下,安定社会,但其国家主义和功利主义的眼光却多遭信奉审美无功利思想的现代学者们的诟病。

今日重提儒家之国家美学的思路,值得汲取的智慧首先就是强调超越性的"道"对于审美文化的涵摄和引导。孔子说:"齐一变至于鲁,鲁一变至于道。"(《论语·雍也》)冯友兰先生据此评价道:在孔子,有一个比周礼更高的标准,那就是"道"。虽然他基本拥护周礼,但认为经过损益的周礼才合乎"道"②。孔子对于礼乐制度的根源性丧失有切身的体认,认为只有以仁为根基,礼的秩序原则与乐的和谐原则才能真正构成互补合一的文化结构,最终形成各个阶层都和谐相敬的统一的文明秩序。而以仁为根基,依"仁"释"礼",周公礼乐传统便被注入了更为深厚、更具普遍性的人文蕴涵:"孔子开始,丰富了社会中的礼乐内容,礼不再是苦涩的行为标准,它富丽堂皇而文才斐然,它是人的文饰,也是引导人生走向理想境界的桥梁。"③这"道"的超越性还体现在它具有"天下性",即超越民族视野和国家视野的狭隘性,"它不以经济关系的维系和

---

① 杨向奎:《宗周社会与礼乐文明》,人民出版社 1997 年,第 377、379 页。
② 冯友兰:《中国哲学史新编》,人民出版社 1980 年,第 128 页。
③ 杨向奎:《宗周社会与礼乐文明》,第 381 页。

'种族—族群'及民族国家的区分和疆域化为基础,而是以'有教无类'的观念形态为中心来呈现人们对世界的认识"①。这是一个和而不同的文化天下,而这样的天下观,表明儒家实有宽广的胸怀和高超的政治智慧。

这提醒当代国家美学的建构,首先应当在天下这种新的世界政治制度架构里进行思想布局和美学规划,唯此国家美学才不会自外于世界文化发展潮流,以狭隘的民族国家立场、闭关锁国的文化政策和本土化的建构策略拒斥现代性进程。国家美学无疑是政治美学,但首先应当是文化美学,首先应当具备先进文化的品格,有了宽广的天下胸怀,国家美学才能有气度规模。其次,国家美学固然要超越个人立场和民族立场,以国家为思想单位进行从观念到制度的整体美学规划,但这规划应当在一个较诸国家更具包容性的框架里展开——这一框架应当包容个人和民族的正当利益和发展要求,所谓超越个人和民族立场并不是要废弃个人和民族立场。唯此国家美学才不至于堕入绝对的集体主义和保守的集权主义的窠臼。在此方面,国内外的审美文化建设均有许多深刻教训可鉴。

如此也就决定了国家美学建构必然坚持价值优先的原则,即依据超越性的"道"(文化理想)确立适宜的美学形态和审美文化生态,以"万物一体"和"民胞物与"的态度展开美学思考,因而国家美学的形态必然是以道驭技、体用不二的规范美学,它不以总结既往审美经验、形成某种知识系统为己任。这就有两个问题,一是必须以植根于现代性境域的人文精神为价值关怀的思想根基,尤其是以致力于实现中华民族伟大复兴的当代中国社会的核心价值体系为思想根基;二是研究主体必须努力使个人关怀真正切近时代意

---

① 王铭铭:《作为世界图式的"天下"》,见赵汀阳主编:《年度学术 2004:社会格式》,中国人民大学出版社 2004 年,第 59 页。

识的中心,否则就只有感想而没有思想,如此才能确立中国审美文化创造应取的意义元素、生命形态、精神气象、审美境界。

与此相关的是重建艺术教育与传统艺术文化间的血脉联系,这是以捍卫民族国家文化主体性为首要任务的国家美学建构的必然要求。而之所以需要重建,是因为尽管多年来我们始终在呼吁继承传统艺术文化的精华,但并没有找到一种适当的途径使传统艺术文化真正进入当代人的精神生活,也没有使传统艺术的传承得到体制的保证,从而导致传统艺术的阵地不断失守,传统艺术文化被形式化了,它只在形式上得到重视,而没有发生实质性的影响。结果是传统艺术不仅日益与普通大众隔膜,阻碍了大众对本土文化的认知、尊重、热爱,更难以成为出身自传统艺术教育内涵匮乏的艺术教育专业的艺术家从事新的艺术创造的精神动源。人们反倒需要借助他国的艺术作品,重新发现传统艺术文化的生命智慧与当代意义。传统艺术文化在应对西方文化的强势冲击时缺乏核心竞争力。

这些现象要得到根本性扭转,必须借助于艺术教育体制改革,但首先必须改变的是艺术教育思想,其核心则是看待艺术教育的眼光。在此方面,儒家提供了许多有益的智慧和经验。在本土文化诸传统中,儒家是最为重视传统文化与教育的一支。儒家致力于"保存并传下古代传统;在变动不定的世界秩序中检讨这些传统的意义"[1],不仅维系着民族文化传统的血脉,更"使得中国的政治意识形态和政治运作方式兼容了礼乐与法律、情感与理智"[2];而在其全部教育环节中,艺术教育是不可或缺者,"若臧武仲之知,公绰之不欲,卞庄子之勇,冉求之艺,文之以礼乐,亦可以为成人矣"

---

[1] 罗伯特·P. 克雷默语,见[英]崔瑞德、[英]鲁惟一主编:《剑桥中国秦汉史》,杨品泉等译,中国社会科学出版社1992年,第802页。
[2] 葛兆光:《中国思想史 第一卷 七世纪前中国的知识、思想与信仰世界》,复旦大学出版社1998年,第378页。

(《论语·宪问》),"志于道,据于德,依于仁,游于艺"(《论语·述而》),所谓"游者,玩物适情之谓。艺,则礼乐之文,射、御、书、数、之法,皆至理所寓,而日用之不可缺者"[①]。

这提醒国家美学的建构应当采取稳健的文化策略,需要立足于民族国家的主体性,在全球化的世界秩序中检讨传统艺术文化的意义,呵护培植传统艺术文化的生机,尤为重要的是恢复传统艺术文化的真实生命,使其在当代国人的精神生活中发生实质性的影响。这就有许多工作要做,例如现在已经开始尝试在中小学音乐课程中增设有关京剧、昆曲的内容;对于艺术教育思想而言,最具启示性的则是从"成人"(成其为人)的视角看待艺术教育,"学"的目的不是将外在知识移入自我,而是努力成为所学的对象——这在儒家即成圣成贤,因而艺术教育乃是基础性教育。受此影响,中国的谈艺者首先关注和致力于实现的便是存在意义的澄明与人格境界的完满,常讲"学以致其道""有法而无定法""以艺载道",而不以获取概念化抽象化的知识、掌握作为固定规程的技法为最高境界,这对于重新思考艺术教育的本质、重建艺术教育体系而言是极有价值的眼光。

这就必然引出中国艺术教育思想重建的问题。需要特别指出的是,这里并不存在一个与西方思想争取所谓话语权力的问题。也不仅仅是对于中国曾经是一个思想创造大国的缅怀。因而也就不能取狭隘的民族文化保守主义的立场,而是在致力于避免民族根性丧失的同时保持开放的文化心态,以此表明中国积极参与全球化进程的姿态是为创造一个和而不同的世界政治文化秩序做出自己的贡献。"善化"曾经是中国思想的气质,也理应成为中国艺术教育思想重建的原则。

---

① (宋)朱熹:《论语集注》,第 27 页,见《四书五经》,中国书店 1984 年。

中国古代文论研究的两种类型

一、20世纪90年代中国古代文论研究反思

我的阐释是以对20世纪90年代以来中国古代文论研究反思的检视为基础的,因此首先有必要对此做一个简要的回顾。

对于中国古代文论研究的历史分期以及取得的成果这些事实性判断的理解,学界基本上不存在问题,而对古代文论研究的目的、价值、方法的理解则有较大分歧。就研究目的说,基本上有两种看法:一种是可以称为"求真"的方向,如罗宗强提倡"以一颗平常心对待古文论研究,求识历史之真,以祈更好地了解传统,更正确地吸收传统的精华。通过对于古文论的研究,增加我们的知识面,提高我们传统文化的素养;而不汲汲于'用'"①。不过,对于多数学者来说,还是主张在"还原的基础上生发",也可以称为"求用"的方向:"'古为今用'是古代文论研究的基本原则"②,"我们研究古代文论既不是为研究而研究,也不是给它一个科学的评价就万事大吉,一了百了,最终目的还是'择取中国遗产,融合新机,使将

---

① 罗宗强:《古文论研究杂识》,《文艺研究》1999年第3期,第113页。
② 朱桦:《中国古代文论研究新趋向——中国古代文学理论学会第七届年会学术研讨综述》,《文艺理论研究》1992年第2期,第81页。

来的作品别开生面'(鲁迅语)"①,"以适应建设当代中国有民族特色的文艺理论的需要"②。但是,一旦真正进入古代文论的研究域,却是另一番模样:

> 除了一些简单的以古证今,古代文论是否因为独特的理论形态而成为当代文论的重要参照?除了引证一些众所周知的文学常识,古代文论是否还能提出一批独特的范畴作为当代文论的支柱?
> 看待古代文论的时候,保护历史遗迹的想法还远远超过汲取理论养料的需要。迄今为止,古代文论所表现出的理论价值还不足以强烈地打动当代文坛,从而使之成为当代文论所必须扎根的一方土壤。③

这里反映出学界对古代文论价值判定的不同倾向:1.古代文论仅仅作为古典文化遗产而存在,已经失去对于当代文艺实践的阐释能力;2.古代文论的生命力远未终结,关键在于我们怎样进行研究,20世纪90年代以来占主导倾向的是后者。

关于21世纪的中国古代文论研究方法与理论的走向,学者们也投入了相当多的思考。蒋凡在20世纪90年代初就提出,古文论研究应具备现代意识,具体化为"历史意识、现实意识、世界意识、未来意识的内容"④。张海明认为,应从"史的研究""范畴的研究""文学的研究""封闭的研究",走向"论的研究""体系研究""文

---

① 贾文昭:《对改进古代文论研究的一点浅见》,《文艺理论研究》1994年第2期,第58页。
② 陈良运、邹然:《将古代文学理论研究推进到新阶段——中国古代文学理论学会第九次年会暨国际学术研讨会综述》,《文艺理论研究》1996年第2期,第82页。
③ 南帆:《古代文论的当代意义》,《文艺理论研究》1990年第2期,第76—77页。
④ 蒋凡:《中国古代文论研究与现代意识》,《人文杂志》1991年第1期,第106—112页。

化的研究""开放的研究"①。陈伯海则说,专就"论"而言,有三大步可走:"一是对古文论本身进行理论上的综合,努力把握其基本精神和内在体系;二是充分发掘古文论传统中有生命力的成分,促进古文论的现代转换;三是在此基础上会通其他方面的理论,尝试建构具有民族特色的新型的中国现代文论。"②此外,蒲震元倡导对传统进行适应新的时代要求的现代诠释③,杨曾宪针对"文论失语症"提出古文论"复语"的指导方针④,陈洪将"承认多元,自我发展,以扎实的挖掘清理为基础,以广泛的借鉴吸收促进发展"作为传统文论在当代的策略选择⑤,陈昌恒则提出新世纪古代文论研究的三点设想:"以文学批评还给文学批评,中国还给中国,一时代还给一时代"⑥。

仔细分析一下,上述设想可以分解为三方面:1.基础层面的研究:梳理清楚古代文论的本来面貌,是对古代文论"过去怎样"进行的研究;2.诠释层面的研究:依照现代视野对古代文论进行阐释,是对古文论"现在怎样"进行的研究;3.创造层面的研究:这就是建构一套具有充分阐释力(针对古今中西的文学现象)的文论系统,最终"融汇中西,自铸伟辞",这是对古代文论"未来怎样"进行的研究。

20世纪90年代后期学界的一个热点是"中国古代文论的现

---

① 张海明:《二十一世纪的中国古代文论研究》,《文艺报》1999年4月13日。
② 陈伯海、黄霖、曹旭:《中国古代文论研究的民族性与现代转换问题——二十世纪中国古代文论研究三人谈》,《文学遗产》1998年第3期,第4页。
③ 蒲震元:《进一步做好古代文论的现代价值转化工作》,《文艺研究》1999年第4期,第35—37页。
④ 杨曾宪:《关于古文论"失语"、"复语"问题的冷思考》,《人文杂志》1999年第5期,第79—85页。
⑤ 陈洪、左东岭等:《中国古典文论的现代转化(笔谈)》,《天津社会科学》1997年第6期,第80页。
⑥ 陈昌恒:《古代文论的百年研究与世纪前瞻》,《华中师范大学学报》1999年第4期,第18—30页。

代转化"问题。有学者认为,这一命题虽然只是在 1995 年以后被正式提出,但其实践却从 20 世纪初年就开始了。王国维、梁启超、陈中凡、郭绍虞、罗根泽等人,已经自觉地以现代学术研究的眼光来观照传统文学批评的历史,完成了研究观念和方法上的由传统向现代的转型。20 世纪 50 年代以后,围绕建设有民族特色的马克思主义文艺学这一目标而对古代文学理论遗产加以整理、发掘,同样是在谋求古代文论的现代转化①。但从 1995 年以后,这一命题作为一个具有聚焦性质的话题,吸引了文学研究各个领域的专家学者,进而对本学科本领域研究的前提性问题进行了思考。

我的兴趣不在对这场辩驳争论进行历史性的描述,我感兴趣的是以"文论失语症"作为对当代文论总体状况的基本判断,从而坚持进行中国古代文论的现代转换的学者们的思路。

曹顺庆、李思屈认为:"要立足于中国人当代的现实生存样态,潜沉于中国五千年生生不息的文化内蕴,复兴中华民族精神,在坚实的民族文化地基上,吸纳古今中外人类文明的成果,融汇中西,自铸伟辞","首先进行传统话语的发掘整理,使中国传统话语的言说方式和文化精神得以彰明;然后使之在当代的对话运用中实现其现代化的转型,最后在广取博收中实现话语的重建"②。

刘保忠、古风认为,要做好两个方面的工作:"一是要'转',带着现代文论的问题,到古代文论的宝库中去寻找参照或答案","二是要'换',即用现代文论的观念和思想,对古代文论进行新的发现、开掘和阐释","中国古代文论的转换,即是向中国现代文论转换,即是现代化"③。张海明的设计与此类似:"古代文论的现代转

---

① 党圣元:《传统文论范畴体系之现代阐释及其方法论问题》,《文艺研究》1998 年第 3 期,第 15—24 页。
② 曹顺庆、李思屈:《重建中国文论话语的基本路径及其方法》,《文艺研究》1996 年第 2 期,第 12 页。
③ 刘保忠、古风:《是谁在"转换"——再谈中国古代文论的现代转换》,《延安大学学报》1998 年第 3 期,第 78 页。

换包括两个基本环节：一是以现代意识为参照系对古代文论的价值重新评估，找出其中仍具理论活力的部分；二是对之作现代阐释，使之得以和现代文论沟通。"①

陈伯海倾向于转换，认为"比较"和"分解"是转换过程中的两个关节点："首先必须放在古今与中外文论沟通的大视野里来加以审视，这就形成了比较的研究。""比较研究是古文论现代转换的前提，而要实现这一转换，还有赖于对古文论进行现代诠释，使古文论获得其现代意义。"②杜书瀛提出了古代文论现代阐释的具体操作方法："实谓"——原作者实际上说了什么；"意谓"——原作者（或原典）想要表达什么；"蕴谓"——原作者可能想说什么；"当谓"——我们诠释者应该谓原作者说出什么；"创谓"——为了救活原有思想，或为了突破性的理路创新，我们必须践行什么，创造地表达什么。郭德茂提出古代文论转换的五种操作模式："顺水推舟式""脱胎换骨式""举一反三式""嫁接生成式""另起炉灶式"。党圣元认为："在诠释与建构的过程中，第一要做到视界融合；第二要彰显对象隐藏的内在意蕴；第三尝试运用传统文论概念范畴进行思维。"

张少康表现出对古代典籍内涵精确性的坚决捍卫，认为"把古代的范畴原意阐释清楚，就算是一种转换了，因为这种阐释就是现代的阐释"。蔡钟翔不同意固守经典文献的原意："古代文化的范畴也可以注入新意，古代文论的范畴在发展过程中就是被不断注入新意的。儒学实际上是在曲解当中发展的，因此，现代转换不一定非要绝对地忠实古人，我们也可以通过某种'误读'和'曲解'来发展。"陈越将"转换"解释为一种"翻译"，是将古代文论翻译成一

---

① 张海明：《古代文论和现代文论——关于建设有中国特色的马克思主义文艺学的思考》，《文学评论》1998年第1期，第131页。
② 陈伯海、黄霖、曹旭：《中国古代文论研究的民族性与现代转换问题——二十世纪中国古代文论研究三人谈》，《文学遗产》1998年第3期，第7页。

种现代学术思想文化。梁礼道认为,要实现这种转换,目前最紧迫的是两件事:一是中国古代文论的现代转换的目标地位,二是这种转换操作上的定性①。

在经历一番辩难驳诘后,曹顺庆的立场出现了转折:"'失语症'、传统诗学的'异质化'、'研究传统即消解传统'、古文论现代转换的难以推进等,都是中西诗学知识谱系全面切换的整体综合征,它的背后,是中国现代知识建构所面临的在某种意义上比西方更为深重的现代性危机。""所谓古文论的现代转换,并不是说定要将古汉语、古文论中的某些概念、范畴生硬地搬到现代来使用,或将其'翻译'成现代汉语,而是试求以传统诗学的言路言诗。所谓重建中国文论话语也不是要复古,而是在西方诗学全面取代中国传统诗学并已出现'失语'危机的情形下,试求传统诗学与现代诗学这两种知识形态的互相校正、融合与互补。"②

我的看法是,对古代文论研究的反思,是在现代性焦虑驱动下进行的,是建设民族国家、民族文化的渴望在古代文论研究领域里的投射,其中既有将古代文论作为纯粹学术或学问而进行的思考,也有将古代文论作为意识形态创造而进行的规划。也许其中掺杂了争夺话语权力的不良心态,也许受到后殖民文化理论的浸染而具有狭隘的民族文化保守主义的因素。但是,古代文论研究史上未曾出现过的学术对话的热烈局面,毕竟使我们对古代文论研究存在的问题多了一些了解,对如何研究、为什么研究多了一些自觉,使我们在进入古代文论的研究域时能先行确定进入其中的合适通道。我还以为,这些争论辩驳有助于我们进行原创性思想的创造,因为正如吴炫所说,"一个致力于'原创'的思想者或学者,首

---

① 屈雅君:《变则通,通则久——"中国古代文论的现代转换"研讨会综述》,《文学评论》1997 年第 1 期,第 46—50 页。
② 曹顺庆:《从"失语症"、"话语重建"到"异质性"》,《文艺研究》1999 年第 4 期,第 38 页。

先必须对既定的知识和价值体系保持审视和批判的态度,尤其要对自己信奉的、不假思索遵从的知识和价值体系保持审视和批判的眼光,特别要在哲学层面上对自己信奉的思想保持批判的眼光"①。

至于"古代文论的现代转换",我以为,围绕这一话题所进行的论争,很大程度上是古文论研究者试图从学术边缘走向中心的一种努力,因此很多对当代中国文化现实的判断多出自想象。真正的反思是哲学性的反思,但在这场争论中或者是学派与学派之间的争辩,或者是文艺研究不同领域之间的争辩,或者是西方不同理论一次集中的实验,对于自己由以出发的思想前提进行的批判并不多,这就必然使之走向难以为继的结局。真正具有创新性的研究思路并没有提供出来,而或者是将比较研究提升为基本方法,或者是将诠释学的思想和方法做充分的发挥,或者重复"古为今用""洋为中用""中西互用"的提法,这些方法和思路实际上一直在运用着。但不管怎样,这场争鸣还是具有极重要的学术史意义的,至少使我们明白我们到底拥有一些什么样的研究基础和思想资料,使我们在说话之前先要好好想想我们应说些什么话,应该怎样说话。

二、中国古代文论研究的解释型与创造型

在对20世纪90年代以来的古代文论研究反思进行了上述检视后,我想提出自己的一些看法。我这样做不过是想搞清楚究竟应该怎样进入古文论的研究域,否则,我担心自己会成为维特根斯坦所讥讽的哲学家:他们如同困于捕蝇瓶中的苍蝇,虽竭尽努力,却始终找不到正确的方向。

我认为,古代文论研究存在两种研究类型,一种是解释型,一种是创造型。前者是将古代文论作为知识对象来看待的,因此目

---

① 吴炫:《原创的涵义与方法》,《学术月刊》2000年第3期,第6页。

的在于将古代文论解释清楚；后者是将古代文论作为智慧源泉来看待的，因此目的在于沿着古代文论的道路将文化创造下去。这看起来类似"求用"的思路，但实质上有所不同："求用"的思路认为古代文论中已经存在着为今日所需的价值，故而问题在于找到传统与现在的接榫处或会通处，我们则认为古代文论只是提供了一些思想的材料，我们要做的是将其价值做成真理。

在我看来，百年来的古代文论研究不管冠以怎样的名头，基本上都是解释型的研究。"求真"的研究思路自不必提，需要加以分析的是"求用"的思路。之所以说"求用"的思路也是解释型的，原因是这种研究思路并没有给我们提供具有创造性的东西。可以做一个反证式的想象：如果我们将填塞在当代文论中的古代文论命题或材料删掉，是否影响当代文论的有效性和阐释力？如果我们不去考虑古代文论研究汗牛充栋的成果，是否影响当代的文化建设和我们的存在？这是一种比附性的"用"，不过是已经失去思想能力的我们的一种自大式的文化满足。因此，说到底，这仍然是一种解释，不过是用别人的理论来解释我们的文化遗产而已。这甚至不如"求真"的思路，因为"求真"的思路尚能给我们提供尽可能全面的东西，而这种思路只不过使我们对大前提有更清楚的认识。

这样去看"中西比较"或"古文论的创造性转换"，就会知道，这也是解释型的研究思路。前者在中西比较中（且不管是否错位）所呈现出的仍然是确实存在的东西，后者所转换的东西仍然是"古代文论"，这还是确实存在的东西，而"把某种确实存在的东西说清楚，这是知识；把某些不存在的东西做成存在的，这才是智慧"，"即使我们获得一种知识型的彻底的智慧，它仍然无助于解决我们所需要解决的问题，因为真正与我们的存在息息相关的根本问题都是关于创造的问题，而不是知识问题"[①]。

---

① 赵汀阳：《一个或所有问题》，江西教育出版社1998年，第21、18页。

我们且举一个例子,来看一下"求真"与"求用"如何都是解释型的。较早提出并研究古代文学美学的吴调公既有求真的意图,更有求用的目的。他在1990年发表的一篇文章中说:"我们今天要为古典文学美学建构问题而探求道路,首先不能不认识在中国古典文学美学中占主要地位的恰恰是东方式的审美意识和审美范畴。"这当然是对的,但接下来,他又说:"抓住了主体性这一契机,人们便可以找到建构的突破口。"问题就出在"主体性"这一范畴的运用上。哲学家张世英指出,中国人的"天人合一"观念是前主体性的"天人合一",主体性的思想在中国古代社会里并没有发展起来,虽然王夫之有一发展的意向。主体、客体本来是认识论哲学前提性的设定,而中国哲学的关怀中心却是存在论[①]。从主体、客体的确立,再到一系列二元论范畴的确立,在逻辑上顺理成章,所以我们就看到吴先生将中国的文学美学体系,划为"二水分流的局面:一是儒家因入世而关心现实,一是道家(包括汲取佛家加以融汇或化而为玄学的人们)因遁世或自我超脱,而醉心于自然美","对于文化审美主体的认识,古代文人一般是从两个角度进行观察:一是从文学美与人品关系加以分析,一是从文学美与感情的关系加以分析","总的说来,在中国古典文学美学中,作为审美中介的东西是审美感知。它一方面渊源于审美客体,一方面又显示了古代文人的审美能力和审美创造的表象。是主体化了的客体,又是由客体转化而为审美主体的一种心灵网络的初步建构"[②]。当中蕴含的是西方近代美学的套路,在某种程度上是对中国美学和西方美学的双重误读,求真而不可得,遑论从中获得激发新文化创造的灵感和想象。

既然如此,创造型的古文论研究怎样进行? 当然是从问题开

---

① 张世英:《进入澄明之境:哲学的新方向》之《存在论与认识论》部分相关章节。
② 吴调公:《论中国古典文学美学的建构》,《文艺理论研究》1990年第2期,第69—75页。

始,正如张卫东所说:"只有在问题之中,我们才能明了自身的处境,产生言说的冲动,才能有真正的言说者出现。否则,我们看到的只能是他人的'问题',我们所有的言说便都只是针对一个'他人',而看不到自身的局限。我们便永远只能以人论断人,以有限衡量有限,而找不到真理的所在。这样,即使能有一些声音引起'世界'的注意,意义上的空洞浮泛仍难避免。"①问题又从哪里来?问题并不在古代文论里,也不在西方文艺理论里,甚至并不存在于历史中,问题只能从当代文化创造困境中来,这才是根本的问题,是真正的问题。所以我说,从解释型的古文论研究那里,我们获得了知识,但真正的问题还没有开始。真正的问题是有关于我们存在的问题,而我们的存在是需要我们去创造的,如果我们的作为不能促进文化的创造,不能创造出新的文化,则我们的存在就是不幸的。

解释型的研究思路是不注意文化困境的,或者,即使注意,也因其大前提而提不出真正的问题。这就造成问题的错位。例如,高小康在1995年的一篇文章中指出:"世界性的文化潮流正在引导着文艺活动从超越性的精神价值和贵族化的活动圈子回归到现实的物质生产和日常生活环境中来,而滞后于世界文化发展趋势的中国文艺活动,其主流仍然被中国传统和引进的西方传统的'纯'文艺观念制约着。"②近十年的古代文论研究反思也注意到这一问题,对古代文论研究的狭隘性进行了批评。我针对古典美学研究的问题认为,长期以来,我们仅将视野投注在士大夫身上,相对忽略了对宫廷审美文化群落和民间审美文化群落的研究,这样建构起来的"中国古典美学"显然是不完整的。③ 现在也可以说,

---

① 张卫东:《回到语境——关于文论"失语症"》,《文艺评论》1997年第6期,第26页。
② 高小康:《文艺与人的生存活动》,《文艺理论研究》1995年第3期,第29页。
③ 程勇:《中国古典美学研究的几个问题》,《文艺理论研究》1999年第6期,第71—74页。

长期以来建构起的"中国古代文论"也是不完整的,我们倾注全力研究的只是士大夫的文学观念,我们倾心的也只是超越性的精神价值和知识精英的文化趣味。所谓"失语",并不是因为受到西方理论的强势侵入,而正在于我们自己,我们已经不会就自己的存在问题进行思考了。

创造型的研究思路是一个根本性的思路,所谓根本性,是说我们只有以此作为进入古文论的通路,我们才能谈得上其他。这并不是逻辑上的优先性,而是事实上的优先性。"真正根本的价值和思想只能在创造者的角度中来讨论。"①创造型的思路并不必然排斥解释,创造型的思路乃是为解释提供一个思想的基地或平台,这正如生存论哲学中依然存在知识问题一样,但提问方式和解决方式都改变了。与解释型的思路追求体系不同,创造型的思路始终将问题作为起点,因此认为所谓稳固体系的存在是不可能的,而正在这一点上,该思路与古代文论有互通性,因为创造出古代文论思想的人们所思考的并不是局部的文学艺术问题,而是将其与文化、生活、个人存在通盘考虑的。对此,我们可以举出刘勰的例子:刘勰撰写《文心雕龙》,是以承传儒家文化传统为己任的,促使他写作的那个梦其实具有相当强烈的道义担当的意味。刘勰是将文学讨论视为文化建设的一种途径,这就与亚里士多德为了知识的兴趣而写《诗学》迥然有异。例如,《文心雕龙》论述到的文体有三十三类之多,其中符、契、券等都不是文学性的文体,表明刘勰是把文学当作文化来看待的,而在他看来,所有的文体都应当贯彻孔子和"六经"代表的文化精神。

创造型的研究思路的具体操作方式是多元化的,那种圈定某种操作方式的想法是有害的,因为问题的不同意味着解决方式的不同,解决方式本身也需要被创造出来。现在的最大问题是没有

---

① 赵汀阳:《一个或所有问题》,第29页。

真正的我们自己提出的问题。如果我们不想再带着遗憾走完21世纪,我们的眼睛就不能再仅盯住"过去",或从现实去看"过去",而应当从未来看"过去"。那种一味求真的态度是谦逊的,但并不足取,而且,我们是不可能回到原本中去的。

最后需要说明的是,21世纪古代文论的研究方向必定是多元化的,我所提出的设想仅仅是其中一种设想而已,并不是要排斥其他设想。创造型的思路本身就是鼓励多元化的,因为创造之为创造,就在于不同寻常,这虽然是一句俗话,但很有用。对于古代文论研究来说,现在最迫切的是要回到文化创造的思路上来,古代文论研究者与当代文化状况隔膜的状态不能再持续下去了。否则,我们真的要面对古代文论研究正当性的危机了。

国家文化安全视野中的艺术教育问题

近年来,随着动力横决天下的全球化浪潮席卷世界,随着我国改革开放事业的深化扩展,特别是在入世以后对外文化交流与合作领域的不断扩大,国家文化安全问题开始凸显出来,日益成为建设有中国特色社会主义、实现中华民族伟大复兴亟须解决的重大战略问题之一。在全球化语境中,国家文化安全首先是一个观察和理解世界政治并据此制定国家战略的政治学概念,但也同时是一个观察和理解包括文艺在内的文化现象的重要视角和维度。艺术教育具有传承民族文化、塑造公民人格、培养从事艺术文化创造的专门人才的功能。这就使其与国家文化安全问题存在实质性的关联,是构建国家文化安全体系的重要环节,而这似乎还没有得到艺术研究者与教育者的足够重视。

一、文化帝国主义与我国艺术生态的失衡

作为国家安全的组成部分,国家文化安全是一种深层次的安全,一个国家的文化是否处在安全状态,要看这个国家是否拥有充分独立自主的文化主权——这是国家文化安全最核心的内容,要看这个国家的人们是否拥有高度的民族文化认同,这个国家在其主权范围内及在国际上是否拥有合法性[①]。我国的文化安全形势

---

① 于炳贵、郝良华:《全球化进程中的国家文化安全问题》,《哲学研究》2002年第7期,第10—16页。

并不容乐观,业已遭遇伴随经济全球化呼啸冲决之力而来的文化帝国主义的挑战,在语言文字、生活方式、价值观念、思想信仰、风俗习惯等方面都已表现出令人不安的征兆。在大中城市,年轻一代向往美国式的教育和生活方式,他们崇奉的是流行文化的"圣经",操持的是类似隐语的网络语言,起洋名,过洋节,看好莱坞电影,吃肯德基快餐,在时尚娱乐的漩涡里尽情打转;能说标准流利的英语美语,却不能用文从字顺的汉语表情达意;个人欲望极度膨胀,用肉身化存在的"合理性"拒绝神圣信念,既没有 50 年代"祖国利益高于一切"的荣誉感,也缺乏 80 年代"用黑色眼睛寻找光明"的执着与焦虑,更用"戏说""调侃"将严肃的历史持续虚无化……这些现象曾一度被视为社会进步和开放的标志,但现在却令人深忧:徒具中国人体貌特征却灵魂飘零的年轻一代如何能担负"实现中华民族伟大复兴"的重任?

就我们关心的问题而言,从国家文化安全的角度看,虽然文化全球化加速了世界文化的融合,为中华文化汇入世界文化发展洪流提供了更多的机遇,但其中或明或暗地裏挟着的文化帝国主义却对我国艺术文化的健康发展构成了严重威胁,进而危及文化主权独立与民族文化认同:

1. 严重冲击了我国的文化市场和文艺生态,不仅从中国人的口袋里掏走了巨额钞票,也改变了普通中国人的欣赏口味、审美趣味,乃至于价值观和世界观,而这些在相当大程度上滞碍延迟了本土艺术文化的正常发展。例如 1997 年北京新影联宣传策划部所做的北京地区电影市场与观众消费调查报告显示,有 66.12% 的男观众和 58.82% 的女观众首选美国大片。1994 至 2004 年的 10 年,我国引进大片总税收达到近 4 亿元,其中美国大片的份额占 1/3 强,整体票房占到 80%,仅 1997 年—1999 年三年间,美国分账影片就在我国创造了约 14.5 亿元的票房收入,占这三年我国电影票房总收入的 44%。针对这种状况,被视为"第五代导演"精神领袖的陈凯歌在即将进入新世纪时,不无悲观地坦承我们"没有丝毫抗衡的力量,甚至连一道篱笆都没有","内地电影现在面临生死存亡关头。我不知道十年二十年后,内地还有没有自己的电影"。

2. 与此相关,强力刺激了依照商业逻辑、消费文化逻辑与好莱坞制作模式展开的艺术文化生产,而这又从内部加剧了文化市场与文艺生态的失衡。像《英雄》《无极》《夜宴》等中式大片,尽管以其不俗的票房"开始找回我们为建立电影市场所付出的经济代价,也开始回收我们为建立中国电影的整体品牌曾经付出的'时间成本'","在恢复和重构观众对我们本土电影的价值认同"[①]。但这些影片不仅"有奇观而无感兴体验与反思","有短暂强刺激而缺深长余兴","宁重西方而轻中国","在美学效果上表现为眼热心冷,出现感觉热迎而心灵冷拒的悖逆状况"[②],而且在艺术思维、价值取向甚至细节处理方面都不难看到对美国大片的模仿。这或者有助于在海外推广中国电影,但这种所谓"与国际接轨"的做法并未造就真正的民族品牌,博大精深的中华文化在这些影片中主要体现在穿着服饰、饮食歌舞、亭台楼榭等形式层面,这或者可以满足异域的人们对中国的想象性认知欲望,却也可能使其对中国的理解表面化,甚至可以说影片展示的"中国形象"其实早已在西方"千里眼"的注视下凝固定型。从此意义上说,陈凯歌对于内地电影命运的担忧并没有随国产大片的"辉煌"而减弱,而像贾樟柯这样的新锐导演抱怨为了给本土"大导演"的"大制作"让路,他们的作品常常不得不提前撤出院线,这就更令人对本土电影的未来深感忧虑。

3. 更其严重的是对民族文化资源和艺术生产力的开发、掠夺

[①] 贾磊磊:《守望文化江山:全球化历史语境中的本土电影与国家文化安全》,《艺术百家》2007年第5期,第11页。
[②] 王一川:《眼热心冷:中式大片的美学困境》,《文艺研究》2007年第8期,第89—90页。

与控制。凭借雄厚的经济实力与技术优势、跨国资本的运作模式、遍布全球的制作发行网络，好莱坞依据美国的价值标准和审美趣味，运用娴熟的叙事技巧大规模地改写其他民族的文化题材，这不仅在事实上造成了对其他民族文化资源的掠夺，而且以冠冕堂皇的理由控制直至剥夺了其他民族的艺术生产力。例如迪斯尼的两部动画片《花木兰》对花木兰形象的改写与重塑，虽然使花木兰获得了一种国际化的品质，从全球市场上为迪斯尼赚了大把银子，却也使其本身携带的中国文化基因发生了变异，其深层语义则是包括中华民族在内的世界各民族都服膺美国式的价值观。而这正与美国推进海外民主的全球战略互通声气。

在1991年"美国国家安全战略报告"中，时任美国总统的老布什自豪地宣称："我们已经进入了一个新的时代"，"我们可以按照我们自己的价值观和理想建立一种新的国际体系"。这在当今世界政治版图上未必完全体现，但在好莱坞的影像帝国中，可以说已经建立起了这种单一文化体系的架构。它在提供前所未有的炫目奇观的同时，也破坏了世界民族文化的多样性生态，剥夺了其他民族表达他们"自己的价值观和理想"的权利。即使有机会表达，也只能或只会按照美国的语法说话。然而，"一个只会运用别人构造的话语系统来进行思维，而不能创造自己独立的概念系统和艺术感觉系统去进行对文化的发现和创造的民族，是永远不可能实现对他者文化的创造性超越的"[1]。

二、当代中国艺术教育的无根性

要应对文化帝国主义的挑战和威胁，除了采取积极措施保护

---

[1] 胡惠林：《文化产业发展与国家文化安全》，《上海社会科学院学术季刊》2000年第2期，第122页。

本国文化产业,至关要紧的是提高文化创新能力,"创造自己独立的概念系统和艺术感觉系统去进行对文化的发现和创造",大力弘扬和发展本民族文化。这是维护我国文化主权的根本策略,而这必然与艺术教育相关,因为艺术教育不仅作为教育"在培养青少年一代文化认同,促进他们成为国家合格公民方面起着主导性的作用"①,而且直接关系到艺术感觉系统的创新与艺术创造能力的提高。据此看待当下中国的艺术教育,那就不能不说,在"乱花渐欲迷人眼"的热闹背后,其实潜伏着危机与困局。

1. 艺术教育本体的缺席,此即"技术"对"艺术"的遮蔽。艺术既为人为,必然有技术因素,但"技术"只有经历"由技入乎道"的"蝶化",才能成为"艺术"的"技术",才是有生命、有意味的,否则只是冰冷的机械的操作方法。因此,虽然艺术教育必得进行艺术技法教育,却不能舍本逐末,将其作为至关紧要甚至唯一可做的事情。然而当代中国的艺术教育实践恰恰反其道而行之,将技法教育视作艺术教育的本体,"艺术教育"实质成了"技术教育"。虽然艺术学院的学生能熟练地掌握艺术技能,却普遍缺乏人文学知识,也因此成为技术的奴隶,即使在技法的运用上也少有创造性和开放性。加德纳曾不无保留地评价道:

> 在中国,各类艺术的教育都是循规蹈矩,极为明确。老师和家长完全明白他们希望孩子们做到什么,而且他们也知道怎样让孩子们几乎完美地达到这些要求。(在教学中)则很少有自由的探索,很少鼓励原创性,很少提出新的问题,也不太能容忍与规则偏离的做法。②

---

① 石中英:《论国家文化安全》,《北京师范大学学报》(社会科学版)2004 年第 3 期,第 14 页。
② 杨应时:《中美艺术教育之比较——访国际著名教育学家霍华德·加德纳教授》,《艺术教育》2005 年第 4 期,第 14 页。

中国有许多孩子掌握极高的钢琴技法,却并不因此得到国际知名钢琴家的赞赏,与此有密切的关系。

艺术教育本体的缺席与两方面的因素有关:一是学科体制化的画地为牢,一是艺术本体研究的难开生面。学科体制化造就了应试教育模式,这种模式使得中国艺术教育"一味追求技术复制的态度,这种复制学问从一开始就颠倒了艺术与人的关系","学习的过程不是教学生如何发现自己、体验生命、理解世界,而是剔除自己、追摹范本、放弃思索","结果不仅局限了关于艺术学问的展开和自主创新的学术性思考,还给社会制造了不少'没有精神的专业人和没有心情的享乐人'"①。在艺术本体研究方面,研究者没有收拾精神、立定脚跟,而或者唯欧美艺术研究马首是瞻,或者与消费社会意识形态达成共谋,或者在封闭僵化的知识体系中抱残守缺甚至孤芳自赏,或者为争夺话语权力刻意标新立异甚至党同伐异。据此展开的"艺术研究"如同无根的浮萍,有各种各样、层出不穷的艺术学的知识生产,却少见对时代问题有深刻洞察力的艺术思想创造——这倒是与"艺术"在当代更多地被看作是一种制造不计目的的快感、娱乐和享受的方法相映成趣。

这也使得当代艺术教育成了"量的教育"而非"质的教育"。这在艺术专业教育首先体现为扩招。"在全国,每年一度的艺术专业招生呈现难以抵挡的热潮","林业院校设主持人专业,工科院校招表演学生,各种高校都有了艺术设计专业。大量省级师范院校一个艺术专业一届就招收几百名学生。蜂拥而至的考生使'艺术教育'呈现出前所未有的数量膨胀景象"②。再加上各类民办艺术教育专业,从事艺术专业学习的人数远远超过了社会实际需要所能容纳的程度。而在艺术特长教育和艺术启蒙教育方面,不但几乎

---

① 杨劲松:《失语——论艺术教育的当代境遇》,《美苑》2006 年第 4 期,第 4 页。
② 周星:《中国艺术教育基本状况与学科发展》,《艺术教育》2007 年第 2 期,第 5 页。

所有的中小学都设置了相应的教学科目，普通高校也纷纷成立各种艺术团体。

表面看来，当代中国的艺术教育呈现一片欣欣向荣的景象，但究其实质，不但学习者持鲜明的功利态度，缺乏"为艺术而艺术"的精神，反倒是"艺术都为稻粱谋"，教育模式、评价方式也追逐基于数量化的一体化和标准化。结果是学习者与艺术精神日渐隔膜，他们虽然操演技法极其熟练，却不能以之自由地创造性地传达自己对生命、生活、世界的思想感悟和审美经验。而教育者也往往满足于艺术知识技能的传授，甚至振振有词地以当代生活的审美化为理据，表现出对于病态的、消费意识形态审美化倾向的赞赏与迎合，如此则艺术教育名存实亡。"量的教育"可以批量生产"艺术工匠"，而不可能造就"艺术大师"。"艺术工匠"或许于经济发展有益，却绝对不可能创造出具有永恒魅力的艺术作品。近年来国内影视剧创作翻拍之风盛行，便是从艺者已经丧失了创造能力的典型表征，对此艺术教育显然难辞其咎。

2. 民族性的缺失。20世纪中国的艺术教育首先受到日本的影响，其后长期移植西方模式，而学科化的艺术教育体系实质上摒弃了中国艺术教育以人文素养为根基的综合化传统和以"道"驭"技"、"体""用"不二的传统：

> 各种艺术学科由各自技巧的差异性被分解成一个个小的、相互间毫无联系的专业，艺术的综合性没有了，取而代之的是各种艺术学院：如舞蹈学院，缺乏音乐、乐器、美术、文学的综合性教育，培养出的舞者缺乏对舞蹈服饰、背景、灯光等的理解和表现；美术学院：缺少音乐、诗歌、戏剧等的熏陶。虽然也有一些文学、美学等人文课程，那只是点缀。因此，现在培养出的许多艺术家缺少了人文素养这个主要的组成。许多画院有所谓"新学院派（中国画）"，他们的绘画技巧极高，但

却缺乏与中国画相关的其他艺术门类的修养。①

"现如今的教育评价系统又引进了美国的'以学科为基础的艺术教育'(Discipline-Based Art Education,简称 DBAE)的思想及理论。这个理论的要旨是'所有课程都应取自学科,换言之,只有属于学科的知识才适合进入学校的课程体系'。全国各美院在接受教育部 3 年一度的'教育水平评估'中,各校间整肃教学大纲和学科课程设置规范化的行为不能不说是西方 DBAE 理论的折射。如将专业的感性和经验归纳为学科知识的举措,在理论上具有合理性,但在实践中却无法反作用于施教授业的过程中,这类应景文章式的改革成果例子不胜枚举",而与此相配套的西方大学享有的学术特权规则在中国教育界根本实施不了②。

显然,我们不仅没有从自己的传统生发出适合现代社会的艺术教育模式,也并未在中国语境中贯彻西方艺术教育体制的精神。这就不仅使中国的艺术教育者深感身份上的尴尬,也使得艺术教育实践越来越走向模块化、平面化、疏离化。

民族性的缺失更体现在教育内容上传统艺术文化内涵的缺失。由于艺术教育的体制建基于西方,特别是由于对全球化与本土化关系的误解,尽管多年来我们始终在呼吁继承传统艺术文化的精华,但并没有找到一种适当的途径,使传统艺术文化真正进入当代人的精神生活,也没有使传统艺术的传承得到体制上的保证,从而导致传统艺术的阵地不断失守。传统艺术文化被形式化了,它只在形式上得到重视,而没有发生实质性的影响。以戏曲为例,从小学到中学到大学,在艺术课程里看不到多少关于戏曲的介绍,更谈不上推广了。事实上,正如黄力之所言"自 80 年代开始的文

---

① 覃莉:《传统与现代的对话:对现代艺术教育的分析》,《理论观察》2005 年第 5 期,第 119 页。
② 杨劲松:《失语——论艺术教育的当代境遇》,《美苑》2006 年第 4 期,第 6 页。

艺新潮,被称为创新的部分,几乎全是对西方现代主义及后现代主义种种形式、手法的袭用,从意识流、'朦胧诗',泛性论表现,叙述主体的介入,无不如此"①,文学、艺术概莫能外。进入新世纪,虽然理论家们已经深刻地认识到必须扭转"言必称西方"的局面,但在实践层面还未见到根本性的转变。

传统艺术文化形式化的结果是不仅传统艺术与普通国民疏离隔膜,更难以成为出身自传统艺术教育内涵匮乏的艺术教育专业的艺术家从事新的艺术创造的精神动源,反倒需要借助他国的艺术作品,才能重新发现传统艺术文化的生命智慧与当代意义。且不说近年中式大片的情节、结构、节奏、影像总能使观众轻易地联想到美国电影,甚至在《宝莲灯》这样的动画片里也容易发现《花木兰》的印记。这种缺失对中国文化发展的严重影响在于既阻碍了大众对本土文化的认知、尊重、热爱,也使置身全球化语境中的中国艺术文化创造在应对文化帝国主义的强势冲击时缺乏核心竞争力。这就难怪人们对美国大片趋之若鹜,而像《无极》搬演西方的命运悲剧、《夜宴》挪移《哈姆莱特》也就顺理成章。也就可以解释为什么国产动画影视作品的年均生产数量已接近日本、美国,可鲜有真正具有民族审美气象和深厚文化内蕴的典范之作。

三、重新规划当代中国艺术教育的思路

艺术教育既然与国家文化安全问题存在实质性的关联,则依据国家文化安全的理念重新规划艺术教育也就是一个亟须解决的问题。这不是一个愿意不愿意的问题,而是为形势和地位所迫不得不如此的事情。中国正日益成为有影响力的经济大国,也理应

---

① 方宁:《世纪之交:中国文艺理论研究的回顾与展望》,《光明日报》1999 年 7 月 22 日第 6 版。

成为有影响力的文化大国和理论大国,而且是输出文化产品和思想理论的大国。唯此才能真正参与全球化进程。中国文化理应"成为统一的世界文化的重要构成"[①]。这就有许多工作要做,在艺术文化领域,首先是艺术教育思想的重建,其核心则是看待艺术教育的眼光。

在我看来,有两点需予以特别重视:

1. 重建艺术教育的美学根基。如欲发挥艺术教育在维护国家文化安全方面的积极功能,就必须赋予国家利益以优先性,为此则需要超越以无功利、个体自由为要旨的审美主义视野,引入审美功利主义和国家主义的思路,这也就是国家美学的思路。超越不是摒弃,而是经过而又包含。尽管审美主义不仅促进了20世纪中国现代性的历史进程,而且也内含对现代性弊端的反思与拯救,但时移世异,现在需要做的则是将其纳入国家主义的视野中,使其成为国家美学建构的一个逻辑的也是事实的环节。须知,"国家美学既是对民族国家主体性的捍卫,又包含着对民族国家主体性的反思、批判,它力求自己在国家现代化建设进程中保持自我生命,通过审美颠覆、审美救赎和审美建构等手段以不同于政治话语、经济调控、法律制裁、道德谴责的独特功能对社会发生作用"[②]。

这当中有许多问题需要细致展开,但从原则上说,国家美学的建构首先应当超越西化和民族化的二元对立,在"天下"这种新的世界政治制度架构里进行思想布局和美学规划。唯此国家美学才不会自外于世界文化发展潮流,以狭隘的民族国家立场、闭关锁国的文化政策和本土化的建构策略拒斥现代性进程。国家美学无疑是政治美学,但首先应当是文化美学,首先应当具备先进文化的品

---

① 杨国荣:《思与所思:哲学的历史与历史中的哲学》,北京师范大学出版社2006版,第411页。
② 杨小清、何凤雨:《审美权力假设与"国家美学"问题》,《文学评论》2007年第3期,第206页。

格,有了宽广的天下胸怀,国家美学才能有气度规模。其次,国家美学固然要超越个人立场和民族立场,以国家为思想单位进行从观念到制度的整体美学规划,但这规划应当在一个较诸国家更具包容性的框架里展开——这一框架应当包容个人和民族的正当利益和发展要求,所谓超越个人和民族立场并不是要废弃个人和民族立场。唯此国家美学才不至于堕入绝对的集体主义和保守的集权主义的窠臼。

如此也就决定了国家美学建构必然坚持价值优先的原则,即依据超越性的"道"(文化理想)确立适宜的美学形态和审美文化生态,以"万物一体"和"民胞物与"的态度展开美学思考。因而国家美学的形态必然是以"道"驭"技"、"体""用"不二的规范美学。它不以总结既往审美经验、形成某种知识系统为己任。这就有两个问题:第一、必须以植根于现代性境域的人文精神为价值关怀的思想根基,尤其是以致力于实现中华民族伟大复兴的当代中国社会的核心价值为思想根基;第二、研究主体必须努力使个人关怀真正切近时代意识的中心,否则就只有"感想"而没有"思想",如此才能确立中国审美文化创造应取的意义元素、生命形态、精神气象、审美境界。

2. 重建艺术教育与传统艺术文化间的血脉联系,这是以捍卫民族国家文化主体性为首要任务的国家美学建构的必然要求。在此方面,儒家提供了许多有益的智慧和经验。在本土文化诸传统中,儒家是最为重视传统文化与教育的一支。儒家致力于"保存并传下古代传统;在变动不定的世界秩序中检讨这些传统的意义"[1],不仅维系着民族文化传统的血脉,更"使得中国的政治意识形态和政治运作方式兼容了礼乐与法律、情感与理智"[2];而在其

---

[1] [英]崔瑞德、[英]鲁惟一主编:《剑桥中国秦汉史》,第802页。
[2] 葛兆光:《七世纪前中国的知识、思想与信仰世界》,第378页。

全部教育科目中,艺术教育乃是不可或缺者:"若臧武仲之知,公绰之不欲,卞庄子之勇,冉求之艺,文之以礼乐,亦可以为成人矣"(《论语·宪问》),君子当"志于道,据于德,依于仁,游于艺"(《论语·述而》),而所谓"游者,玩物适情之谓。艺,则礼乐之文,射御书数之法,皆至理所寓,而日用之不可缺者"①。

这提醒国家美学的建构应当采取稳健的文化策略,需要立足于民族国家的主体性和民族文化的根性,在全球化的世界政治、经济和文化秩序中检讨传统艺术文化的意义,呵护培植传统艺术文化的生机。对于艺术教育思想而言,最具启示性的则是从"成人"(成其为人)的视角看待艺术教育,"学"的目的不是将外在知识移入自我,而是努力成为所学的对象——这在儒家即"成圣""成贤",因而艺术教育乃是基础性教育,其基础性在于艺术教育不是要塑造"某一种人"(如艺术家),而是成就"一个人"(人之为人)。受此影响,古代中国的谈艺者首先关注并致力于实现的便是存在意义的澄明与人格境界的完满,尤为强调"做人"和"从艺"的一致性。常讲"学以致其道""有法而无定法""以艺载道""文如其人",而不以获取概念化抽象化的知识、掌握作为固定规程的技法为最高境界,这对于重新思考艺术教育的本质、重建艺术教育体系而言显然是极有价值的眼光。

我们还需谨慎对待传统艺术文化的肯认问题。中国艺术文化从地域上说乃是多民族艺术文化的综合体,从层次上说又是上中下三层艺术文化互动衍生的结果,因而需要摒弃带有明显的权力意味的"正统"与"非正统"的观念,采取包容性的"和而不同"的态度。"和实生物,同则不继"(《国语·郑语》),我们既需要借鉴西洋"美声唱法"形成而需经专业训练的"民族唱法",也需要自然天成口耳相传的"原生态唱法";我们既需要经过文人锤炼而精致典雅

---

① (宋)朱熹:《论语集注》,第27页,见《四书五经》。

化的昆曲京剧,也需要依然活在民间生活世界中的杂耍百戏……它们都是中国艺术文化的组成部分,都是当代中国艺术文化创造的资源宝库。然而,我们曾经事实上将中原地区、汉民族与知识阶层的艺术文化视为传统艺术文化的主体和代表,现在又特别看重"底层性""草根性",似乎不"土得掉渣"就不是原汁原味的民族艺术。这两种做法不仅表明我们其实对中国艺术文化多元构成的性质缺乏必要的识察,而且其中隐含的话语权力实质上造成了多民族艺术文化间的不平等。

在中国古代文学史研究方面,已经有学者提出需要增加广阔的空间维度,需要增加边疆的、边缘的文化动力[①]。这一识见应当推广至全部艺术文化领域,同时也需要对诸如"民粹主义"的狭隘视界保持警惕。与此紧密相关的两个问题是:

1. 尊重传统不意味着无条件地接受,而是需要依据前述国家美学的理念做出审慎的规划,这规划必须符合当代中国社会的核心价值体系,必须有益于当代中国艺术文化的创造;

2. 使传统艺术文化真正进入当代人的精神生活,并不意味着要将"古典的"时尚化。"在'时尚'范围内是'时尚'的东西要适应我们的趣味,相反,在'古典'范围内,则要求我们去适应'古典'的东西,使自己的趣味、教养得到提高","我们要教育、培养出懂得、维护、欣赏和发扬一切优秀文化传统的下一代,而不使其'断'了'后',才算是尽到了我们这一代人的责任而不至愧对古人"[②]。

依据国家文化安全理念重建艺术教育思想,最终还是要落实在艺术教育实践,而这需要付出远较理论探讨更多的努力。与艺术教育理论创新相应的是文化产业管理制度创新和艺术教育体系

---

① 杨义:《重绘中国文学地图:杨义学术讲演集》,中国社会科学出版社2003年,第87—97页。

② 叶秀山:《当代学者自选文库:叶秀山卷》,安徽教育出版社1999年,第536—537页。

(培养目标、专业设置、课程体系等)的创新,这就有许多工作要做,需要进行艰苦的探索。但就战略选择而言,当遇到中央与地方、地方与地方、国家与集体、政府与个人的矛盾时,应以国家最高利益为着眼点,拆除地方保护主义、行业保护主义、小团体主义设置的重重阻碍;我们需要遵循市场经济的运行法则,采取多种途径和方式大力发展文化产业,引进国外优秀的艺术文化产品,以满足人民群众多方面的精神需求,但必须谨记市场经济的最高原则是国家利益,不能将经济指标作为唯一的衡量标准,更不能以经济或产业发展自由化为借口,致使国家根本利益受到损害。

目前已经出现了一些令人振奋的动向,比如开始在中小学艺术课程里增加戏曲内容、免费开放博物馆、在城市发展规划中增加艺术文化的维度等。这些举措有利于传统艺术文化的传承,有利于国民艺术素质的提高,但在组织管理、规划设计方面存在不少问题,需要提升至国策的高度,依托国家文化安全框架做出调整。我们还需要尽快解决如何更好地传承民族艺术文化的问题——例如恢复"家传师承"的教学方法、聘请民间艺术家驻校任教等,这就需要打破现有体制和模式的束缚,可能会触及一些单位和个人的利益。但既然事关民族文化的未来命运和国家民族的长远利益,我们就必须做出改变,这也是为形势和地位所迫不得不如此的事情。

第二部分

描述与重构

前儒家时代的文论遗产

一、诗 言 志

刘若愚认为:"古文中与 literature 意义最相近者为'文'。"①相近不等于相同,文的指称范围大于 literature。许慎解释说:"文,错画也,象交文",段玉裁认为:"错当做逪……逪画者,文之本义"(《说文解字注》),文的本义是线条的交错以及由此形成的带有修饰性的形式。这一理解可能与陶器上的编织纹、人的纹身有关。其后,色彩的交错也可称文,如《礼记·乐记》所说"五色成文"。更进一步的发展,就是《易·系辞下》所说"物相杂,故曰文",物的结构和形式只要体现着道的轨迹,呈现出错画性或修饰性,就可称之为文,故有天文,有地文,有人文。举凡政治礼仪、典章制度、文化艺术,乃至于人的服饰、言语、行为、动作,均可以"文"称谓,此即刘师培所说:"三代之时,凡可观可象,秩然有章者,咸谓之文。"②

这意味着,文是一个超越性的概念,无论是人的生命形式还是精神活动,无论是自然现象还是社会组织,当其"可观可象,秩然有章"时,就呈现为文——它要有诉诸人的感性的结构与外观,清晰、

---

① [美]刘若愚:《中国人的文学观念》,赖春燕译,台湾成文出版社 1981 年,第 11 页。
② 刘师培:《广阮氏文言说》,转引自郭绍虞《中国历代文论选》(三),上海古籍出版社 2001 年,第 599 页。

节制而又光华外溢。但是,任何一种具体呈现方式都只是展现了文的无限性的一种可能,而对任何一种有限性的文的理解,又必须将其置于整体的文中才能恰如其分。同时,文也是一个贯通性的概念,以文为中介,自我与他人、人与世界、现在与过去得以实现交流沟通,因而文必然既呈现为时间的序列——文的历史,也展开为空间的结构——文的类别。当然,对文的这些理解,是在后世才逐步明晰化的,但在华夏文明孕育之初,作为一种隐含的解释框架,引导了中国人谈文论艺的思想方向和言述方式。

那么,对人而言,文是如何产生的?人为什么需要文?这既涉及对文之本体的理解,同时也与文的发生学解释相关联。在春秋时期,人们普遍接受的观念是"诗言志"。成篇晚出的《尚书·尧典》说:

> 帝曰:"夔!命汝典乐,教胄子。直而温,宽而栗,刚而无虐,简而无傲。诗言志,歌永言,声依永,律和声。八音克谐,无相夺伦,神人以和。"夔曰:"於!予击石拊石,百兽率舞。"

舜与夔的对话并非实录,但"诗言志"的命题却并不是后人伪托。据《左传·襄公二十七年》记载,赵文子对叔向所说"诗以言志",是作为成语来使用的,此时孔子年仅5岁,可证"诗言志"是为时人普遍接受的一般知识和观念。朱自清将其称为中国诗论"开山的纲领"[①]是恰如其分的。但这开山纲领内蕴的原则、原理并非只对作为一种文体的诗有效,而是具有更广泛的指涉性。这不仅是因为,在西周和春秋时期,诗所指称的是一种整合性的文化活动,诗、乐、舞一体,有诗就必有乐、舞相配合;而且,按前述对文的概念的分

---

① 朱自清:《诗言志辨序》,见《朱自清古典文学论文集》上册,上海古籍出版社1981年,第190页。

析,诗也是文的一种呈现方式,因而对诗的理解必然关联着对文的整体理解。

那么,什么是诗言志?它蕴含了怎样的美学视野和智慧?诗的对象和本质是志,则什么是志?又如何言才是诗?

闻一多认为,志的本义是停止在心上,停在心上亦可说是藏在心里。志有三个意义:一记忆,二记录,三怀抱,这三个意义正代表诗的发展途径上三个主要阶段①。志蕴藏在心,是心之所之,几乎包括所有的人心念虑,而有体、用之分:

1. 从体来说,志是人心对客观事物的记忆,如《礼记·哀公问》:"子志之心也",《国语·楚语上》:"闻一二之言,必诵志而纳之",所云之志皆谓记忆。而当人心中的记忆发用在外,就是后世所谓史,如《周礼·外史》:"掌四方之志",郑玄注云:"志,记也。谓若鲁之《春秋》,晋之《乘》,楚之《梼杌》",《国语·楚语上》"教之故志",注云:"故志,所记前世成败之书"。

2. 从体来说,志意指理性的志向、思想,如《论语·公冶长》"子曰:盍各言尔志","子路曰:愿闻子之志",这里的志即指人的志向、抱负,如孔子自言其志是"老者安之,朋友信之,少者怀之"。当其发用在外,如《国语·晋语》:"志有之曰:高山峻原,不生草木;松柏之地,其土不肥",意谓志是蕴含义理的成语。

3. 从体来说,志是人心中的情感,如《左传·昭公二十五年》说"民有好、恶、喜、怒、哀、乐,生于六气。是故审则宜类,以制六志",孔颖达《正义》云:"此六志,《礼记》谓之六情",当其发用在外,更多指今日文类意义上的诗,如《左传·昭公十六年》记载郑国六卿为韩宣子赋诗,六卿所赋皆出自《郑风》,韩宣子说:"二三君子以君命贶起,赋不出郑志",所谓"郑志",就是"郑诗"。

---

① 闻一多:《歌与诗》,见孙党伯、袁謇正主编:《闻一多全集》第十卷,湖北人民出版社1993年,第8页。

志的三层含义同时意味着对于诗的三种理解：1. 记事，如《管子·山权数》云："诗者，所以记物也"；2. 明理，如贾谊《新书·道德说》云："诗者，志德之理而明其指，令人缘之以自成也"；3. 言情，如刘歆《七略》云："诗以言情，情者性之符也"[①]。

记事、明理、言情，是对诗的宽泛理解，或者说是本根性/基源性的理解，意味着诗在时间和逻辑意义上的初始状态，而在西周春秋的文化语境中，其所对应的是人之文：文是广义之诗，诗是狭义之文。志之体、用表明，记事、明理、言情之文乃是人心发用之结果，意谓人心乃是人文之本源，人文乃是人心之本体的功能。

志与人心相关，言也并无二致。余虹指出，在古代，言与语是有区别的。《论语》所谓"食不言，寝不语"，朱熹注曰："答述曰语，自言曰言"。《礼记》郑玄注也有"言，言己事也。为人说为语"。《说文》释"言"曰："直言曰言，论难曰语"，张舜徽《说文解字约注》云："所谓直言，但申己意，不待辩论也。论难者，理有不明，必须讨论辨难而后解也。"由此可见，言有"自言""直言""言己事"的含义，这正是中国古老诗思对诗性言说的基本看法。因此只可说"诗言志"，不可说"诗语志"。诗言志的过程是一个自发自然的过程，它并不必然要求交流。但无论志还是言，其本体都是心，志者，心之志；言者，心之言[②]。

尽管如此，"诗言志"内在地蕴含着交流的必然要求。这是因为，既然不存在绝对私人性的语言——语言之为语言就在于其所具有的共享性，则"诗言志"之"言"所谓"自言""直言""言己事"，其实是指诗的产生乃是自发自然的行为，意谓人有内在的志，而必然发之为外在的言，这就是诗：

[①] 李壮鹰：《中国诗学六论》，齐鲁书社1989年，第44—47页。
[②] 余虹：《中国文论与西方诗学》，生活·读书·新知三联书店1999年，第159—160页。

诗者,人志意之所之适也。虽有所适,犹未发口,蕴藏在心,谓之为志。发见于言,乃名为诗。言作诗者,所以舒心志愤懑,而卒成于歌咏。故《虞书》谓之"诗言志"也。包管万虑,其名曰心;感物而动,乃呼为志。志之所适,外物感焉。言悦豫之志则和乐兴而颂声作;忧愁之志则哀伤起而怨刺生。《艺文志》云:"哀乐之情感,歌咏之声发。"此之谓也。①

二、诗、乐的审美政治学与政治语用学

作为一种古老而源始的诗学信念,"诗言志"将人心设定为诗的本源本体,从而与推崇摹仿也就是以外在世界为本根的欧洲诗学在根源之地相异。依据这一命题,诗的价值不在于通过诗的镜像去认识世界,而是经由诗了解人心,利用诗规导人心,于是就有诗教、乐教的审美政治学的观念与实践,以及观诗知政、赋诗言志等命题表述的诗、乐政治语用学。

诗教、乐教亦即用诗、乐来教化人心的观念源起甚早。《左传·文公七年》记载,郤缺为赵宣子解释何为"九歌",曾引用《夏书》中的"戒之用休,董之用威,劝之以九歌,勿使坏",所谓"劝之以九歌",就包含了这一观念。至于《尧典》所记舜帝让夔"典乐以教胄子",则表述得更为清晰:乐教的首要目标是让那些贵族子弟养成"直而温,宽而栗,刚而无虐,简而无傲"的人格,因为乐能对人心发生作用。这一认识的前提是对诗、乐的本质理解,即诗言志,诗、乐是人心的发用/表现,故此可以用诗、乐来感化、培植人心。

作为晚出文献,《尧典》无疑烙印着后人的追忆乃至某种文化

---

① (唐)孔颖达:《毛诗正义》,见(清)阮元校勘:《十三经注疏》,中华书局1980年,第270页。

想象,但在周代,诗教、乐教不仅确然存在,而且被纳入贵族教育体制,甚至成为审美制度,引导和规范着人们对审美的理解。吕思勉认为:"《诗》《书》《礼》《乐》《易》《春秋》,大学之六艺也;礼、乐、射、御、书、数,小学及乡校之六艺也。"①小学教育中的礼、乐,大学教育中的《诗》《乐》,都有诗、乐教化的内容,只是在程度上有所区别。而楚国的申叔时在回答如何教育太子时明确提出:"教之诗,而为之导广显德,以耀明其志","教之乐,以疏其秽而镇其浮","文咏物以行之","诵诗以辅相之"(《国语·楚语上》),不仅特别强调了诗、乐与德性情操的关系,还指出了具体的教育方法。

那么,周代乐教的具体情形如何?有哪些内容?《周礼·春官·大司乐》说:

> 以乐德教国子:中、和、祗、庸、孝、友。以乐语教国子:兴、道、讽、诵、言、语。以乐舞教国子舞:《云门》《大卷》《大咸》《大韶》《大夏》《大濩》《大武》。以六律、六同、五声、八音、六舞大合乐,以致鬼神示,以和邦国,以谐万民,以安宾客,以说远人,以作动物。

乐德、乐语、乐舞的齐整和系统,肯定经过了后世学者的编排,但必定有史实基础。这段文字显示"乐教实际上是包括了音乐、诗歌和舞蹈这三位一体的综合教育"②,可借由管窥西周国子教育的史影。乐教的实施者应当对诗、乐、舞的审美感染力有认识,但审美既非设立乐教的初衷,更非其最终目的,故此乐教的理念可称为审美政治学,意谓审美是实现政治目的的手段,而审美生活本身则是政治生活的文化表征。

---

① 吕思勉:《吕思勉读史札记》,上海古籍出版社1982年,第462页。
② 袁行霈、孟二冬、丁放:《中国诗学通论》,安徽教育出版社1994年,第23页。

所谓观诗知政,即通过诗、乐察知民情风俗,了解政治得失。有两个途径,一是王官采诗:"哀乐之心感,而歌咏之声发。诵其言谓之诗,咏其声谓之歌。故古有采诗之官,王者所以观风俗,知得失,自考正也。""孟春之月,群居者将散,行人振木铎徇于路,以采诗,献之大师,比其音律,以闻于天子。"①"男年六十、女年五十无子者,官衣食之,使之民间求诗。乡移于邑,邑移于国,国以闻于天子。故王者不出牖户,尽知天下所苦,不下堂而知四方。"②这些描述难免掺杂着后世儒家对理想政治图景的想象,但从《诗经》编集的情况看,可以肯定,西周确实存在中央和地方诸侯国的乐官/乐人到民间采集诗、乐的事实。

第二个途径是公卿列士的献诗。如《国语·周语上》记载召公谏周厉王弭谤时说:"天子听政,使公卿至于列士献诗,瞽献曲,史献书,师箴,瞍赋,矇诵,百工谏,庶人传语。近臣尽规,亲戚补察,瞽、史教诲,耆、艾修之,而后王斟酌焉,是以事行而不悖。"《左传·襄公十四年》记载师旷对晋平公说:"自王以下,各有父兄子弟,以补察其政。史为书,瞽为诗,工诵箴谏,大夫规诲,士传言,庶人谤。"可知诗、乐既是天子听政、施政的必要参考,也是臣僚劝谏天子、补察王政的有效手段。

至于观诗知政的具体实践,由《左传·襄公二十九年》记载的季札论乐,可略窥一斑:

(季札)请观于周乐。使工为之歌《周南》《召南》。曰:"美哉!始基之矣。犹未也,然勤而不怨矣。"……为之歌《王》。曰:"美哉!思而不惧,其周之东乎?"……为之歌《豳》。曰:"美哉!荡乎!乐而不淫,其周公之东乎?"……为之歌《小

---

① (汉)班固:《汉书·艺文志》《食货志》,中华书局1962年,第1708、1123页。
② (汉)何休:《春秋公羊传解诂·宣公十五年注》,见(清)阮元校勘:《十三经注疏》,第2287页。

雅》。曰："美哉！思而不贰,怨而不言,其周德之衰乎？犹有先王之遗民焉。"为之歌《大雅》。曰："广哉！熙熙乎！曲而有直体,其文王之德乎？"

季札的思路亦即杜预所说"依声以参时政""论声以参时政",从而"知其兴衰",也就是"从音乐（包括诗歌）的风格上去考察其中所体现的思想感情,从而借以辨别政治优劣,风俗好坏"①。

杨向奎指出："在先秦时代,诗与语言结合,大概有四种用法：一是典礼,二是讽谏,三是赋诗,四是语言。用在典礼与讽谏上是诗的本质；用在赋诗与语言上是诗的引申。"②用在语言上,引申扩展的是诗的修饰、文饰性质,或者用以增加言语的文采,或者引用成诗以增强言说的力量,如劳孝舆所说："自朝会聘宴以至事物细微,皆引诗以证其得失焉。大而公卿大夫以至舆台贱卒,所有论说皆引诗以畅厥旨焉。余尝伏而读之,愈益知《诗》为当时家弦户诵之书。"③

用在赋诗上,则是在外交活动中引用成诗,委婉地表达志向和意图,所谓"交接邻国,以微言相感,当揖让之时,必称诗以谕其志,盖以别贤不肖而观盛衰焉"④。在春秋时期,赋诗言志是列国诸侯贵族、卿士大夫交际酬对的惯例,又可细分为两种情况：

1. 通过称诗、用诗了解政治志向,典型如鲁襄公二十七年"郑伯享赵孟于垂陇",郑国子展等七人随从,赵孟曰："七子从君以宠武也,请皆赋以卒君贶,武亦以观七子之志。"于是子展等人赋《草虫》《鹑之贲贲》《野有蔓草》等诗,或者表达与赵孟相见的愉快心

---

① 张少康、刘三富：《中国文学理论批评发展史》上卷,北京大学出版社1995年,第20页。
② 杨向奎：《宗周社会与礼乐文明》,第374页。
③ (清)劳孝舆：《春秋诗话》,广东高等教育出版社1996年,第66页。
④ (汉)班固：《汉书·艺文志》,第1755—1756页。

情,或者表达自己的政治态度和理想抱负。而赵孟也因此了解七人的志意所在,并推断赋《鹑之贲贲》的伯有"将为戮矣",而"其余皆数世之主也,子展其后亡者也",理由是伯有"志诬其上而公怨之,以为宾荣",对国君心存怨恨,而子展"在上不忘降",虽居上位而能自我谦抑。这是对称诗者个人政治志向的了解。至于昭公十六年韩宣子对郑国六卿说:"二三君子请皆赋,起亦以知郑志",则是要从郑国六卿的赋诗中了解郑国的政治倾向。

2.通过赋诗表达政治意图,以完成外交活动。如果赋诗得当,便会促进外交的顺利进行,否则便导致外交活动的失败,甚至会引出祸乱。赋诗得当的例子如鲁文公十三年,郑伯宴请鲁文公,请他代为到晋国去说情,表示愿意重新归顺于晋。郑国子家与鲁国季文子先后赋诗《鸿雁》《四月》《载驰》《采薇》,最终鲁国同意了郑国的请求。赋诗不当的例子如鲁襄公十六年,晋平公与诸侯宴会于温,请与会诸国大夫赋诗,提出"歌诗必类",而齐国高厚赋诗不类,致使晋大夫荀偃大怒,说"诸侯有异志矣",乃与各国大夫一起盟誓:"同讨不庭!"齐国高厚只好仓皇逃归。赋诗不当几乎招致战祸。

这些事例表明春秋时代贵族阶层优雅的生活方式,诗是显示良好的教养、温文尔雅的谈吐的必不可少的手段。能够流畅和恰如其分地赋诗言志,是身份的象征与合乎礼仪的表现。"诗歌本来是礼乐文化的重要组成部分,即使它的功能发生了重要变化,从仪式化的歌舞乐章成了一种言说方式,但它依然具有某种神圣的色彩,正是这种神圣色彩使它作为言说方式依然可以成为贵族的身份性标志,也使贵族在用这种方式进行交流的过程中感到自己的高贵身份得到了确证。"① 虽然赋诗和观志的双方都是以一种"赋

---

① 李春青:《论先秦"赋诗"、"引诗"的文化意蕴》,《齐鲁学刊》2003年第6期,第18页。

诗断章,余取所求"(《左传·襄公二十八年》载卢蒲癸语)的方式,强调《诗》的政治功能——由此而形成中国的源始诗论,此即诗的政治语用学——但诗本身所具有的审美因素,却也容易造成可称为生活艺术化的效果。

三、中和之美

在春秋时期,虽然士人将"立言"与"立德""立功"并为"三不朽"(《左传·襄公二十四年》),但还没有形成作者的观念和写作的自觉意识,而是将纵论政治、参与政治作为实现人生价值的主导路径。不过,通过传世文献的零散记载,我们还是可以复现或者说重构其时人们对写作及其理想的一般知识和观念,可以将其区分为三个层次。

在最基础的层次上,就是《易·家人·象辞》所说:"君子以言有物而行有恒",以及《易·艮卦》六五爻辞所说:"艮其辅,言有序,悔亡。"就其本身语境说,"言有物""言有序"的语用指向是君子应有的言行态度,要切合实际、有条理,而不是针对审美性的诗、乐创作的评论,但毕竟涉及如何发言,而且是与君子的身份、修养相符合的言述要求,故可自然推衍为语文写作的基本要求。

深入一层的观念与"诗言志"有关。《左传·襄公二十五年》载孔子言:"《志》有之:言以足志,文以足言。"杜预注:"《志》,古书。"可见"言以足志,文以足言"渊源甚远,至少包含两方面的意思:

1. "言志"的过程是"志"→"言"→"文",要最终落实到"文"才完成;

2. "文"与"言"不同,"文"具有修辞性,文采斐然,所以"文"能动人,故孔子紧接着就说"言之无文,行而不远"。

在美学视野中,"言以足志,文以足言"表明人们对修辞的重视,蕴含着对"文"作为表现性语言的意识,"志"的完美表达,不能通过日常性的"言",而既然能"足志""足言",则在"志""言""文"三者间必然存在合一性。

与此类似的是宁嬴所说:"夫貌,情之华也;言,貌之机也。身为情,成于中。言,身之文也。言文而发之,合而后行,离则有衅。"(《国语·晋语》)这段文字本是针对晋国太傅阳处父为人的议论,但宁嬴认为"情""言""文"应当合一,却可以在美学和文论上发生意义,可理解为对文质合一观念的一种表述。不仅如此,宁嬴似乎意识到,人作为肉身化的存在,必然有性情,而"言"正是"身"所必需的文饰,人的性情需要通过"言"才能体现,这一过程也是人的肉身化存在建立的过程。所以"言"是人不可或缺的,但"言"又必得体现为"文"的样态。这就将"文"与人的全幅生命一体化,不仅关系人的精神生命,也涉及人的生理性存在。

再进一步的观念就是"中和"。李泽厚、刘纲纪指出,中国古代美学对于同乐相连的"和"的认识,是从生理感官上的"和",进到心理、精神上的"和",然后再进到整个自然和社会的"和"。后者正是中国古代美学所追求的最高的"和",也是最高的美。中国古代哲人极其明朗而毫不犹疑地认定,大自然及人类社会按其本性来说是和谐的,而最高意义上的美就在这种和谐之中①。文艺审美应当以"中和"为最高理想和创作原则,而文艺审美表现的"中和"又能促进人人之际、天人之际的普遍和谐。"和"的观念深植于中国的农业经济形态和血缘宗法社会形态,从经验观察提升为思想意识,进而转化为实践上的自觉追求。从思想意识的演进看,史伯、晏婴对"和"的表述,构成了前后相承的逻辑环节。

一般认为,史伯的表述有两个贡献:1. 对"和而不同"观念的初步表达:"和实生物,同则不继。以他平他谓之和,故能丰长而物

---

① 李泽厚、刘纲纪主编:《中国美学史》第一卷,中国社会科学出版社 1984 年,第 91 页。

归之。若以同裨同,尽乃弃矣",故应去"同"而取"和"。2. 对多样性和谐观念的明确表述:"声一无听,色一无文,味一无果,物一不讲"(《国语·郑语》)。这些言辞是史伯针对周王偏听偏信、不能广用贤人的政治衰敝而发的,却具有普遍性意蕴。"色一无文"即《易传》所说"物相杂故曰文",而"声一无听"则是史伯时代的普遍观念,所以才被作为论证政治开放重要性的支撑话语。不仅如此,史伯似乎认为,在文艺审美的多样性与政治文明的开放性之间存在某种结构上的同一性,所以政治上的"和而不同"原则可以顺理成章地推论及文艺审美。

其后,晏婴发挥了史伯的思想,明确地将"和乐"与人心联系起来:

> 先王之济五味,和五声也,以平其心,成其政也。声亦如味,一气、二体、三类、四物、五声、六律、七音、八风、九歌,以相成也;清浊、大小、短长、疾徐、哀乐、刚柔、迟速、高下、出入、周疏,以相济也。君子听之,以平其心,心平德和。(《左传·昭公二十年》)

声、乐之美在于多样性统一造成的和谐,亦即实现各种相异和对立因素(如清浊、小大、短长、疾徐、哀乐、刚柔、迟速、高下、出入、周疏)的相成、相济,使之配合适中、和谐统一,这比只讲把相异因素结合起来的史伯系统得多。

晏婴的贡献还在于,他明确地将"和乐"与人的精神状态及国家的政治状态联系起来,从而确认了以"中和"原则从事诗、乐创作的意义。这也是西周以迄春秋时代的普遍观念,伶人州鸠就说:

> 夫政象乐,乐从和,和从平。声以和乐,律以平声。金石以动之,丝竹以行之,诗以道之,歌以咏之,匏以宣之,瓦以赞

之,草木以节之……夫有和平之声,则有蕃殖之财。于是乎道之以中德,咏之以中音,德音不愆,以合神人,神是以宁,民是以听。(《国语·周语下》)

作为一个乐人,州鸠认为,"和"与"乐""政"具有通贯性,所谓"有和平之声,则有蕃繁殖之财",而"乐""诗""歌"是对此通贯一体之"和"的不同形式的表现,所以必得"道之以中德,咏之以中音",这既可以理解为他对自身所从事的职业合法性的辩护,也可视作他对理想的乐应具备的品质的坚持。无论如何,在州鸠看来,乐绝不是供人消遣娱乐的,而是有重大的政治、文化功能,关系到治国治民乃至与神明沟通的大事,这样看,"中和"作为一种创作理想、创作原则,其意义实在重大。

不过,在诗、乐评论中直接和明确地表达"中和"观念的还是季札,尤以论《诗经》中的《颂》最为集中:

至矣哉!直而不倨,曲而不屈,迩而不偪,远而不携,迁而不淫,复而不厌,哀而不愁,乐而不荒,用而不匮,广而不宣,施而不费,取而不贪,处而不底,行而不流。五声和,八风平,节有度,守有序,盛德之所同也。(《左传·襄公二十九年》)

对《颂》的赞辞连用十四个分句,均着眼于诗、乐所表现的各种情感的恰当的对立统一,以之为诗、乐的顶点,不仅表述了中和之美的理想,同时也暗示了处理与表达复杂情感的方式。

史伯是西周太史,晏婴是齐国贤相,季札是吴国公子,州鸠是周景王的乐官,他们的身份、地位不同,却置身于相同的文化语境,都将"中和"视作诗、乐的创作理想,或者说,在他们看来,"中和"是理想的诗、乐应当具有的品质。何以如此?因为具有中和之美的诗、乐可以通过对人心施加积极影响,造就"心平德和"的君子与

"神是以宁,民是以听"的美政,于是具有中和之美的诗、乐也就是美政的审美表征,先王正是通过"中和"的诗、乐以"成其心,平其政",为后世确立了效仿典范。这典范兼具政治意义与文化意义,而以"中和"为纽结。于是,后人不仅应当效法先王,将"中和"作为政治建构的理想,还应效仿先王,将"中和"作为诗、乐创作的原则,原因就在于诗、乐与人心、政治存在一体互动性。似乎可以说,尽管史伯、晏婴、季札对诗、乐的审美性有体验和意识,但他们论"中和"的文化/审美理想首先考虑的是政治,是在政治论域中提出的文化/审美理想,因而"中和"也就是运用诗教、乐教的审美政治学和诗、乐的政治语用学对文化/审美所做的规范。

内圣外王与儒家美学的精神、逻辑及话语生成

一、内圣外王是理解儒家美学的内在脉络

"儒家思想是中国文明时代初期以来文化自身发展的产物,体现了三代传衍的传统及其养育的精神气质"①,而就思想创造的直接动力说,儒家思想是对"监于二代,郁郁乎文"(《论语·八佾》)的西周礼乐的文化改制。儒家思想亦有其内在脉络与话语建构逻辑,这就是内圣外王。内圣外王最初见于《庄子·天下》,虽然可以之描述诸子思想创发与话语建构的普遍性,但更适合于表达儒家的理想。

《礼记·大学》详细记载了儒家内圣外王之道的具体名目:

> 古之欲明明德于天下者,先治其国;欲治其国者,先齐其家;欲齐其家者,先修其身;欲修其身者,先正其心;欲正其心者,先诚其意;欲诚其意者,先致其知;致知在格物。物格而后知至,知至而后意诚,意诚而后心正,心正而后身修,身修而后家齐,家齐而后国治,国治而后天下平。

---

① 陈来:《论儒家思想的根源》,见《儒学通诠:陈来学术论集》,孔学堂书局2015年,第137页。

梁启超指出:"《大学》所谓'格物致知诚意正心修身',就是修己及内圣的功夫;所谓'齐家治国平天下',就是安人及外王的功夫。"①历代儒者无不孜孜以求实现这一理想,亦以之为问学的最高目的,尽管有畸轻畸重之别。

求解内圣之道、"修己"的功夫,就有心性儒学之方向;求解外王之道、"安人"的功夫,就有政治儒学之方向。儒学即内圣外王之学,儒家之道即内圣外王之道。内圣外王开启并标示出儒家的生存世界与理想意愿,因此是恰当理解儒家思想言述的内在视野。儒家对审美生活及其相关问题的思考,儒家美学的精神、逻辑与话语建构,即展开于内圣外王所标示的生存世界,而旨在实现内圣外王所指谓的理想意愿。

二、内圣之道与儒家心性美学话语建构

就话语建构的直接动力而言,儒家学术致力于实现西周礼乐文明重建或礼乐文化改制,其实质是维护与重塑礼乐作为制度与文化的整合性。这也就构成了儒家的事业与生活,决定了儒学的性格与志趣——"儒学不是某种专家之业,不是某种知识系统和论说架构,它所强调的是躬行践履,知行合一"②。儒家之儒遂与专事祈禳、卜筮、相礼之"小人儒"殊途,而"君子儒"的志业担当即《大学》所谓"明明德""亲民""止于至善"。依照刘述先的分析,"明明德"即内圣的功夫,"亲民"即外王的事业,而"止于至善"则是理想的实现与完成③。

所谓内圣是要实现"专就一个人是人说,所可能有的最高成就"④,

---

① 梁启超:《儒家哲学》,岳麓书社2010年,第3页。
② 郑家栋:《断裂中的传统:信念与理性之间》,中国社会科学出版社2001年,第624页。
③ 刘述先:《论儒家"内圣外王"的理想》,见景海峰编:《刘述先新儒学论著辑要》,第2页。
④ 冯友兰:《中国哲学简史》,涂又光译,北京大学出版社1996年,第6页。

因而是一个普遍性的要求。具体说来,就是要通过"格物""致知""诚意""正心"的修养功夫,把自己内在所有的"明德"阐发出来,因而是朝向并努力成为所学对象——圣人的境界论,而非志在获取并植入对象信息的知识论。

在仁、义、礼、智、信诸德中,仁具有根本性意义,是德性之本、德行之全。这不仅因为《中庸》说"仁者,人也",意谓"仁者,人之所以为人之理"①,是人之为人的根本规定性。一旦为人而"不仁",则不仅失去做人资格,文化对其亦不能发生意义:"人而不仁如礼何?人而不仁如乐何?"(《论语·八佾》)更重要的是,仁是贯通天、地、人的根本德性,"天地之大德曰生"(《易·系辞》),而"仁是造化生生不息之理"②,是宇宙生命创造精神、生命的潜能与种子,"是天(终极信念)、地(自然生态)、人(社会与他人)、我(内在自我意识与情感)之间的普遍联系与相互滋养润泽"③,故而"仁者浑然与物同体"④。

既然如此,则内圣之"明明德",就不是要通过知识获取的一般程序,将外在规则内化为心灵模式,而只不过是"自明其明德,复其天地万物一体之本然而已耳,非能于本体之外而有所增益之也"⑤。所谓"尽其心者,知其性也;知其性,则知天矣"(《孟子·尽心上》)。内圣因此既是"明明德"之工夫,也是儒家天人合一的心灵境界,体现为人性与天道相贯通,它是内向性的打开,却又同时具有开放的超越性。

作为精神情态,内圣境界是对天地万物一体之仁的直觉体认,是天人合德的精神意向。在此意向中,"个体心态感到自身完满无缺,与天地宇宙相通,因而生机畅然。德感不仅内在地规定了自足

---

① (宋)朱熹:《孟子章句集注·尽心下》,第112页,见《四书五经》上册。
② (明)王守仁:《传习录》,见吴光等编校:《王阳明全集》,第26页。
③ 郭齐勇:《儒学的生死关怀及其当代意义》,见中国孔子基金会编:《儒学与二十一世纪》,第668页。
④ (宋)程颢:《识仁篇》,见《二程集》,中华书局1981年,第17页。
⑤ (明)王守仁:《大学问》,见吴光等编校:《王阳明全集》,第968页。

无待于外的精神意向,而且规定了生命体自显的求乐意向。健动不息的生命力无需再有外在的目的、对象和根据,自身的显发就可以获得恬然自得、盎然机趣的生命流行之乐,其最高境界就是陶然忘机的生命沉醉,所谓酣畅饱满的生命活力的尽情尽兴①。作为仁的充分实现,内圣的境界无疑是道德的至善境界,但同时,人们也有理由认定"仁者与天地万物为一体的境界也就是美的最高境界"②。

这有两方面的原因:一是因为中国传统始终将心灵作为整体来把握,从不费神区分道德与审美的知识领域;二是因为儒家的道德观是一种"强调德性的道德观","道德实践是追求美满的人生的一种不能间断的活动"③。德性的道德修养本身就是人生的目的,这就使道德经验与审美经验在性质上具有相似性。即由万物一体相通的自由想象而获得的对于本然存在的真实体验,是对物我分离、主客对立的日常状态而言的恍若自失而后自得的一种高峰体验,"它包含间接性、知识性、功利性和道德性而又超出之"④。与之相伴随的极度快乐乃是不假外求、不需旁索的自得之乐,"是乐的本身,无关心无目的,无任何利害纠葛,是纯粹的精神之乐,绝对的自由之乐"⑤。

不仅如此,作为心灵境界的内圣,乃是原发性、意向性的意义机制,决定着世界意义的敞开、人生价值的实现,此正如王阳明形象喻示的:"你未看此花时,此花与汝心同归于寂;你来看此花时,则此花颜色一时明白起来。"⑥它又具有生成性与境遇性,与物化

---

① 刘小枫:《拯救与逍遥》,第144—145页。
② 张亨:《〈论语〉论诗》,见张亨:《思文之际论集:儒道思想的现代诠释》,新星出版社2006年,第73页。
③ 石元康:《从中国文化到现代性:典范转移?》,生活·读书·新知三联书店2000年,第111页。
④ 张世英:《进入澄明之境:哲学的新方向》,第241页。
⑤ 聂振斌:《理学家的理趣与艺术情趣》,《哲学研究》2004年第6期,第67—68页。
⑥ (明)王守仁:《传习录》,见吴光等编校:《王阳明全集》,第108页。

生,随物赋形,在人生的各个瞬间与情境中凝定成型。由于仁的感通性——这也就意味着它是一种具有普遍性的价值,通过与天地万物的感通、与他人心灵的感通,内圣境界显发于自然境遇,就有"万物静观皆自得,四时佳兴与人同"(程颢《秋日偶成》)之欣然领悟;显发于历史境遇,既有"先天下之忧而忧,后天下之乐而乐"(范仲淹《岳阳楼记》)的济世情怀,也有"可以速而速,可以久而久,可以处而处,可以仕而仕"(《孟子·万章下》)的从容潇洒;显发于日常生活境遇,就有"饭疏食,饮水,曲肱而枕之,乐亦在其中"(《论语·述而》)的心境,而"其生色也睟然,见于面,盎于背,施于四体"(《孟子·尽心上》),遂有温润如玉的圣贤气象以及审美化的人生。

当此内圣境界显发于艺术生活,便形成华夏艺术仁爱为怀的情感肌质。例如,"各种自然放纵的情欲、性格、动作,各种贪婪、残忍、凶暴、险毒的心思、情绪、观念,各种野蛮、狡狠、欺诈、淫荡、邪恶,那种种在希腊神话和史诗中虽英雄天神们也具有的恶劣品质和情操,在中国古典诗文艺术中都大体被排斥在外"[1]。同时也形成华夏艺术美善相乐的气质与风格,因为"乐与仁的会通统一,即是艺术与道德在其最深的根底中,同时也即是在其最高的境界中,会得到自然而然的融合统一"[2]。所以华夏艺术追求美,但又要求以善规范美的表现;推崇善,但又要求对善进行艺术化。仁爱为怀、美善相乐,二者的结合,陶铸了中国民族重生养德的审美心胸。

要成就内圣的心灵境界,就得力行"格物""致知""正心""诚意""修身"的工夫,以实现心灵的自觉,培育明澈真诚的性情与品格。由于内圣境界就是美的最高境界,这一本体规定决定了审美生活具有某种切关存在意义的根源性。这就是孔子所说的"兴于《诗》,立于礼,成于乐"(《论语·泰伯》)。

---

[1] 李泽厚:《华夏美学》,见李泽厚:《美学三书》,第259页。
[2] 徐复观:《中国艺术精神》,广西师范大学出版社2007年,第14页。

所谓"兴于《诗》",按朱熹的解释:"凡诗之言,善者可以感发人之善心,恶者可以惩创人之逸志,其用归于使人得其情性之正而已"①,诗之"兴"正是要人从功名利禄的束缚中超拔而出,恢复本然之心与生命意义机制。

> 能兴即谓之豪杰。兴者,性之生乎气者也。拖沓委顺当世之然而然,不然而不然,终日劳而不能度越于禄位田宅妻子之中,数米计薪,日以挫其志气,仰视天而不知其高,俯视地而不知其厚,虽觉如梦,虽视如盲,虽勤动其四体而心不灵,惟不兴故也。圣人以《诗》教以荡涤其浊心,震其暮气,纳之于豪杰而后期之以圣贤,此救人道于乱世之大权也。②

按马一浮的体认:"兴便有仁的意思……诗教从此流出,即仁心从此显现",故此"欲识仁,须从学《诗》入"③。

诗本具审美性,而"经过孔子、荀子等儒家思想家的改造","儒家所谓'礼'就不仅仅是宗教甚或伦理意义上的行为,而且是艺术行为,一种生活的艺术行为,甚至可以说就是一种表现内在真实情感的有节奏的舞蹈"④。儒家强调"不学礼,无以立"(《论语·季氏》),正是要人通过审美化的礼的实践,在日用常行中体认人人相通的真实情感,同时以"一种同人类的尊严、教养、智能、才能相称的感性形式"⑤立身于人人之际。

至于"成于乐",按徐复观所说:"乐在最高人格形成中有陶养

---

① (宋)朱熹:《论语章句集注·为政》,第4页,见《四书五经》上册。
② (清)王夫之:《俟解》,见船山全书编辑委员会编校:《船山全书》第十二册,岳麓书社1998年,第479页。
③ 马一浮:《复性书院讲录》,山东人民出版社1998年,第57、157页。
④ 彭锋:《君子人格与儒家修养中的美学悖论》,《陕西师范大学学报》2009年第4期,第21页。
⑤ 李泽厚、刘纲纪主编:《中国美学史》第一卷,第142页。

之功,同时即成为与仁融合为一体,成为最高人格的具体存在。"①则通过乐,亦即在审美生活中,可实现情欲与道德的圆融,因而是人的最终完成。进而,因为"大乐与天地同和"(《礼记·乐记》),故而在乐中,亦即通过审美生活,人的心灵可与天地相感通,人的生命汇入天地的大生命,回复到主客分裂之前的原本状态,这是一个和谐的初生状态,如此则人率性起止,自然真诚,"可以赞天地之化育,则可以与天地参"(《礼记·中庸》)。

进一步考虑,"兴于《诗》""立于礼""成于乐"三者有内在关联:不仅礼本身已经包含了诗、乐,礼的施行必有诗、乐的配合,而且如果没有诗对于人之真诚性情的兴发,那就谈不上礼的建立,作为礼仪性的存在,人也就无法挺立于天地之间;如果缺少礼的陶冶和规范,不经过礼的"切""磋""琢""磨",人就无以成其为人,人格就无以形成,遑论达到"与天地同和"的心灵境界。这就构成人格修养的进阶,而审美生活正处在根源性的位置。不仅如此,由于"在神圣礼仪中的完美,既是精神性的,又是审美的"②,当礼被改造成为生活的艺术,则"礼就成为了乐,要求从其本身得到理解"③。因而审美生活又贯串于人格修养始终,而"人生即是艺术"④。"中国人的个人人格、社会组织以及日用器皿,都希望能在美的形式中,作为形而上的宇宙秩序,与宇宙生命的表征。"⑤

从内圣的维度看,与其说审美是成就君子之德性的手段,还不如说是审美决定了善的生活的选择。因为在儒家视野中,"美是具

---

① 徐复观:《中国经学史的基础》,见《徐复观论经学史二种》,上海书店出版社 2002 年,第 24 页。
② [美]赫伯特·芬格莱特:《孔子:即凡而圣》,彭国翔、张华译,江苏人民出版社 2002 年,第 7 页。
③ 张祥龙:《孔子的现象学阐释九讲——礼乐人生与哲理》,华东师范大学出版社 2009 年,第 187 页。
④ 徐复观:《中国艺术精神》,第 26 页。
⑤ 宗白华:《艺术与中国社会》,见林同华主编:《宗白华全集》第二卷,安徽教育出版社 2008 年,第 412 页。

有改变世界、美化世界(所谓'移风易俗')之能力的人文精神"①。似乎可以这样说,正因为善的生活不仅指向人格境界之提升,其本身也是审美化的,所以才是令人向往并孜孜以求的。

三、外王之道与儒家制度美学话语建构

内圣旨在解决发生在自我自身的自然与文化之间的冲突,外王则要在"家""国""天下"的同心圆结构中圆满解决个体与群体的关系。按儒家思想的内在视野,"外王"乃是"内圣"的必然要求和逻辑延伸,这是因为"仁者己欲立而立人,己欲达而达人。修身立德之功既竟于我,势不能不进而成人之美,使天下之人由近逮远,皆相同化,而止善归仁"②。真正的儒者必有此担当意识和理想意愿,这意识与意愿的核心是创造一个使人人都能"止善归仁"的好世界。这就发生了儒家的政治思想,而在有关这个好世界的种种构想、规划中,审美生活同样得到一贯重视,被视作政治的重要可用之资。

这首先是因为,儒家构想的好世界具有天下主义的品质。王铭铭认为,作为一种世界图式,天下"不以经济关系的维系和'种族—族群'及民族国家的区分和疆域化为基础,而是以'有教无类'的观念形态为中心来呈现人们对世界的认识"③。据此而论,儒家想象与认同的乃是一个超越了民族和国家之狭隘性的人文化成的世界,是一个"夷狄进至于爵,天下远近小大若一"④、"天下为公,选贤与能,讲信修睦"(《礼记·礼运》)、"四海之内若一家"、"天之

---

① 陈昭瑛:《儒家美学与经典诠释》,华东师范大学出版社2008年,第15页。
② 萧公权:《中国政治思想史》,新星出版社2005年,第44页。
③ 王铭铭:《作为世界图式的"天下"》,见赵汀阳主编:《年度学术2004:社会格式》,第59页。
④ (汉)何休:《春秋公羊传解诂》,见(清)阮元校勘:《十三经注疏》,第2200页。

所覆,地之所载,莫不尽其美、致其用","万物皆得其宜,六畜皆得其长,群生皆得其命"(《荀子·王制》)的乌托邦。当中蕴含着一种"把全世界看作平等而治理的"①文化的世界主义理念。

在儒家思想中,天下是较诸民族和国家更高的政治/文化单位,民族和国家的合法性、政府的权威性和政治权力,决定于为公的文化天下,而非决定于血缘和生物性基因,或者暴力和权谋,故而儒家认为夷狄有德者可进而为中国,诸夏无德者可退而为夷狄,"夺之者可以有国,而不可以有天下;窃可以得国,而不可以得天下"(《荀子·正论》)。若此则天下兴亡实质是文化兴亡的问题,而"文化兴亡、天下兴亡、人性兴亡是同一个问题,文化之亡就是天下之亡,也是人性之亡","只有伟大的文化才能够创造丰富的生活,才能使生活和社会充满活力,才能以其魅力去吸引世界万民,使天下归心,四海宾服","政治成功最终取决于文化成功"②。所以坚持"政者正也"(《论语·颜渊》)的儒家认定。

> 政治之主要工作乃在化人。非以治人,更非治事。故政治与教育同功,君长与师傅共职。国家虽另有庠、序、学、校之教育机关,而政治社会之本身实不异一培养人格之伟大组织。③

国家、政府、君长存在的根本意义亦系于此。政治、教育、社会甚至经济制度设立的根本目的,即在通过伟大文化的创造和维护,充分实现和发展人的善性。

---

① [日]本田成之:《中国经学史》,孙俍工译,上海书店出版社2001年,第125页。
② 赵汀阳:《坏世界研究:作为第一哲学的政治哲学》,中国人民大学出版社2009年,第107—108页。
③ 萧公权:《中国政治思想史》,第45页。

儒家认同的伟大文化是文质彬彬的周代礼乐，它"把政治统治、亲缘关系和道德文化混融为一体，各领域的规则和角色混融不分"①，而"无论作为制度，还是作为规范或作为仪式，其形式都是由美感形式或艺术形式构成的，并以美感愉悦为纽带，把不同的等级、不同的人群联系、调和起来"②，根本上是一种高尚优雅的审美性的文化类型，能以之造就优美的人生与和谐有序的社会，"礼节民心，乐和民声……乐者为同，礼者为异。同则相亲，异则相敬……乐至则无怨，礼至则不争"（《礼记·乐记》）。在儒家看来，周代礼乐作为制度和文化的先进性，并不能因礼坏乐崩的事实而取消，而是需要通过文化的更新和制度的重建，恢复其作为文明/政制的整合性。此即以仁为根基，依仁释礼，使礼乐传统从天人之际转向人人之际，而成为身、家、国、天下的一体性秩序。它以仁为精神动源，以礼为制度架构，以德政为政治理念，以教化为实现途径，既是"近者悦，远者来"的政治秩序，亦是"和而不同"（《论语·子路》）的文化秩序。

经过儒家的改造，礼乐文明/政制的根本功能，就在于位育"文质彬彬"（《论语·雍也》）的君子人格，是将仁的境界转化到人生之中，实现仁人与仁政的互动生成。故而儒家坚信"礼乐兴则天下兴"，并以礼乐文明及其载体即"六经"系统的守护人自认。于此可以说，儒家的政治理念不仅是文化政治，亦是诗性政治，是审美化的政治。这是因为，经由儒家的创造性转换，作为政治性规定的"礼不再是苦涩的行为标准，它富丽堂皇而文才斐然，它是人的文饰，也是引导人生走向理想境界的桥梁"③，而礼乐治国所实现的

---

① 阎步克：《波峰与波谷——秦汉魏晋南北朝的政治文明》，北京大学出版社 2009 年，第 22 页。
② 聂振斌：《儒学与艺术教育》，南京出版社 2006 年，第 2 页。
③ 杨向奎：《宗周社会与礼乐文明》，第 381 页。

"政治风俗的理想境界乃是一种审美的境界"①。儒家的这种理想可以称作审美乌托邦。

儒家由此赋予审美生活以一种面向全体社会成员的根源性和严肃性,"志微、噍杀之音作,而民思忧;啴谐、慢易、繁文、简节之音作,而民康乐;粗厉、猛起、奋末、广贲之音作,而民刚毅;廉直、劲正、庄诚之音作,而民肃敬;宽裕、肉好、顺成、和动之音作,而民慈爱;流辟、邪散、狄成、涤滥之音作,而民淫乱"(《礼记·乐记》),甚至决定国家的兴衰、存亡、强弱、治乱,"乐中平则民和而不流,乐肃庄则民齐而不乱,民和齐则兵劲城固,敌国不敢婴也。如是,则百姓莫不安其处,乐其乡,以至足其上矣……乐姚冶以险,则民流僈鄙贱矣。流僈则乱,鄙贱则争,乱争则兵弱城犯,敌国危之。如是,则百姓不安其处,不乐其乡,不足其上矣"(《荀子·乐论》)。因此并非所有的审美生活都是应然存在的,只有那些高雅正派的审美生活,才拥有政治上的合法性与道德/审美上的正当性。

儒家坚信"声音之道,与政通矣"(《礼记·乐记》),认为审美与政治相为表里,审美文化是政治的文化表征,审美生活是政治的象征系统。因此,"假如一个政府愚蠢到纵容甚至支持淫邪低俗、粗鄙弱智的审美生活,就几乎是在为亡国亡天下创造条件"②。如"其服组,其容妇,其俗淫……其声乐险,其文章匿而采"(《荀子·乐论》),就是乱世的征象。这充分表明儒家看待审美生活的功利主义视野,但与法家和墨家的政治功利主义、实用功利主义的美学观不同,儒家并非以能否直接推动政治、经济、军事发展为标准,去看待和评价审美生活,而是要求通过审美生活内在地提升人的精神境界,进而"依靠每个有道德的君子去恢复那失去了的黄金时代

---

① 叶朗:《中国美学史大纲》,第44页。
② 赵汀阳:《坏世界研究:作为第一哲学的政治哲学》,第109页。

的文化",最终目的乃是"为了在将来可以实现完美"①。这种审美功利主义的美学取决于儒家对于政治运作的诗性理解。

如此一来,要实现儒家构想的好世界,那就势必要对审美生活进行一种制度性的建构,使其成为一种意义生产机制,一种"齐家、治国、平天下"的特殊建构机制,"乐在宗庙之中,君臣上下同听之,则莫不和敬;闺门之内,父子兄弟同听之,则莫不和亲;乡里族长之中,长少同听之,则莫不和顺",使"耳目聪明,血气和平,移风易俗,天下皆宁,美善相乐"(《荀子·乐论》)。它至少包括:

1. 在国家文化系统中,确立包括文本实践与生活模式的审美生活典范。它应具有"无邪"(《论语·为政》)、"乐而不淫,哀而不伤"、"尽美矣,又尽善也"(《论语·八佾》)的品质。亦即精神内涵上合乎仁的要求而具备中和的审美品格,同时在活动方式与数量规模上也合乎礼制的规定。反之,则要禁绝那些在情感品质与表现形式上低俗粗鄙而且缺乏节制的审美生活,如孔子说"行夏之时,乘殷之辂,服周之冕,乐则《韶》《舞》。放郑声,远佞人。郑声淫,佞人殆"(《论语·卫灵公》),荀子说"声,则凡非雅声者举废;色,则凡非旧文者举息"(《荀子·王制》),就都出于此意。

2. 在国家教育系统中,建立天下主义的文教制度,在基于"有教无类"观念的制度架构内,普遍地传播《诗》《书》《礼》等具备文化先进性的审美文化经典,不仅规范人格建构的方向,如"其为人也,温柔敦厚,《诗》教也……广博易良,《乐》教也……属辞比事,《春秋》教也"(《礼记·经解》),也奠定审美文化创造的精神气象及其展开方式,如刘勰就说:"文能宗经,体有六义:一则情深而不诡,二则风清而不杂,三则事信而不诞,四则义直而不回,五则体约而

---

① 张隆溪:《乌托邦:世俗理念与中国传统》,见张隆溪:《中西文化研究十论》,复旦大学出版社2005年,第229页。

不芜,六则文丽而不淫。"①

3. 在国家政治系统中,设立修学德行与社会地位以及政治权力的转换机制,"虽庶人之子孙也,积文学,正身行,能属于礼义,则归之卿相士大夫"(《荀子·王制》),由此形成国家文教中心与奖励机制,以使"儒者在本朝则美政,在下位则美俗"(《荀子·儒效》);同时,还要在分官任职的官僚体制内设立相应的职能部门,以规约和指导审美生活的开展。例如,"掌教六诗"的太师就有审查诗乐合法性之责,"修宪命,审诗商,禁淫声,以时顺修,使夷俗邪音不敢乱雅,太师之事也",而诸侯与地方长官亦有推行、监督礼乐生活之责,"劝教化,趋孝弟,以时顺修,使百姓顺命,安乐处乡,乡师之事也","论礼乐,正身行,广教化,美风俗,兼覆而调一之,辟公之事也"(《荀子·王制》)。

与之相伴随的则是儒家审美思想的制度化,即从知识话语向王朝国家政治/美学意识形态的转化。这在荀子那里形成"一种政治学的朝廷美学体系。具体表现为:一、以朝廷为中心彰显等级秩序的美学符号(建筑、服饰、旌旗、车马、饮食、舞乐)体系;二、一种新型的帝王形象:结儒家仁心(王道),道家的计算(权术)和法家的威势(霸道)为一体的帝王之威;三、与朝廷体系一致的士人形象……君子,忠臣,循吏,构成了朝廷美学体系士人形象。进至两汉,朝廷美学在阴阳五行的宇宙观框架里,得到了进一步的体系化"②。儒家审美思想遂成为古代中国的美学意识形态或者说国家美学,对中国人的审美观念、审美趣味、审美选择、审美表达等发生了强有力的影响,塑造了华夏文明认同建构为指向的审美感知共同体,以及内含地域与种族的文化多样性而又道一风同的审美文化格局。

---

① (南朝梁)刘勰:《文心雕龙·宗经》,见王运熙、周锋:《文心雕龙译注》,上海古籍出版社1998年,第21页。
② 张法:《礼乐文化:理解先秦美学特色的一个路径》,《长沙理工大学学报》(社会科学版)2006年第4期,第24—25页。

六经之教与儒家文论之成型

儒家对于西方意义上的文学理论问题并没有知识学兴趣，因此也就没有发展出"诗学"或"文学理论"的知识型，但这并不意味着儒家从未思考过这些问题，而是思考方式和表述方式与西方思想家不同。因此，对儒家文论及其意义的描述与阐释，应当依照儒家思想的内在视野，澄明其问题意识与思想结构，而不能缺乏反省地挪用西方文论的框架。在我看来，如欲展现儒家文论自身的精神逻辑与话语建构方式，不能不从"祖述尧舜，宪章文武"的道统、"内圣转化外王"的政统、"法则六经"的学统这样的本根性视野上手：儒家文论的精神指向奠定自其道统，儒家文论的思想结构决定于其政统，而儒家文论之成型则与其学统直接相关。

一、经典意识与儒家文论思维

《诗》《书》《礼》《乐》《易》《春秋》联称为"六经"，依据现存传世典籍，最早见于《庄子·天运》，《诗》《书》等"六经"已与先王的治国大道、彪炳事业相关。而在成篇年代相近的郭店楚简《六德》中，虽然没有明确出现"六经"字眼，但《诗》《书》等业已实质性地联为一组。缘由在于其中皆蕴含指导夫妇父子君臣关系的"圣、仁、智、信、义、忠""六德"之道①。特别是《易》既然与"六德"之道相关，则

---

① 荆门市博物馆编：《郭店楚墓竹简》，文物出版社1998年，第188页。

已超越卜筮之书的看待视野，这是《易》之成经的关捩。可知至迟在战国中后期，"六经"的经典系统已然确定，而且与儒家联系在一起，这决定于儒学"温和的突破"性质、"以述为作"的思想和表达方式。

据现存史料，书籍称经之举始于战国，而战国秦汉各家的权威书籍亦多有称经之例，并不限于儒家。如墨家有《墨经》，道家有《道经》，法家有《法经》，天文家有《星经》，医家有《医经》。春秋战国时代，书籍或称为"书"，如《左传·襄公十四年》所载：

> 史为书，瞽为诗，工诵箴谏，大夫规诲，士传言，庶人谤，商旅于市，百工献艺。故《夏书》曰："遒人以木铎徇于路，官师相规，工执艺事以谏。"

或称为"典""册"，如《尚书·多士》有云：

> 惟尔知惟殷先人，有册有典。

或称为"典籍"，如《左传·昭公二十六年》记述：

> 王子朝及召氏之族、毛伯得、尹氏固、南宫嚚奉周之典籍以奔楚。

或称为"书契"，如《易·系辞下》追忆：

> 上古结绳而治，后世圣人易之以书契。

许慎《说文解字》释曰："书，箸也。""箸"通"著"。又说："箸于竹帛谓之书。"而"典，五帝之书也。从册在丌上，尊阁之也……庄都说：

'典,大册也。'""册,符命也。诸侯进受于王者也。象其札一长一短,中有二编之形。"为《说文解字》作注的段玉裁引蔡邕《独断》说:"策,简也。""籍,簿也。"段玉裁注说:"簿当作薄,六寸……引伸凡箸于竹帛皆谓之籍。""契,大约也。"段玉裁注引郑玄云:"书契,谓出予受入之凡要。凡簿书之丛目,狱讼之要辞,皆曰契。"

据此可以说,"书"之用以称谓书籍,盖取其"记录""书记"之义,所谓"君举必书……左史记言,右史记事,事为《春秋》,言为《尚书》"①,而"典""册""籍""簿"则各有其形制。"典"并非一般之"书""籍""册",而是具有特别重要的意义,所谓"五帝之书",因而受到特别尊崇,故其形制亦大,即所谓"大册"。章太炎认为:

> 周代《诗》《书》《礼》《乐》皆官书。《春秋》史官所掌,《易》藏太卜,亦官书。官书用二尺四寸之简书之。郑康成谓六经二尺四寸,《孝经》半之,《论语》又半之是也。《汉书》称律曰"三尺法",又曰"二尺四寸之律"。律亦经类,故亦用二尺四寸之简。惟六经为周之官书,汉律乃汉之官书耳。②

若此,则"典"亦必用二尺四寸之"简"书写。

至于"经",《说文解字》解释为"织从丝也",释"纬"为"织横丝也",段玉裁认为:"织之从丝谓之经,必先有经而后有纬。"③"经"之本义为织布的纵丝,"纬"则是织布的横丝,横丝须以纵丝为纲,方能成织,故而"经"引申为"纲",引申为"纪"。"经"与"典"的关联见诸《左传·昭公十五年》:周景王与晋国使臣籍谈问答,称其祖先"司晋之典籍,以为大政,故曰籍氏",事后又讥刺籍谈"数典而忘

---

① (汉)班固:《汉书·艺文志》,第1715页。
② 章太炎:《国学讲演录》,华东师范大学出版社1995年,第45—46页。
③ 按:《说文解字》释"经"本无"从丝"二字,(清)段玉裁注据《太平御览》卷八百二十六补入,可从。

其祖"。籍谈回到晋国,告之于叔向,叔向乃就周景王之"非礼"评论道：

> 礼,王之大经也。一动而失二礼,无大经矣。言以考典,典以志经。忘经而多言,举典将焉用之?

孔颖达《正义》曰："经者,纲纪之言也。"①叔向所谓"典以志经"之"典"亦即典籍,而"经"则是"典"所记写的内容,即王之纲纪、大法。"经"又引申为治理、经纶,如《周礼·天官冢宰·人宰》所记：

> 大宰之职,掌建邦之六典,以佐王治邦国。一曰治典,以经邦国,以治官府,以纪万民。

《国语·周语下》亦记："国无经,何以出令?"如此则"经邦国,治官府,纪万民"之"令"与"纲纪之言",就如同"经"与"纬"的关系。又因春秋之后,学官失守,私人著述增多,"于书有'记'、'传'、'故训',多离书独立,不若后世章句,即以比厕本书之下;故其次第前后,若不相条贯,而为其纲纪者,则本书也。故谓其所传之本书曰'经',言其为'传'之纲纪也"②,则"记""传""故训"与"本书"亦如同"经"与"纬"之关系。此即古书称"经"之二义,而儒家之称"六经"即兼取此二义：

> 六经初不为尊称,义取"经纶"为世法耳。六艺皆周公之政典,故立为经。夫子之圣,非逊周公,而《论语》诸篇不称"经"者,以其非政典也。

---

① （清）阮元校勘：《十三经注疏》,第 2078 页。
② 钱穆：《国学概论》,商务印书馆 1997 年,第 27 页。

三代之衰，治教既分，夫子生于东周，有德无位，惧先圣王法积道备，至于成周，无以续且继者而至于沦失也，于是取周公之典章，所以体天人之撰而存治化之迹者，独与其徒，相与申而明之。此六艺之所以虽失官守，而犹赖有师教也。然夫子之时，犹不名经也。逮夫子既殁，微言绝而大义将乖，于是弟子门人，各以所见、所闻、所传闻者，或取简毕，或授口耳，录其文而起义。左氏《春秋》，子夏《丧服》诸篇，皆名为传，而前代逸文，不出于六艺者，称述皆谓之传，如孟子所对汤武及文王之囿，是也。则因传而有经之名，犹之因子而立父之号矣。①

除此之外，儒家称《诗》《书》为"经"，还有技术上的考虑，"儒家尊崇《尚书》，《尚书》各篇分别为先王的'典'、'谟'、'诰'、'誓'，其中'典'字乃取其狭义，与'谟'、'诰'等并列而又不同。大概是为了避免这广义、狭义的混乱，儒者特别以'经'字取代'典'字，将《诗》《书》统称为'经'，以'经'字涵盖'典'、'谟'、'诰'、'誓'诸字"，"由于儒家学派的规模较大，形成学派的时间较早，《诗》《书》的权威性几乎是超学派的，因而可以推测称经之举当是儒家所创，并受到其他各家的摹仿"②。继起之墨法诸家——所谓私家之言，虽不尽出于典章、政教，但为强调突出自家学派的地位，与儒家竞争，于是效法儒家，将本学派的重要著作径称为经，也是理势之所然，所以"墨家之辨有说，故《墨辨》称'经'。韩非著书，其《外储说》诸篇，自称左为'经'，右为'传'。撰辑《管子》者，题其《牧民》《形势》诸篇曰'经言'，言统要也"③。

---
① （清）章学诚：《文史通义·经解下》《经解上》，见叶瑛：《〈文史通义〉校注》，中华书局1994年，第110、93页。
② 王葆玹：《今古文经学新论》，中国社会科学出版社1997年，第34页。
③ 钱穆：《国学概论》，第27页。

儒家以"经"称谓《诗》《书》等典籍，旨在强调其具有经邦治国、纲纪群言的意义，赋予其神圣性质，但《论语》《孟子》皆不言"经"，直到荀子，《诗》《书》《礼》《乐》始得称"经"：

> 学恶乎始？恶乎终？曰：其数则始乎诵经，终乎读礼。其义则始乎为士，终乎为圣人。真积力久则入，学至乎没而后止也……《书》者，政事之纪也；《诗》者，中声之所止也；《礼》者，法之大分，类之纲纪也……《礼》之敬文也，《乐》之中和也；《诗》《书》之博也，《春秋》之微也，在天地之间者毕矣。（《荀子·劝学》）

> 圣人也者，道之管也。天下之道管是矣，百王之道一是矣，故《诗》《书》《礼》《乐》之归是矣。《诗》言是，其志也，《书》言是，其事也，《礼》言是，其行也，《乐》言是，其和也，《春秋》言是，其微也……天下之道毕是矣。乡是者臧，倍是者亡。乡是如不臧、倍是如不亡者，自古及今，未尝有也。（《荀子·儒效》）

本是周代文化旧典的《诗》《书》《礼》《乐》，提升至蕴涵着为儒家圣人所体会的"天下之道""百王之道"、只能尊奉不能违背之经典，而掌握《诗》《书》经典解释权的儒者也就分享这种神圣性，理所当然地拥有超越世俗权力的文化身位与文化力量。尤需注意的是，荀子认为"善为《诗》者不说，善为《易》者不占，善为《礼》者不相，其心同也"（《荀子·大略》），将《易》与《诗》《礼》并立，表明荀子也以《易》为"经"，则儒门"六经"在荀子这里已经基本定型了。

荀子对《诗》《书》《礼》《乐》《易》《春秋》神圣性质的话语建构，固然包含着对其作为周代政典和王官文献的敬意，但更出自通过推崇儒家典籍（这些典籍已被其他学派视为儒家专有）强化儒家思想权威性的考虑,试图以此增强儒家的应时力和竞争力。而无论是源于话语策略还是真诚信仰,在关于经典神圣性的叙事中,经典文本被认为寓含着宇宙、自然、社会、人生的全部真理,儒家圣人则是这些真理的守护人和传达者。

> 所谓大圣者,知通乎大道,应变而不穷,辨乎万物之情性者也。(《荀子·哀公》)

> 圣人备道全美者也,是悬天下之权称也。(《荀子·正论》)

而《诗》《书》《礼》《乐》《春秋》便是此"天下之道""圣人之道"的不同方向和层次的体现,而或言其"志",或言其"事",或言其"行",或言其"和",或言其"微"。这种对儒家圣人和儒门经典的极高推崇,可以在学理和信仰层次上证立儒家知识、思想的权威性质,使其拥有天经地义般的文化效力,这也就为在现世层面推广儒家的圣人之道奠立了情感、信仰和理性根基。儒者通过经典建构的话语实践以自重其文化身位的心态因此也昭昭著明,且颇能表征儒者的人文宗教信仰和情怀。这其实是儒家"法则六经"之学统内在逻辑的自然延展,虽迟至荀子才开始予以清晰的表述,但这种思想倾向实际上早在自称"述而不作,信而好古"(《论语·述而》)的孔子那里便已然确立了。

进一步讨论,经典神圣性的证立建基于对"道""圣""经"一体性质的心理体认,而这是经学发生的重大关节。恰如宋濂所说:"天地未判,道在天地;天地既分,道在圣贤;圣贤之殁,道在六经"[1],假如

---

[1] (明)宋濂:《徐教授文集序》,见罗月霞主编:《宋濂全集》,浙江古籍出版社1999年,第1351页。

没有这种一体性,作为经典释义学的经学也就没有存在的可能性与必要性。事实上,墨、法诸派也各有其推尊的圣人,墨家更是明确提出了"道""圣""经"三者的关系:

> 古之圣王,欲传其道于后世,是故书之竹帛,镂之金石,传遗后世子孙,欲后世子孙法之也。(《墨子·贵义》)

问题在于,非儒学派尽管也以《诗》《书》等古籍为知识思想资源,如《书》之于墨家,《易》之于道家,在其著述中也多称引《诗》《书》,却致力于自造新声,乃以本学派权威著述为经,以《诗》《书》"六经"为"先王之陈迹"(《庄子·天运》记老子语),故而"道""圣""经"的一体性论证只在于张扬自性。

与之不同,儒家尊崇"仲尼,日月也,无得而逾焉"(《论语·子张》载子贡语),将孔子纳入尧、舜、汤、文王的圣人统绪,则意在强调"六经"中寓含自古之圣王尧舜迄于当世圣人孔子一以贯之的大道。而"以正道而辨奸,犹引绳以持曲直,是故邪说不能乱,百家无所窜。有兼听之明而无奋矜之容,有兼覆之厚而无伐德之色"(《荀子·正名》)。"六经"之权威性即据此确立,而儒者孜孜矻矻钻研"六经"之经学大旨亦据此确定。

经典神圣性的证立在儒家文论话语建构上发生的意义,就是道出了后世逐步明确化的"宗经""征圣""明道"说的先声。而"宗经""征圣""明道"正是儒家文论的最高原则,所以郭绍虞认定"传统的文学观,其根基即确定于荀子"[①]。而其之所以能成为儒家文论的最高原则,便是因其涵摄了自文论构建的基本思路至于语文写作的基本程序诸多方面,举其荦荦大者,则有下述三点:

---

① 郭绍虞:《中国文学批评史》,新文艺出版社1955年,第18页。

1. "道""圣""经"的同一性,确立了儒家经典文本的典范性,不仅指示了通过语文写作传达圣人之道的为文之路,而且单就具体写作程序而言,经典文本也足以效法。荀子所说"五经"是对"天下之道"的不同表现,其中"《诗》言是其志""《乐》言是其和"虽然皆有特指,却也指出了诗、乐所特有的"明道"方式。至于说"《诗》者,中声之所止",依杨倞的解释:"《诗》,谓乐章,所以节声音,至乎中而止,不使流淫也"①,则更是暗示了一种以"中和"为归趋的诗歌创作的理想模式。这些无疑是春秋时代人们的一般性知识,但经由儒门典籍的神圣化,便会附着如同宗教信仰般的情感因素,转而成为具有强制性力量的规定。

2. 经典文本的典范性也昭示出必得将圣人之道作为文化批评的根基,所谓"凡言议期命,是非以圣王为师"(《荀子·正论》)。荀子批评惠施、邓析便是据此立论:"不法先王,不是礼义,而好治怪说,玩琦辞,甚察而不惠,辩而无用,多事而寡功,不可以为治纲纪。"(《荀子·非十二子》)这种强烈的文化信念与批评意向一旦落实在具体的诗文评,那就会自然合理地推导出以儒家仁义之道为基本标准、以圣人论说和经典文本为直接依据的批评范式。

3. 儒家文论话语构建的基本思路也由此确立起来,一是致力于论证"道""圣""经"的同一与贯通,以此确立经典文本的权威性质,如此又发展出关于文之本原的基于历史或天道的论证;二是致力于抽绎经典文本的文体品性与作文规则,以此为俗世层面上各种类型的语文写作建立规范。这在《文心雕龙》中得到了明确体现,所谓"道沿圣以垂文,圣因文而明道",所谓"论、说、辞、序,则《易》统其首;诏、策、章、奏,则《书》发其源;赋、颂、歌、赞,则《诗》立其本;铭、诔、箴、祝,则《礼》总其端;纪、传、铭、檄,则《春秋》为根",

---

① (清)王先谦:《荀子集解》,中华书局1988年,第11页。

所谓"文能宗经,体有六义:一则情深而不诡,二则风清而不杂,三则事信而不诞,四则义直而不回,五则体约而不芜,六则文丽而不淫",而成为中国文论的一种基本思想结构。儒家文论得以成为中国文化世界的普遍性知识,就其自身话语论证而言,端赖于这两个思路的支撑,儒家的道统、政统亦随其展开而得以显现,凝化为文之道与器、文论之内在结构与精神意向。这两个前后相承又相互融渗的环节也构成了儒家文论的主体。

二、经典释义学与儒家文论知识构建

经典释义学是儒者进入经典知识思想系统的门径,由"法则六经"的学统引领出来,其看待视野与释义策略潜在地蕴涵着儒家文论的建构原则与具体主张。由于经典圣性的证立与圣贤崇拜的成形,这些原则和主张被赋予毋庸置疑的权威性质。

儒家的经典释义学可称为道德理性主义的释义学,这便意味着儒家道德主义的释义取径与人文理性的解释立场。关于人文理性的解释立场,由孔子对"夔一足"与"黄帝四面"的解释可得到充分了解:

> (鲁哀公)曰:"吾闻夔一足,有异于人,信乎?"孔子曰:"昔重黎举夔而进,又欲求人而佐焉。舜曰:'夫乐,天地之精也。唯圣人为能和六律,均五声,知乐之本,以通八风。夔能若此,一而足矣。'故曰'一足',非一足也。"①

> 子贡问曰:"昔黄帝四面,信乎?"孔子曰:"黄帝取合

---

① (秦)孔鲋:《孔丛子·论书》,见程荣纂辑:《汉魏丛书》,吉林大学出版社1992年,第332页。

己者四人,使治四方,不计而耦,不约而成,此之谓四面也。"①

两个神话发生了话语类型的转变,夔和黄帝的异相得到了合理主义的人文化的解释,这正是孔子"不语怪力乱神"(《论语·述而》)的表现。而且,这种理性主义也是儒最终与巫、祝、史分途发展的思想根源。孔子晚年所说"赞而不达于数,则其为之巫,数而不达于德,则其为之史……吾求其德而已,吾与史巫同途而殊归者也。君子德行焉求福,故祭祀而寡也;仁义焉求吉,故卜筮而希也"②,不仅指明了儒与史、巫在思想类型上的差异,也表明了孔子解《易》的人文理性主义的归趋。

所谓道德主义的释义取径,是说儒家的经典释义往往特别关注道德经验与理念的萃取,这正与儒家道德理想主义的建构方向相合。孔子与弟子们说《诗》便鲜明地表现出这一旨趣:

> 子贡曰:"贫而无谄,富而无骄,何如?"子曰:"可也。未若贫而乐,富而好礼者也。"子贡曰:"《诗》云:'如切如磋,如琢如磨。'其斯之谓与?"子曰:"赐也,始可与言诗已矣,告诸往而知来者。"(《论语·学而》)

> 子夏问曰:"'巧笑倩兮,美目盼兮,素以为绚兮',何谓也?"子曰:"绘事后素。"曰:"礼后乎?"子曰:"起予者商也,始可与言《诗》已矣。"(《论语·八佾》)

---

① (宋)李昉:《太平御览》卷 79 引《尸子》,中华书局 1960 年,第 369 页。同书卷 365 又记"子贡问孔子曰:'古者黄帝四面,信乎?'孔子曰:'黄帝取合己者四人,使治四方,大有成功,此之谓四面也。'"

② 陈松长、廖名春:《〈马王堆帛书·要〉释文》,见陈鼓应主编:《道家文化研究》第三辑,上海古籍出版社 1993 年,第 435 页。

孔子之所以称许子贡、子夏"可与言《诗》",是因为二人皆能从《诗》的涵泳中引申出道德教训——此即"以《诗》导志"。子夏从写女子美貌的诗句中体会到的"仁先礼后"无疑是儒家思想的精微之处。这便会形成一种《诗》的解释传统,既然经典文本已经树立了这样的楷模,而往圣先贤也已指示了这样的门径,那么,在由《诗》向"诗"的转化中,也就自然转换为有关文艺审美创作与接受的准则。

具体的释义策略便是孟子明确化了的"知人论世"与"以意逆志":

> 一乡之善士斯友一乡之善士;一国之善士斯友一国之善士;天下之善士斯友天下之善士。以友天下之善士为未足,又尚论古之人,颂其诗,读其书,不知其人可乎?是以论其世也。是尚友也。(《孟子·万章下》)

> 故说《诗》者,不以文害辞,不以辞害志,以意逆志,是为得之。如以辞而已矣,《云汉》之诗曰:"周余黎民,靡有孑遗。"信斯言也,是周无遗民也。(《孟子·万章上》)

这两个释义策略互为联系,正如清人顾镇所说:"正惟有世可论,有人可求,故吾之意有所措,而彼之志有可通","夫不论其世,欲知其人,不得也;不知其人,欲逆其志,亦不得也。……故必论世知人,而后逆志之说可用之"①。孟子兼而用之,而其在文论上的意义,恰如顾易生所言:"在中国文学批评史上,孟子首次提出了分析、理

---

① (清)顾镇:《虞东学诗》"以意逆志说"条,转引自(清)焦循《孟子正义》,中华书局1954年,第377—378页。

解诗义的方法论。"①

　　将"以意逆志"之"志"解为"诗人之志"自来并无歧义,而"意"当作何解却颇有争议,或以之为"读诗人之意",或以之为"诗篇之意"。清人吴淇说"诗有内有外。显于外者曰文曰辞,蕴于内者曰志曰意","汉宋诸儒以一志字属古人,而意为自己之意。夫我非古人,而以己意说之,其贤于蒙之见也几何矣。不知志者古人之心事,以意为舆,载志而游,或有方,或无方,意之所到,即志之所在,故以古人之意求古人之志,乃就诗论诗,犹之以人治人也"②。多数学者认为这一理解似乎更具合理性③。那么,以吴淇的分析为基础,细考孟子的解释,可以说,在孟子看来,诗有"诗人之志""诗篇之意""辞""文"的层次。"诗篇之意"是"作者之志"的体现,但体现的方式却是多样的,而最终落实于具体的"文""辞"。由于语言的局限性以及写作技法方面的原因,作者所欲表达的情感志意与显现于诗篇中的意蕴、诗篇意蕴与"文""辞"的所指未必完全一致,或者可能故作反语,或者可能故作夸饰,或者可能容有偏差,于是在"作者之志"与"诗篇之意"、"诗篇之意"与"文""辞"、"辞"与"文"诸层次之间,都可能存在着理解上的断裂。但并非因此就全然不能理解诗旨与诗人的"志意",关键在于如何处理诸层次之间的关系。假如以"文""辞"所指为"诗人志意"的完全表达,便有可能偏离诗旨。

---

① 顾易生、蒋凡:《中国文学批评通史·先秦两汉卷》,上海古籍出版社1996年,第115页。
② (清)吴淇:《六朝选诗定论缘起》,转引自郭绍虞《中国历代文论选》(一),第36—37页。
③ 蔡钟翔、张少康等认为孟子所说"以意逆志"之"意"就是说诗者之意,只是张先生认为其"意"当是读者对诗意的准确理解。张先生更认为吴淇之说不符合孟子说诗的具体情况,并指出以说诗者之意去理解诗旨、逆取作者的情感志意并非一无所取,而同样能够达到正确的理解。分别参见蔡钟翔、黄保真、成复旺:《中国文学理论史》第一卷,北京出版社1987年,第35—36页;张少康、刘三富:《中国文学理论批评发展史》上卷,第44—46页。

孟子对于文本结构以及志、意关系的理解，正与《易传》阐发的释义理论相合：

> 子曰：书不尽言，言不尽意。然则圣人之意，其不可见乎？子曰：圣人立象以尽意，设卦以尽情伪。系辞焉，以尽其言，变而通之以尽利，鼓之舞之以尽神。（《易·系辞上》）

这里提出了言、象、意的关系问题。孔子认为圣人之意可以传达，但是通过一种曲折的方式实现，即"意"→"象"→"言"→"辞"，其中"象"虽特指"卦象"，却也在相当程度上涉及文艺理论上的象喻问题，因而具有普遍意义。正如章学诚所言："象之所包广矣，非徒《易》而已……《易》象虽包六艺，与《诗》之比兴，尤为表里。"（《文史通义·易教下》）这便启示读《易》需超越具体卦爻辞语义的限制，沿易象所指示的意义生成路向洞穿语言的屏障。这在《诗》便是比兴。

据此理解孟子"以意逆志"的释义方法，则适合的读解方式便是不拘泥于个别文字和词句的所指，而是凭借象喻的体悟方式，将诗篇理解为尽意之象，唯此才能超越具体语义的限制，把握诗篇的整体意蕴。而只有把握了诗篇的整体意蕴，才能最终理解诗人的情感志意。这固然可如后世论者所说，视为孟子对春秋时代"断章取义"的用《诗》方式的一种纠偏——这一传统虽在战国时代已渐成绝响，却可能潜在地影响着对《诗》旨的理解方向——但孟子的真正意图恐怕还是为儒家道德理性主义的经典释义学提供一种可操作的方法，而以孟子《诗》学的精深造诣，这一旨在强调诗歌意义整体构成的方法显然颇得诗之三昧。

然而，在"诗篇之意"与"诗人之志"之间还是存在着意义断裂的可能，如何能够确定诗人的真正意图？这便要"知人论世"，即探究时代状况（时代问题、文化语境、精神动向等）以把握诗人的生平遭际、德性志向、创作心境,由此确定诗人真正意图表达的情感志意。按孟子的逻辑,不能"论其世",便不能"知其人",不能"知其人",也便不可"颂其诗""读其书",这一释义视野的引入在"读者—作品"的解释之维之外又增加了"读者—作者"一维,如果再加上"读者—时代状况"一维,则孟子对诗旨的解释便实际展开于相当复杂的解释网络。这就会造成多重的视野融合,而因为读者是多种释义维度的纽结点,其重要性不言而喻。孟子耐人寻味地将读者与作者的关系比作"尚友",两者的精神相遇如同朋友之交,能于千载之下深体其心意所向,若此则如王国维所说:"由其世以知其人,由其人以逆其志,则古诗虽有不能解者寡矣。"[①]在此意义上,孟子的"以意逆志"又并不排斥读者之意的参与,他反对的是单向的"读者—作品"的解释维度,特别是脱离诗歌的整体意义结构(比兴的诗性结构)寻章摘句、胶柱鼓瑟式的说《诗》方法。期待的是如同朋友之间精神交流般的阅读,其指向是人文理性主义和道德主义的。

孟子说《诗》的实践便树立了这种阅读的典范:

> 公孙丑问曰:"高子曰:《小弁》,小人之诗也。"孟子曰:"何以言之?"曰:"怨。"曰:"固哉,高叟之为诗也!有人于此,越人关弓而射之,则己谈笑而道之,无他,疏之也;其兄关弓而射之,则己垂涕泣而道之,无他,戚之也。《小弁》之怨,亲亲也。亲亲,仁也。固矣夫,高叟之为诗也!"曰:"《凯风》何以不怨?"曰:"《凯风》,亲之过小者也;《小弁》,亲之过大者也。亲之过大而不怨,是愈疏也;亲之过小而怨,是不可矶也。愈疏,不孝也;不可矶,亦不孝也。"(《孟子·告子下》)

[①] 王国维:《〈玉溪生诗年谱会笺〉序》,见王国维:《观堂集林》,河北教育出版社2001年,第717页。

对《小弁》《凯风》两诗传达的不同的怨意所做的具体分析，显然是基于知人论世的了解，对其"所以怨"与"所以不怨"的判断，也是在准确理解诗意的基础上对作者心意的体悟，而这种体悟所据则是孟子对仁、孝的理解。在思孟一系的儒家看来，这种仁、孝的品质和情感普遍地深居于每个人的灵魂之中，是人的存在依据，因而也是作为读者的孟子与诗人的精神会通。

如此看来，对作品的理解实际是"读者之意"与"作品之意""作者之志"三重视域的融合，因而读者的理解能力便相当重要。孟子所说"知言""养气"虽在一般意义上谈论儒者的精神修养与辨识言语的能力，却也在相当程度上与释义理论相关：

> "敢问夫子恶乎长？"曰："我知言，我善养吾浩然之气。""敢问何谓浩然之气？"曰："难言也。其为气也，至大至刚，以直养而无害，则塞于天地之间。其为气也，配义与道，无是，馁也。是集义所生者，非义袭而取之也。行有不慊于心，则馁矣。"……"何谓知言？"曰："诐辞知其所蔽，淫辞知其所陷，邪辞知其所离，遁辞知其所穷。"（《孟子·公孙丑上》）

诚如顾易生所说，孟子"所谓知言的本领植根于养气，而养气就是对自己本性中的善端，循乎自然地加以扩充，不断进行道义的积累。这样就可以成为思想清明、品格伟大的人，气概轩昂、刚正不屈的人，善于分析与运用言辞的人"[1]，而所谓"诐辞""淫辞""邪辞""遁辞"虽不表现于诗篇，但孟子对于这些言辞的性质与形成原因的分析，倒也颇有助于理解"诗篇之意"与"诗人志意"之间的复杂情形。

合而论之，"立象尽意"凸显了经典文本的开放性特征，由此敞

---

[1] 顾易生、蒋凡：《中国文学批评通史·先秦两汉卷》，第112页。

开了经典释义的广阔空间;"知人论世""以意逆志"指明了领悟经典文本原意的途径,由此保障了经典释义的纲领性质与一贯之道;"知言养气"则强调了解释者的主动性,由此造成经典释义与解释者的双向互动。这三者间又有错综关联:"尽意"之途在"知人论世""以意逆志","明象"之前提则是"知言养气",由此又形成两重解释学循环:

1. 对经典整体意义的理解有赖于对局部文辞的理解,对局部文辞的充分理解又决定于对整体的理解;

2. 解释者扩充"善端"、积累"道义"来自对经典文本的修习,而对经典本意的充分理解又决定于解释者的内在修养。

对于这些为现代诠释学确认发挥的诠释要义,孔孟虽未明言,却已有实践。于此可说,立象尽意、知人论世、以易逆志、知言养气,已实质性构成儒家经典释义学的基本框架,而六经的价值转换即由此实现,并在对六经的诠释中引领出有关文艺根本精神和文论构建思路的理解。

三、六经之教与儒家文论的价值取向

司马迁曾引孔子之言:"六艺于治一也。《礼》以节人,《乐》以发和,《书》以道事,《诗》以达意,《易》以神化,《春秋》以义。"①这一理解源自西周贵族大学"六艺之教"的传统,而孔子的伟大贡献在于将《诗》《书》等"六经"释义一元化,遂为后世儒生开辟了新的经典释义取径。循此释义取径,孔子便"对《诗》《书》《礼》《乐》及《易》,作了整理和价值转换的工作,因而注入了新的内容,使春秋时代所开辟出的价值得到提高、升华"②,于是"经学之儒家化从此

---

① (汉)司马迁:《史记·滑稽列传》,中华书局1959年,第3197页。
② 徐复观:《中国经学史的基础》,见《徐复观论经学史二种》,第13页。

开始,经书遂变成儒家进行教育的教科书,这种教科书贯穿了西周以来的礼乐文明,即使它不具有这种内容,儒家的解释也充满了这种文明"①,封建贵族的"六艺之教"于是转为平民儒家的"六经之教"。

《礼记·经解》明确记载了"六经之教"的具体名目:

> 孔子曰:入其国,其教可知也。其为人也,温柔、敦厚,《诗》教也;疏通、知远,《书》教也;广博、易良,《乐》教也;絜静、精微,《易》教也;恭俭、庄敬,《礼》教也;属辞、比事,《春秋》教也。故《诗》之失愚,《书》之失诬,《乐》之失奢,《易》之失贼,《礼》之失烦,《春秋》之失乱。其为人也,温柔、敦厚而不愚,则深于《诗》者也;疏通、知远而不诬,则深于《书》者也;广博、易良而不奢,则深于《乐》者也;絜静、精微而不贼,则深于《易》者也;恭俭、庄敬而不烦,则深于《礼》者也;属辞、比事而不乱,则深于《春秋》者也。

孔子"既修之于己,且扩大之于来自社会各阶层的三千弟子,成为真正的文化摇篮,以宏扬于天下,成为尔后两千多年中国学统的骨干"②,遂以一介布衣而"学者宗之,自天子王侯,中国言《六艺》者折中于夫子"③。

"六经之教"落实于以正心、诚意为本的修身工夫,在此基础上才能实现治国、平天下的宏大理想,盖因"自天子以至于庶人,壹是皆以修身为本,其本乱而末治者否矣"(《礼记·大学》),而"六经"得以成为儒家修身之资,则是因其贯穿了以仁为基源的礼的精神血脉。此诚如皮锡瑞所言,"六经之文,皆有礼在其中。六经之义,

---

① 杨向奎:《宗周社会与礼乐文明》,第378页。
② 徐复观:《中国经学史的基础》,见《徐复观论经学史二种》,第13页。
③ (汉)司马迁:《史记·孔子世家》,第1947页。

亦以礼为尤重"①,而孔子更认定仁是礼、乐的存在论根源。《礼记·经解》所谓"温柔、敦厚而不愚""疏通、知远而不诬""广博、易良而不奢""絜静、精微而不贼""恭俭、庄敬而不烦""属辞、比事而不乱"的"六经之教",也正因为有此意义上的礼的精神统摄。这种精神虽然有"六经"本文的依据——"六经"因此成为儒家思想的渊府,但更决定于由孔子开创的儒家经典释义学的意义赋予。

例如,孔子对《诗》的整体理解是"《诗》三百,一言以蔽之,曰:思无邪"(《论语·为政》),所谓"无邪",包咸谓之"归于正",而所谓"正"者便是仁、礼和谐在诗篇中的体现,亦即《中庸》所说"喜怒哀乐未发谓之中,发而皆中节谓之和"。孔子评价《关雎》"乐而不淫,哀而不伤"(《论语·八佾》),孔安国说"乐不至淫,哀不至伤,言其和也",便从此作解,而"温柔敦厚"之《诗》教亦即沿循这一思想进路而得出。再如,孔子据鲁《春秋》撰作《春秋》,以为"其事则齐桓晋文,其文则史","其义则丘窃取之矣"(《孟子·离娄下》),即以合乎礼的精神的名分为笔削史料所遵循的义,也即以此价值准则统摄文辞,所以才能"属辞比事而不乱",成为后世为文的典范。

由"六经之教"直接生发出的文论视野在于文艺审美成为"成人"的助缘、媒介与途径:"若臧武仲之知,公绰之不欲,卞庄子之勇,冉求之艺,文之以礼乐,亦可以为成人矣。"(《论语·宪问》)其进阶为"兴于诗,立于礼,成于乐"(《论语·泰伯》),而孔子特别重视诗、乐:"不能诗,于礼缪;不能乐,于礼素。"(《礼记·仲尼燕居》)于是学《诗》便不仅为了熟练出使应对之辞,习礼便不仅为了掌握礼仪礼节的形式,观乐便不仅为了感官娱乐的满足,而"正是以文艺,也就是以美作为净化人性的手段,以达到合乎礼的要求,而后能立于礼,成于乐。乐是最高的境界,因为它可以消灭个人的主观成见而达到'人际'协和的目的……诗、礼、乐三者本不可分,礼而

---

① (清)皮锡瑞:《经学通论·三礼》,中华书局1954年,第81页。

无诗如礼何,礼而无乐如礼何!""前期儒家尽量使礼仪美化,使诗礼结合,以德解诗,以礼解诗,去掉礼的对等交换的原始意义,也避免礼的枯槁干燥,而绚丽多彩,有诗、有乐、有舞,它美化了人生,净化了人生"①。

这实在是一个高远的理想,而非政教中心论的功利主义一语所能完全概括,"它的重大价值正在于它第一次充分自觉地和明确地从人的内在要求出发,而不是从宗教神学的外在信仰出发去考察审美和艺术"②。若说它是功利主义的,那也是审美功利主义,因为儒家要求通过文艺审美内在提升人的精神境界,使人人都能维护存养其内在本体之仁心,进而"依靠每个有道德的君子去恢复那失去了的黄金时代的文化",最终目的乃是"为了在将来可以实现完美"③,而不是直接为政治运动和道德播布服务。此正如宗白华所言:"孔子是替中国社会奠定了'礼'的生活的……然而,孔子更进一步求'礼'之本。礼之本在仁,在于音乐的精神。理想的人格,应该是一个'音乐的灵魂'"④。大概可以这样认为,儒家很清楚"人之为人的显著特征就在于,他脱离了直接性和本能性的东西,而人之所以能脱离直接性和本能性的东西,就在于他的本质具有精神的理性的方面","因此,教化作为向普遍性的提升,乃是人类的一项使命。它要求为了普遍性而舍弃特殊性。但是舍弃特殊性乃是否定性的,即对欲望的限制,以及由此摆脱欲望对象和自由地驾驭欲望对象的客观性"⑤。而发现文艺审美的教化性——作为教化的礼乐没有"成人"以外的目的,表明儒家其实具有高明的

---

① 杨向奎:《宗周社会与礼乐文明》,第377、379页。
② 李泽厚、刘纲纪主编:《中国美学史》第一卷,第116页。
③ 张隆溪:《乌托邦:世俗理念与中国传统》,见张隆溪:《中西文化研究十论》,第229页。
④ 宗白华:《艺术与中国社会》,见林同华主编:《宗白华全集》第二卷,第413页。
⑤ [德]汉斯-格奥尔格·加达默尔:《真理与方法——哲学诠释学的基本特征》,洪汉鼎译,上海译文出版社1999年,第14、15页。

美学智慧,尽管它首先呈现为政治学的面相。

这一思路的实质是纳文艺审美于道德,旨在使外在规范最终转化为内在心灵的愉快和满足,文艺审美因此成为沟通内在的仁与外在的礼的桥梁,这正与儒家致力于弥合仁与礼的紧张关系相呼应。孟子偏于内在论,偏于内圣、"尽伦"的方面,便多向"反身而诚"的心灵境界用力,强化心同此理的共通,"口之于味也,有同耆焉;耳之于声也,有同听焉;目之于色也,有同美焉……心之所同然者何也?谓理也,义也。圣人先得我心之所同然耳。故理义之悦我心,犹刍豢之悦我口",进而成就"信""美""大""圣""神"的人格(《孟子·告子上》)。荀子偏于外在论,偏于外王、"尽制"的方面,更兼综礼、法,便多在制度构架内致思,强调文艺审美在政治意识形态方面的功能,"故она将撞大钟,击鸣鼓,吹笙竽,弹琴瑟以塞其耳;必将雕琢、刻镂、黼黻、文章,以塞其目;必将刍豢稻粱、五味芬芳以塞其口",是富国之途(《荀子·富国》)。于是文艺审美便不仅是"成人"之持养,也是治心的工具,这就有内圣与外王的儒家文论话语的基本结构,以及由此造成的内在冲突。

从孔子到荀子：儒家制度美学的构型及其内在症结

一、孔子的制度美学思想

儒家致力于"保存并传下古代传统；在变动不定的世界秩序中检讨这些传统的意义"①，在夏、商、周三代的政治文化传统中，儒家选择了西周礼乐，这在某种程度上决定于其与孔子生命境界的相互生成。聂振斌指出：

> 西周的礼乐至少有三种意义或三个层面：第一，在社会政治层面上，它是制度，以此来区分尊卑贵贱的等级和社会地位，礼乐起到法的作用；第二，在人伦关系层面上，它是道德规范的美感形式，以此来区分长幼亲疏的"差等"，使人养成文明守礼和道德自律的习惯；第三，在人际交往和庆典活动中，它是必不可少的优美仪式。无论作为制度，还是作为规范或作为仪式，其形式都是由美感形式或艺术形式构成的，并以美感愉悦为纽带，把不同的等级、不同的人群联系、调和起来。②

然而，这种高尚优雅的审美性的文明、政制、文化，何以竟会失去生

---

① 罗伯特·P. 克雷默语，见[英]崔瑞德、[英]鲁惟一主编：《剑桥中国秦汉史》，第802页。
② 聂振斌：《儒学与艺术教育》，第2页。

命力,以至于陷入礼崩乐坏的境地?又如何使其复返于"正",恢复其生机活力?孔子试图从价值本源入手为其重新奠定基础,遂有儒家仁学的萌蘖与审美乌托邦的想象。

仁的概念并非孔子孤明先发,他的贡献在于从人人皆有的生命的真性情解释仁,将其树立为诸种德性的核心,强化其作为人类美德的普遍性与涵摄性,以之为文化反思、社会批判、秩序重建的基础观念,这是儒家思想发生的重大关节。践行仁道既是"我欲仁,斯仁至矣"(《论语·述而》)之简易而切近的生活原则,也是达致君子理想之最高精神境界,即天地境界的方法,还是实现"泛爱众而亲仁"(《论语·学而》)之社会文化理想的路径。

据此反思西周礼乐文明,则"人而不仁如礼何?人而不仁如乐何?"(《论语·八佾》)礼讲秩序,乐求和谐,二者都为人类社会所必需:没有秩序,则社会必然混乱不堪;没有和谐,则社会必然纷争不断,但人类社会由人组成,凡人则必有生命的真性情,因而,礼、乐都必得以仁为价值本源,从中生长出来,方能真正为人倾心认同,发挥其本然作用,成其为礼,成其为乐,亦即恢复礼乐创制的本义,否则就会沦为虚文缛礼或声色享乐。故需对周礼进行损益,以求合乎道的理想,所谓"齐一变至于鲁,鲁一变至于道"(《论语·雍也》),而"大道之行也,天下为公。选贤与能,讲信修睦,故人不独亲其亲,不独子其子;使老有所终,壮有所用,幼有所长,矜、寡、孤、独、废、疾者皆有所养;男有分,女有归"(《礼记·礼运》),关键在于以仁为根本原则,解释礼、乐之存在意义,进而"道之以德,齐之以礼",而能使民"有耻且格"(《论语·为政》)。这"并不只是对着显贵人物的行为,而是对着所有人身上都可以发现的那种自尊心和必然成为一切真诚政府的基础的那种互相信赖的感情"①。

---

① [美]狄百瑞:《东亚文明:五个阶段的对话》,何兆武、何冰译,江苏人民出版社2011年,第5页。

经由依仁释礼的价值转换,西周礼乐文明体现的价值理念,礼乐的形式与实践,得到来自人性、人情、人心深处的动力支撑,遂奠定中国文化"理性的健康性"①的基本方向,礼乐文化亦因此成为新的人文化成之路。

在仁学视域中,礼乐文明/政制具有身、家、国、天下的一体贯通性。因为"对于孔子来说,人格的培育与对共同体的责任是相互蕴涵的","政治上的责任和道德上的发展是两个不可分离、相互关联的方面"②,最终则是要造就和谐相敬、"文明以止"(《易·贲·彖辞》)的天下秩序。这个秩序既是政治秩序,也是文化秩序,二者互为支撑,体现为由内向外展开的同心圆结构。其根本功能在于位育"文质彬彬"(《论语·雍也》)的君子,继而以之为基础实现大同世界的理想。如此一来,"孔子的以德、礼治国,也就是以礼乐教化来治国,旨在恢复、激发、维持人生的意义机制,从性质上就超出了只追求某种利益的因果利害权衡的治国之策"③,而礼乐治国的政治理念既是文化政治,即强调文化与政治的一体性,也是诗性政治,即强调"政治风俗的理想境界乃是一种审美的境界"④。

至于文化政治如何同时又是诗性政治,则决定于孔子对作为制度和文化的礼乐的理解:"监于二代,郁郁乎文"(《论语·八佾》),意谓"三代之治是非文无以辅德,高文化一定有丰富的文采"⑤。这就是将审美文化作为文化的本然状态,或可如马修·阿诺德所说"文化即对完美的追寻","文化以美好与光明为完美之品格,在这一点上,文化与诗歌气质相同,遵守同一律令……诗歌主张美、主张人性在一切方面均应臻至完善",而"在粗鄙的盲目的大

---

① 牟宗三:《中国文化的断续问题》,见《中国文化的省察:牟宗三讲演录》,台北联经出版事业公司1983年,第8页。
② 郝大维、安乐哲:《汉哲学思维的文化探源》,第163页。
③ 张祥龙:《孔子的现象学阐释九讲——礼乐人生与哲理》,第288页。
④ 叶朗:《中国美学史大纲》,第44页。
⑤ 杨向奎:《大一统与儒家思想》,北京出版社2011年,第99页。

众普遍得到美好与光明的点化之前,少数人的美好与光明必然是不完美的"①。礼乐生活因此是富有文采的审美化的生活,礼乐文明因此是看重生活感性之意义的审美化的文明,而礼乐治国则是创造礼乐生活与礼乐文明的政治。

因此,礼乐治国的政治理想,其本质是审美乌托邦,不仅其理想的社会图景是审美化的,还要求以美学的手段实现政治的目标,如陈昭瑛所论:

> "礼乐之治"是一个美学化的社会,在此,政治的最高境界并不只是获得民主、自由、平等、正义,而是达到了美的境界,在这样的社会中,上述那些政治领域中的积极价值都不是在法制规范中勉力获得的,而是在美的涵泳陶冶中自然而然达到的……这个美的社会是经由礼乐教化而达到。②

审美化的礼乐生活因而被赋予根源性与严肃性。孔子说:"若臧武仲之知,公绰之不欲,卞庄子之勇,冉求之艺,文之以礼乐,亦可以为成人矣。"(《论语·宪问》)以礼乐生活修身,可以使人养成"一种同人类的尊严、教养、智能、才能相称的感性形式"③。所谓"不能诗,于礼缪;不能乐,于礼素"(《礼记·仲尼燕居》),也就是要求"以美作为净化人性的手段,以达到合乎礼的要求,而后能立于礼,成于乐"④。审美化的礼乐生活亦体现为政治和伦理秩序的象征,礼乐生活秩序的僭越同时意味着政治和伦理秩序的僭越,故此季氏"以八佾舞于庭"、三家"以《雍》彻",就遭到孔子的严厉批评(《论语·八佾》)。

---

① [英]马修·阿诺德:《文化与无政府状态:政治与社会批评》,第 8、16、30 页。
② 陈昭瑛:《儒家美学与经典诠释》,第 14 页。
③ 李泽厚、刘纲纪:《中国美学史》第一卷,第 142 页。
④ 杨向奎:《宗周社会与礼乐文明》,第 377 页。

在此视野中,审美化的礼乐生活作为个体生活方式的正当性,以及作为社会生活方式的合法性,决定于一体互动的整体性的审美、政治、伦理秩序,这一整体性的秩序体现着身、家、国、天下的一体贯通性。由于礼乐生活本身的审美性,而且,正如苏源熙准确指出的,"礼有最后的决定权,是元美学(meta-aesthetics),而美学、音乐、政治等都是它部分的实现"①,则儒家的礼乐生活观亦可视为儒家的审美生活观。

这使得儒家美学一开始就确立了审美功利主义基调,而非如法家和墨家的政治功利主义和实用功利主义的美学观。区别在于,儒家要求通过审美生活提升人的精神境界,达成理想的人格,而不是从是否能直接服务于政治运动和道德说教来看待审美生活,或者说审美生活并非以政治教化之功能为外在的目的。此诚如宗白华所体会:

> 孔子是替中国社会奠定了"礼"的生活的……然而,孔子更进一步求"礼之本"。礼之本在仁,在于音乐的精神。理想的人格,应该是一个"音乐的灵魂"。②

所以孔子才会强调"知之者不如好之者,好之者不如乐之者"(《论语·雍也》),要求道德生活的艺术化。按杜卫的分析,"'无利害性'完全可以把德性的道德修养与同样具有内在性的审美修养内在地统一起来,在这个意义上,美育和德育也完全可以是一致的"③。正是这种一致性,使礼乐既是道德生活,是德育,也是审美

---

① [美]苏源熙:《中国美学问题》,卞东波译,江苏人民出版社 2011 年,第 115 页。
② 宗白华:《艺术与中国社会》,见林同华主编:《宗白华全集》第二卷,第 413 页。
③ 杜卫:《审美功利主义——中国现代美育理论研究》,人民出版社 2004 年,第 204 页。

生活,是美育,是人之为人应有的教育和生活。

既然如此,在身、家、国、天下的一体性架构中,通过政治、社会、教育种种制度的设立,对审美文化的类型、方式与品质进行规定与引导,就显得十分重要。这种重要性决定于儒家的文化政治和诗性政治理念。故此颜渊问"为邦",孔子曰"行夏之时,乘殷之辂,服周之冕,乐则《韶》《舞》。放郑声,远佞人。郑声淫,佞人殆"(《论语·卫灵公》),认为对于前代的审美文化资源应有所拣择。至于乐教,不仅是"孔子修养美学的最高修养方法"①,也被视为治国安邦的基本途径,故曰"入其国,其教可知也。其为人也,温柔、敦厚,《诗》教也……广博、易良,《乐》教也……属辞、比事,《春秋》教也"(《礼记·经解》)。

在实践层面,孔子本人不仅花费极大心力,整理礼乐文化经典,确立审美生活典范,所谓"闵王路废而邪道兴,于是论次《诗》《书》,修起礼乐","三百五篇,孔子皆歌之,以求合《韶》《武》《雅》《颂》之音"②,而且也欣慰于弟子对礼乐治国理念的践行:

> 子之武城,闻弦歌之声。夫子莞尔而笑,曰:"割鸡焉用牛刀?"子游对曰:"昔者偃也闻诸夫子曰:'君子学道则爱人,小人学道则易使也。'"子曰:"二三子!偃之言是也,前言戏之耳。"(《论语·阳货》)

按徐复观的分析,"这一段话里暗示三种意思:一是弦歌之声即是'学道'。二是弦歌之声下逮于'小人',即下逮于一般百姓。三是弦歌之声可以达到合理的政治要求。这是孔门把它所传承的古代政治理想,在武城这个小地方加以实验,所以孔子显得特别高兴"③。

---

① 王建疆:《孔子的修养美学续谈》,《西北师大学报》2002年第5期,第148页。
② (汉)司马迁:《史记·儒林列传》,第3115页。
③ 徐复观:《中国艺术精神》,第6—7页。

可以这样说,在孔子看来,并不是所有的审美文化都具有政治学维度的合法性,以及伦理学和美学维度的正当性,审美生活也不只是满足感性需要的个体性活动,而是与每个人的生存息息相关的公共事业。在此视野中,审美文化、审美生活具有与生俱来的政治性。因此需要建立天下主义的政教制度,以实现审美文化、审美生活的建制化。这个制度是以"天下"而非"民族""国家"为思想单位的政治、文化体制,它以《韶》《舞》《雅》《颂》为审美文化典范,将使人人能"学道"而"成人"视为政治与文化的根本目标,以"学而优则仕"(《论语·子张》)作为知识、德性与社会权力的转换机制,倡导、推广在精神内涵上合乎仁的要求——"无邪"(《论语·为政》)、具备中和的审美品质——"乐而不淫,哀而不伤""尽美矣,又尽善也"(《论语·八佾》)、活动方式亦合乎礼制规定而不僭妄的审美实践。拒斥、禁绝诸如"郑声"之类在情感品质与表现形式上低俗粗鄙而且缺乏节制的审美生活。

二、孟子的制度美学思想

沿着孔子的思路,孟子致力于思考如何实现儒家的乌托邦,他提出的方案是由仁心外推以建立理想的美的社会,要解决的问题则是这一思路如何不至于发生弱化和断裂。在制度美学建构方面,孟子依托性善论描述了一个仁政的理想社会,而这同时亦从内在人性层面与外在国家政治层面,为儒家的审美乌托邦提供论证。这是因为,"儒者理想中的社会秩序不是依靠外在的法律约束而是依靠人内在的道德自律意识和外在的礼仪象征仪式维持"[①],而审美生活与此社会秩序则是互为生成的关系。

儒家审美乌托邦的建立,礼乐之治的施行,前提是对人之本

---

① 葛兆光:《七世纪前中国的知识、思想与信仰世界》,第262页。

性、道德力量、可完善性以及可以通过内在修养达到人性的圆满实现的信念。孔子说"为仁由己",即包含这一信念。然而对人性本身,孔子只说"性相近也,习相远也"(《论语·阳货》),孟子则认为善是人性之所固有与人心的本然状态:"恻隐之心,人皆有之。羞恶之心,人皆有之。恭敬之心,人皆有之。是非之心,人皆有之。恻隐之心,仁也。羞恶之心,义也。恭敬之心,礼也。是非之心,智也。仁义礼智,非由外铄我也,我固有之也。"在人人所有的先验之善性上,圣人与常人并无不同,"圣人,与我同类者",而且这种善性得自天的赋予,"仁义忠信,乐善不倦,此天爵也"(《孟子·告子上》)。

孟子进而认为,天、性、心具有一体通贯性,"诚者,天之道也;思诚者,人之道也"(《孟子·离娄上》)。天的本性是诚,也就是真实无妄的善,所以人不但具有成为完人的内在力量:"有四端于我者,知皆扩而充之矣。若火之始然,泉之始达。苟能充之,足以保四海;苟不充之,不足以事父母"(《孟子·公孙丑上》),而且可由扩充己心之善端而体验天道流行之诚实无妄,把握世界的本质,进而使个人精神与宇宙精神融为一体,达到事天、乐天的高妙境界:"尽其心者,知其性也;知其性,则知天矣。存其心,养其性,所以事天也",能知性、知天,则"万物皆备于我矣。反身而诚,乐莫大焉"(《孟子·尽心上》)。

这一天人合德的心灵境界是道德境界,同时也是审美境界,是天地境界。"在天地境界中底人,亦必有自觉。他不但自觉在天地境界中,而且自觉其享受在天地境界中底乐。"[①]这乐来自德性的充实,"个体心态感到自身完满无缺,与天地宇宙相通,因而生机畅然。德感不仅内在地规定了自足无待于外的精神意向,而且规定了生命体自显的求乐意向。健动不息的生命力无需再有外在的目

---

① 冯友兰:《新原人》,见冯友兰:《贞元六书》下册,第639页。

的、对象和根据,自身的显发就可以获得恬然自得、盎然机趣的生命流行之乐"①。因此之故,德性修养不只是道德规范的内在化过程,还是确立自我存在之价值、敞开世界之意义的途径。而乐感的萌发,则使道德生活与审美生活具有内在的相通性,道德与审美都具有内在的超越性。

理想的政治即以天、性、心的一体通贯性为根据,也以实现这种一体通贯性为内在目的和最终目标。既然"天下之本在国,国之本在家,家之本在身"(《孟子·离娄上》),则治国之本就在修身,身修而后可以国治、天下平。又因为人人皆有内在的可完善性,则国家制度安排的根本目的,也就是要激发、呵护、引导、培育人的善性,实现人的道德的完善,使人成其为人。孟子说:"人之有道也,饱食暖衣,逸居而无教,则近于禽兽。圣人有忧之,使契为司徒,教以人伦:父子有亲,君臣有义,夫妇有别,长幼有序,朋友有信"(《孟子·滕文公上》),意谓"国家的存在是因为它应当存在",起源于人伦的"国家是一个道德的组织,国家的元首必须是道德的领袖"②。理想的政治必然是圣王"以德行仁"的王道,而非诉诸强权武力的霸道。

因此,能否施行仁政,就是决定国家兴衰存亡的根本原因所在,"三代之得天下也以仁,其失天下也以不仁,国之所以废兴存亡者亦然"(《孟子·离娄上》)。而仁政不过是王者将其仁心外推的政治,所谓"先王有不忍人之心,斯有不忍人之政矣。以不忍人之心,行不忍人之政,治天下可运之掌上"(《孟子·公孙丑上》)。只要王者能本其仁心,"善推其所为",例如,"老吾老以及人之老,幼吾幼以及人之幼"(《孟子·梁惠王上》),"所欲与之聚之,所恶勿施,尔也"(《孟子·离娄上》),就能获得人们的认同与支持,"乐民

---

① 刘小枫:《拯救与逍遥》,第144—145页。
② 冯友兰:《中国哲学简史》,第64页。

之乐者,民亦乐其乐;忧民之忧者,民亦忧其忧。乐以天下,忧以天下,然而不王者,未之有也"(《孟子·梁惠王下》)。能与民同乐同忧因而民亦与其同乐同忧的王就是圣王,圣王施行仁政,目的是要建立一个人人丰衣足食而能尽其人伦义务与责任的和谐社会,而尽伦即尽性,因而仁政乃是人人都能充分实现其善端亦即实现人的本性的政治,能施行仁政的国家制度,则必然是仁政与仁人互动生成的机制。

在仁政这一政治构想中,审美文化乃是重要的建构机制。孟子说:"仁言不如仁声之入人深也,善政不如善教之得民也。善政,民畏之,善教,民爱之。善政得民财,善教得民心。"(《孟子·尽心上》)按赵岐的解释,"仁言,政教法度之言也;仁声,乐声雅颂也"①,则"善教"也就是"乐声雅颂"的礼乐教化,"仁之实,事亲是也;义之实,从兄是也……乐之实,乐斯二者。乐则生矣,生则恶可已也。恶可已则不知足之蹈之,手之舞之"(《孟子·离娄上》)。这种乐虽可由礼乐的感性形式引发,但在实质上,这种乐并不需要也不指向外在对象,也不是感官享受,而是由于对仁义的悦慕因而同时亦是对自我价值的肯定而引发的内在体验。这一体验是审美体验与道德体验的同体,并先于二者的分化,具有整体性和超越性。

至于何以"仁声"可以为教,则从人性论而言,人心皆具善端,"口之于味也,有同耆焉;耳之于声也,有同听焉;目之于色也,有同美焉。至于心,独无所同然乎?心之所同然者何也?谓理也,义也。圣人先得我心之所同然耳。故理义之悦我心,犹刍豢之悦我口"(《孟子·告子上》)。从国家论而言,既然国家存在的根本意义在于充分实现和发展人心所具之善端,则设立文教制度,以礼乐教化激发善性、存养人心,也就是能使人人心悦诚服的合理性的政略,因为"得其心,斯得民矣"(《孟子·离娄上》)。

---

① (东汉)赵岐:《孟子注》,见(清)阮元校勘:《十三经注疏》,第2765页。

孟子更依据性善论与仁政论，认为"今之乐犹古之乐"，王者应当"与民同乐"（《孟子·梁惠王下》），而这正是圣王意识的当代体现："古之人与民偕乐，故能乐也"（《孟子·梁惠王上》）。这一思想看来超逸出孔子"放郑声"的规制，但孟子同样排斥淫乱失度、不合仁义之精神原则的审美生活，所以称述孔子"恶郑声，恐其乱乐"之论，并说"君子反经"，以为"经正则庶民兴，庶民兴，斯无邪慝矣"（《孟子·尽心下》）。若此则今乐、古乐之辩的真实意义，实在于强调"评价音乐高下应看音乐本身，不在其时代的今古或其他"①，"重要的是乐是否为群体所共享，不再为贵族阶级所垄断。对孟子而言，在弦歌声中，君民同乐，这便是理想的社会"②。

这就明确了儒家审美乌托邦建构的两条思路：一条是自上而下的"仁声"之教，意在通过审美生活的制度建构，实现"己欲立而立人，己欲达而达人"（《论语·雍也》）的目标；一条是自下而上的"与民同乐"，意在通过审美生活的制度建构，实现"泛爱众而亲仁"（《论语·学而》）的目标，最终则是要实现审美化的政治风俗境界。

然则由谁来承担审美生活的制度建构？谁是儒家审美乌托邦的守护人？

按孟子的思想逻辑，审美经验的实质是由悦慕仁义而生发之内在且具有超越性的存在体验，而人人都有与生俱来的善端，又具有相同的耳目感官，亦即先天拥有同质的审美判断能力和生成审美经验的可能。但审美生活的制度建构乃是面向所有人的政治、文化事业，那就不是任何人都能担此重责，而只有士君子可以胜任，因为他们"能够超越个人的工作岗位（职事）和生活条件的限制而以整个文化秩序为关怀的对象"③。按孟子的说法，就是"无恒产而有恒心者，惟士为能"（《孟子·梁惠王上》），"人之所以异于禽

---

① 顾易生、蒋凡：《中国文学批评通史·先秦两汉卷》，第110页。
② 陈昭瑛：《儒家美学与经典诠释》，第26页。
③ 余英时：《士与中国文化》，上海人民出版社1987年，第98页。

兽者几希,庶民去之,君子存之"(《孟子·离娄下》),"王子垫问曰:士何事?孟子曰:尚志。曰:何谓尚志?曰:仁义而已矣"(《孟子·尽心上》)。

也正因此,手握政治权柄的王公需要礼贤下士,诚心以士为师,让他们来设计国家文教制度,建构国家精神生活,规范国家文化品质,切不可以地位、权势之尊而随意轻诋。所以,孟子说:"古之贤王好善而忘势,古之贤士何独不然,乐其道而忘人之势,故王公不致敬尽礼,则不得亟见之。见且由不得亟,而况得而臣之乎?"(《孟子·尽心上》)这是因为,"以位,则子君也,我臣也,何敢与君友也?以德,则子事我者也,奚可以与我友?"(《孟子·万章下》)这就是要求将政统中的君臣关系,转换为道统中的师徒关系,不仅以道德、知识的权威制约执政者的权力,而且也要求建立修学德行与社会权力的转换机制。

三、荀子的制度美学思想

尽管孔、孟似乎已经意识到"宗教思想、道德思想、实践思想、美学思想也必须由强有力的社会集团承载,才能产生强大的社会作用。必须有人尊崇这些思想,鼓吹这些思想,捍卫这些思想,贯彻这些思想。要想在社会中不仅找到其在精神上的存在,而且找到其在物质上的存在,就必须将这些思想制度化"①,然而诚如《韩非子·显学》批评儒者"不言今之所以为治""不审官法之事",孔、孟的精神气质及其所处时代的基本问题,使其对于行政的技术意义少有切实关注,这也就使其审美乌托邦的想象难以转化为切实的行动方案。与之不同,"对于发展之中的君主专制和官僚政治,

---

① [美]克利福德·格尔兹:《文化的解释》,第359页。

荀子是作为必须接受的前提和应促其完善的事物来看待的"①,故倡言性恶而尊君重势,王、霸兼采,礼、法兼综,使儒家制度美学具备了从知识话语向意识形态话语转化的可能。

荀子的思想以礼为核心,将礼视作"圣人化性而起伪"(《荀子·性恶》)的伟大创造,认为礼是天地自然和社会运行共同遵循的法则,是修身、行事、治国的根本纲领,表现出对于兼容制度、文化、风俗的周代礼制的整体继承。同时,荀子又因应社会分化和政治官僚化的时势,详论兵、刑、钱、谷、考课、铨选等制度,其精深严密颇有类于法家。不同在于,法家将实现官僚机器的精密高效作为至上目标,而荀子始终坚持道义对社会的整合、对政治的指导,故说"礼义生而制法度"(《荀子·性恶》),其理想的政治图景依然是以仁义为价值理念而由圣王担当的王道的开展。

荀子认为:"非圣人莫之能王"(《荀子·正论》),"王者先仁而后礼"(《荀子·大略》),"挈国以呼礼义而无以害之,行一不义、杀一无罪而得天下,仁者不为也","故用国者,义立而王,信立而霸,权谋立而亡"(《荀子·王霸》)。他试图以道义扭转充盈天下的霸道,"今亦以天下之显诸侯诚义乎志意,加义乎法则度量,著之以政事,案申重之以贵贱杀生,使袭然终始犹一"(《荀子·王霸》),使其向上升进至王道的境界,"四海之内若一家","天之所覆,地之所载,莫不尽其美、致其用","万物皆得其宜,六畜皆得其长,群生皆得其命"(《荀子·王制》),这是一个一统的雄大伟美的境界。而要达此境界,审美生活维系社会、统合人心的建构功能不容小觑,"乐在宗庙之中,君臣上下同听之,则莫不和敬;闺门之内,父子兄弟同听之,则莫不和亲;乡里族长之中,长少同听之,则莫不和顺",使"耳目聪明,血气和平,移风易俗,天下皆宁,莫善于乐"(《荀子·乐论》)。"孟子的仁政、善政之说在荀子转为'美政',美政包含仁与

---

① 阎步克:《士大夫政治演生史稿》,北京大学出版社1998年,第196页。

善,并更进一层突出美育的重要,美育上以美政,下以美俗,使社会成为一合情合理、文采焕然的社会。"①

荀子对理想社会的想象与认同,对审美生活之政治文化功能的重视,并不背离儒家政治思想之本。区别在于,孔、孟强调理想社会作为仁人与仁政的互动生成性质,将审美生活视为恢复、激发和维持内在于人性的生命意义机制。荀子则对人性的阴暗面有更多的体认,尽管对人体现至善、成为完人仍有充分信念,所谓"涂之人百姓,积善而全尽谓之圣人"(《荀子·儒效》),因其"皆有可以知仁义法正之质,皆有可以能仁义法正之具"(《荀子·性恶》),但"谓人之性恶,乃谓人性中本无善端。非但无善端,且有恶端"②,"现实生命是昏暗的、是陷溺的,需要净化、需要提升"③。审美生活就是要以礼义即真实的价值净化、转化感性情欲的原始生命,所谓"雕琢、刻镂、黼黻、文章,所以养目也;钟鼓、管磬、琴瑟、竽笙,所以养耳也"(《荀子·礼论》),"为之雕琢、刻镂、黼黻、文章,使足以辨贵贱而已,不求其观;为之钟鼓、管磬、琴瑟、竽笙,使足以辨吉凶,合欢定和而已,不求其余"(《荀子·富国》),使情欲与理性和谐,"由此道德理性的生命,以担承自己,担承人类的命运"④。

这一转化之所以无比重要,是因为在荀子看来,虽然"人无礼则不生,事无礼则不成,国家无礼则不宁"(《荀子·修身》),但是礼并不能从人的本性中自然生长出来,"无伪,则性不能自美"(《荀子·礼论》)。这一转化之所以具有可行性,是因为荀子并不认为礼是外于人情的,反倒是"称情而立文"(《荀子·礼论》),是为人情

---

① 陈昭瑛:《儒家美学与经典诠释》,第 26 页。
② 冯友兰:《中国哲学史》上册,华东师范大学出版社 2000 年,第 218 页。
③ 张灏:《幽暗意识与民主传统》,新星出版社 2006 年,第 34 页。
④ 徐复观:《谈礼乐》,见李维武编:《中国人文精神之阐扬——徐复观新儒学论著辑要》,第 126 页。

而设立的人道。同样地,为"人情之所必不免"的"乐者,所以道乐也。金石丝竹,所以道德也","乐行而志清","穷本极变,乐之情也"(《荀子·乐论》)。礼乐生活亦即审美生活乃是源自人的心理需要,亦能深入触动、深刻改变人的心性。

这种强调审美生活是包含情性的心的修养的审美功利主义思路,足以表明荀子的儒家立场。不过,基于对人性阴暗面的体察,荀子更看重礼的规范性与刚性,因而也就更强调审美生活的制度建构。在荀子看来,求美、求愉悦是人的本性,"目好色,耳好声,口好味,心好利,骨体肤理好愉佚,是皆生于人之情性者也,感而自然,不待事而后生之"(《荀子·性恶》)。耳目感官亦具有天然的审美感知能力与分辨能力,"目辨白黑美恶,耳辨音声清浊,口辨酸咸甘苦,鼻辨芬芳腥臊,骨体肤理辨寒暑疾养,是又人之所常生而有也,是无待而然者"(《荀子·荣辱》),但并非由此发展出来的所有审美活动都具有正当性。因为"乐则不能无形,形而不为道,则不能无乱","以欲忘道,则惑而不乐"(《荀子·乐论》),自然欲望得到满足而产生的快感并不是真正的快乐。审美生活不但有情欲所向的善、恶之别,"妖冶之容,郑、卫之音,使人之心淫;绅端章甫,舞《韶》歌《武》,使人之心庄",亦有精神趋向的高、下之分,"君子乐得其道,小人乐得其欲"(《荀子·乐论》),因而不能不有所拣择。

然而,正如因为人性本恶,不能发展出对于礼的自觉自主的追求,审美生活的正当性诉求,也不能建基于人的心灵自觉,顺应人性人情的自然发展,而必须借助政治、教育、社会制度的规范方能实现。尽管荀子依然坚持儒家天下主义的制度理念,将天下视为较之民族、国家更高的政治/文化单位,国家的正当性决定于天下,所谓"用国者,得百姓之力者富,得百姓之死者强,得百姓之誉者荣。三得者具而天下归之,三得者亡而天下去之。天下归之之谓王,天下去之之谓亡"(《荀子·王霸》),因而"夺之者可以有国,而不可以有天下；窃可以得国，而不可以得天下"（《荀子·正论》），但在政治策略上不能不给予"国"及等位的"君"以更多的重视。所谓"国者，天下之制利用也；人主者，天下之利势也"（《荀子·王霸》），"无君以制臣，无上以制下，天下害生纵欲"（《荀子·富国》），由此发展出以国家为思想单位的国家美学思路。

荀子强调审美生活的制度建构对捍卫国家主体性的积极意义，因为审美生活关乎社会风俗与精神气象的清浊、正邪、顺逆，"凡奸声感人而逆气应之，逆气成象而乱生焉。正声感人而顺气应之，顺气成象而治生焉"，继而影响国家的兴衰、存亡、强弱、治乱，"乐中平则民和而不流，乐肃庄则民齐而不乱，民和齐则兵劲城固，敌国不敢婴也。如是，则百姓莫不安其处，乐其乡，以至足其上矣。……乐姚冶以险，则民流僈鄙贱矣。流僈则乱，鄙贱则争，乱争则兵弱城犯，敌国危之。如是，则百姓不安其处，不乐其乡，不足其上矣"，"故乐者，治人之盛者也"（《荀子·乐论》）。这种积极意义的发生，有赖于审美生活所具有的不同于经济调控、法律制裁的功能，所谓"不美不饰之不足以一民也，不富不厚之不足以管下也，不威不强之不足以禁暴胜悍也"（《荀子·富国》）。

按照荀子的礼治主义思路，"天下之公患，乱伤之也"（《荀子·富国》），因为"人生而有欲，欲而不得，则不能无求；求而无度量分界，则不能不争。争则乱，乱则穷"，礼因此而生，"以养人之欲，给人之求，使欲必不穷乎物，物必不屈于欲"（《荀子·礼论》）。因而以礼为核心理念的经济调控、法律制裁，即旨在通过节欲的手段以养欲，也就是排除人与人争夺的可能性，从而实现国家的富裕与社会的安定，这就与国家秩序构成互为生成的关系。审美生活的目的亦在养欲、节欲，因而与国家秩序同样存在互为生成的关系。但因其与人性、人情的直接相关性，而具有"入人也深，其化人也速""其移风易俗易"的优越性，"乐合同"（《荀子·乐论》）的功能论只有在国家秩序的诠释语境中才能成立。

从国家层面看待审美生活，则审美生活的合法性决定于是否体现国家意志，而国家意志的体现者是王者，其作为是确立审美生活的典范，并率先垂范，所谓"制《雅》《颂》之声以道之，使其声足以乐而不流，使其文足以辨而不諰，使其曲直、繁省、廉肉、节奏足以感动人之善心，使夫邪汙之气无由得接"，"以道制欲，则乐而不乱"（《荀子·乐论》）。"国"与"君"亦拥有审美生活的裁断权："声则凡非雅声者举废；色则凡非旧文者举息"（《荀子·王制》），这是因为"民有好恶之情而无喜怒之应"，如果对审美生活的品质、类型、方式不加裁断，则有堕入乱世的危险。例如，"其服组，其容妇，其俗淫……其声乐险，其文章匿而采"（《荀子·乐论》），就是乱世的征象。荀子相信，"假如一个政府愚蠢到纵容甚至支持淫邪低俗、粗鄙弱智的审美生活，就几乎是在为亡国亡天下创造条件。庸俗的审美生活使人民弱智化和丑怪化，它所生产的愚民和暴民是乱世之根，这是一种政治自杀"[①]。

而要保证人们的审美生活都能贯彻与体现国家意志，实现审美生活在维护国家秩序方面的积极功能，就需要在分官任职的官僚体制内设立相应的职能部门。例如，"掌教六诗"的太师就有审查文艺合法性之责，"修宪命，审诗商，禁淫声，以时顺修，使夷俗邪音不敢乱雅，太师之事也"，而封建诸侯与地方长官亦有推行监督之责，"劝教化，趋孝弟，以时顺修，使百姓顺命，安乐处乡，乡师之事也"，"论礼乐，正身行，广教化，美风俗，兼覆而调一之，辟公之事也"（《荀子·王制》）。这是说，一国之君与政府官僚不仅是政治治理的主体，还是运用制度力量对审美生活进行规约的承担者。

但其正当性仍需限定。荀子的思路仍然是以"天下"规定"国"，以"圣"规定"王"，又通过对"士君子"与"官人百吏"的辨析，

[①] 赵汀阳：《坏世界研究：作为第一哲学的政治哲学》，第109页。

强调道义等级与政治等级的相合相应,"虽庶人之子孙也,积文学,正身行,能属于礼义,则归之卿相士大夫"(《荀子·王制》),"循乎制度数量然后行,则是官人使吏之事也,不足数于大君子之前"(《荀子·王霸》),"械数者,治之流也……君子者,治之原也"(《荀子·君道》)。按其思想的内在逻辑,审美生活的制度建构是一项事关社会道义、人心价值的公共事业,理应由儒家知识精英/官僚承担,所谓"儒者在本朝则美政,在下位则美俗"(《荀子·儒效》)。这类被反复申说的命题,表明荀子并未放弃儒家的文化政治理念,而是以灵活务实的政治理性,为实现儒家的审美乌托邦寻求具有可操作性的思路。

四、儒家制度美学的特质与症结

从孔子到荀子,儒家制度美学的思想框架与话语建构逻辑大致成型。儒家制度美学体现了儒家文化政治和诗性政治的理念,希望通过审美生活的制度建构,创造圆融的人生、理想的社会与完美的世界,其实质是对周代礼乐文明的文化改制。因而,儒家制度美学也就是关于礼乐文化改制的思想布局与话语表达,是为实现儒家的乌托邦想象而对审美生活所做的规划,体现着儒家对制度与审美的一体化与互动性的思考。

这决定了儒家制度美学首先是一种文化美学,至少包含如下三层意思:

1. 审美生活的制度建构旨在通过制度化的审美生活,即运用正式制度和非正式制度引领和规范审美生活,以创造和谐完美的文化生态与文化秩序;

2. 因此审美生活的制度建构就必得由先进文化引导,并体现文化的先进性。在儒家看来,文质彬彬的西周礼乐,就具有制度与文化上的先进性或完美性:"三代之治是非文无以辅德,高文化一

定有丰富的文采"①,故可以之为典范;

3. 因而审美生活的存在根据或者说正当性,就在于是否体现先进文化的要求,并实现文化的目的。在中国语境中,文化被恰当而智慧地理解为人文化成。在儒家看来,衡量文化先进性与否的标准不是时代的新旧,而是能否实现人文化成的目的,所以礼乐文化的先进性并不能因礼坏乐崩的事实而取消,郑卫之音终究不能媲美于宗周雅乐。

就此而言,儒家与马修·阿诺德有精神上的相通。这就是把美看作是文化的本质,"文化即对完美的追寻"②,"不仅指个人精神上的一种完美追求,而且包括了对整个人类之完美性的关怀。也就是说,文化不是个人的,它必须普及到整个社会中,而且涉及每个人的一言一行。不仅这种不懈的追求的目的是完美的,其凭借的手段,即最具有审美色彩的文学和艺术,也是完美的"③。而且,儒家也十分清楚教化对于实现人的本质的意义,十分清楚"人之为人的显著特征就在于,他脱离了直接性和本能性的东西,而人之所以能脱离直接性和本能性的东西,就在他的本质具有精神的理性的方面","因此,教化作为向普遍性的提升,乃是人类的一项使命。它要求为了普遍性而舍弃特殊性。但是舍弃特殊性乃是否定性的,即对欲望的限制,以及由此摆脱欲望对象和自由地驾驭欲望对象的客观性"④。儒家着力推行礼乐教化,乃至于将礼乐治国视为基本的政治纲领,亦即要求在审美性的礼乐生活中,以礼乐陶冶人的气质,型塑人的行为,建构人的社会,目的就是要使人克服基于自然性的特殊性,而在人性普遍性的意义上成其为人。就此而言,儒家制度美学并不是要实行服务于特定利益集团的极权

---

① 杨向奎:《大一统与儒家思想》,第99页。
② [英]马修·阿诺德:《文化与无政府状态:政治与社会批评》,第8页。
③ 聂振斌、滕守尧、章建刚:《艺术化生存——中西审美文化比较》,第300页。
④ [德]汉斯-格奥尔格·加达默尔:《真理与方法》,第14、15页。

美学或审美专制主义,而是具有普世化的潜质。

儒家制度美学同时也是政治美学,也包含三层意思:

1. 审美生活是要诉诸感性的特殊性,而这特殊性具有强大的破坏力量,因而需要借助政治权力,通过制度的规范和运作,才能使其教化的功能普遍化,而不致使人耽溺于声色享乐之感官层面,进而导致政治社会之无序。这既是因为普通人保持恒心的困难使然,所谓"无恒产而有恒心者,惟士为能"(《孟子·梁惠王上》),更是政治分内的事情,因为政治的成功决定于文化的成功。

2. 因而政治就必得发明出恰当的制度,对审美生活进行规范与引导,通过审美教化实现人心的同化,这种同化应当被理解为人性舍弃特殊性而向普遍性的提升,进而实现政治文化认同。由于"得民心者得天下"的政治正当性论证,而民心总是希望得到幸福(乐),因而好政治几乎必然是审美性的,体现为天下一家、四海升平、其乐融融。

3. 并且,审美生活必定是政治性的,审美是政治的文化表征、象征系统,审美秩序与政治秩序是一体的,因而审美生活的正当性决定于政治。在儒家看来,"只有当人被转化为道德人,才能够达到心之治,而心之治是政之治的根本保证,如果能够解决治心问题,就能够从根本上解决冲突问题。在这个意义上,治心就是根本性的政治问题",而"乐是用来表现普遍人情从而沟通心灵的方式"。相信"礼乐兴而天下兴",这是儒家典型的一厢情愿,"不过儒家对审美生活的重视却是天才的政治意识"[①]。

对儒家制度美学而言,文化美学与政治美学的逻辑关系是"并且"而非"或者",保证此逻辑关系成立的条件就是"圣王"这一文化政治理念。"圣"代表文化领域的最高境界,"王"代表政治领域的最高境界:"圣人制定了化成天下的各项人类制度,特

---

① 赵汀阳:《坏世界研究:作为第一哲学的政治哲学》,第 107—109 页。

别是礼和乐","圣人制礼是空前的创造,是任何其他技巧的规范及必要的前提"①,因而作为二者的合体,圣王"身上应该包含圣人所具有的全部美德以及帝王所要做的全部工作"②。二者缺一不可,所谓"虽有其位,苟无其德,不敢作礼乐焉;虽有其德,苟无其位,亦不敢作礼乐焉","非天子不议礼,不制度,不考文"(《礼记·中庸》)。而"圣"之于"王"又是前提和规定,所谓"非圣人莫之能王"(《荀子·正论》)。这意味着:

1. 审美生活的制度建构同时涉及文化权力与政治权力,文化权力确立其典范性,政治权力确立其合法性,但文化权力之可能,乃是基于充沛完美的德性、智慧,因而政治权力不能必然地等价转化为文化权力,只有由真正的圣王引领的审美生活制度建构才具有完全合法性,因此儒家始终强调用"圣"来规定"王";

2. 审美生活的制度建构既是文化事业,同时也是政治事业,二者是一体互动关系,意谓文化与政治不仅相互影响,而且文化本身就体现了政治的思维、逻辑和倾向,因此之故,审美生活秩序同时是文化秩序与政治秩序,审美生活的混乱失序,挑战的不仅是政治威权,更是维持社会存在与运行的基本文化价值;

3. 审美生活必得在文化权力与政治权力的互动结构中才能得到理解,审美生活的正当性亦决定于能否实现文化与政治的良性互动。

进一步考虑,因为圣王担负的是全方位的政治责任,他不但要圆满解决利益和权力的分配问题,还必须圆满解决精神生活、文化价值问题,则圣王理念暗含着儒家制度美学的方法论,即美学问题必须与文化问题、政治问题合并思考并一起得到解决。"如果这些基本问题不被放在一起来思考的话,就只能产生残缺的世界和生

---

① [美]苏源熙:《中国美学问题》,第115页。
② 王文亮:《中国圣人论》,中国社会科学出版社1993年,第217页。

活,而且任何一个事情都难以被恰如其分地理解。"①

显然,儒家制度美学首要关心的是审美生活的正当性问题,而审美生活的正当性又不是由其自身来决定。儒家美学因此并非学科知识论意义上的微观美学,而是建基于互动知识论的大局观美学。这或许可以解释为什么儒家美学没有提供关于审美生活的细节知识,也可以说明何以在儒家思想内部没有发展出建基于知识分化的独立的美学话语系统。对此,我们有理由将其视为儒家思想的缺陷而进行分析,但不能不承认儒家将审美生活与政治实践、社会秩序、个人存在进行通盘考虑的思想方式是深刻而智慧的。

这体现在:既然人生在世无可避免地担负着制度,人在制度中生成,人是制度性的存在,而政治又是全方位的,那也就不存在所谓自在透明的审美生活,审美生活必定与政治、制度扭结为一体。审美生活总是在一定制度中建构起来的。诸如审美主体的审美需要、审美能力、审美意向,审美活动的品质类型、实现方式及程度等,均孕育生成于一定政治和文化语境,为特定的审美文化机制所造就,并体现着特定的政治和文化秩序的压力。具体到文学艺术,其生产方式、传播方式、意义生成方式、文化资源的利用途径与范围、文化功能的发挥,以及审美经典性质的赋予,都与政治、社会、经济、教育种种制度息息相关。因而,"从各种意义上说,制度产生了我们所称的文学,或更恰当地说,文学问题与我们的制度实践和制度定位是密不可分的"②。缺少这样一种视野,对审美生活的理解和构想就难免不是形而上学的抽象。

应当承认,儒家制度美学有对审美问题的深刻理解,境界高远,气象高明,但也有内在困境,而且是一种结构性的思想症结,非

---

① 赵汀阳:《没有世界观的世界》,中国人民大学出版社2003年,第2页。
② [美]杰弗里·J.威廉斯:《从制度说起》,见[美]杰弗里·J.威廉斯编著:《文学制度》,第1页。

儒家制度美学自身所能解决。

1. 儒家试图把美学问题与文化问题、政治问题合并思考并一起解决，这是一种基于关系存在论的知识论。它关心彼此之相同或相通更甚于彼此之相异，因而在提供大局观的同时，也不可避免地造成对细节知识的疏略与轻蔑，使审美生活、文化实践、政治运作都不能得到充分的解释与发展，而这又会反过来影响问题的最后解决，这很有可能使儒家的审美乌托邦理念失去创造的活力与感召力。

2. 儒家制度美学是一种审美功利主义，因为作为包含着性情的心的修养，就内在性、无功利性之品质以及所达到的境界而言，德性修养与审美活动实有相通之处。而对儒家来说，人、己、物、我、天之间的交流通贯，是以德性为纽带，因此审美、文化、政治等，虽有自己的游戏规则，但在本质上都是德性的开展或开显。这种一统性造就了明朗、纯净、优雅、高尚的古典审美世界，然而就逻辑发展可能来说，制度美学的规范性要求必然会从道德走向伦理，要求通过审美生活实现人心的格式化，而最终使儒家的审美乌托邦理念变得僵硬枯燥，甚至走向反面。

3. 圣王理念寓含"王者应有圣德"与"圣人应为王者"两方面的崇高期待，这是保证儒家制度美学作为文化美学与政治美学合一的关键。然而，儒家对社会联结体的独立性缺少足够的重视，只从血缘性的自然总体与人格性的道德总体立论，因而无法保证实现其崇高期待。在"王而不圣"的状况下，审美生活的制度建构有可能背离其内在目的，则儒家制度美学就会折断其文化美学一翼，蜕变为过滤和清洗审美意识、压制艺术创造活力的意识形态机器，从而使审美生活失去活力。

圣王意识与一统事业

如果我们认可到中国历史和中国思想的内在脉络中去理解中国的政治、文化与审美,那就有必要引入诸如圣王、大一统等本土概念。作为中国基础性的理念/信念,它们不仅造就了中国文化借以开展的富于张力的现实空间,而且也是支撑中国的知识生成、思想建构的精神动源。而在这方面,又必须溯源至秦汉,原因在于,尽管这两个概念必然要追溯至中华文明的源头与根柢,但大一统中国的正式形成却是在秦汉,而秦始皇与汉武帝都具有圣王意识,都力图实现国家的政治一统与文化一统,也各有其创造性实践,具有率先垂范的意义。

一、圣王意味着什么?

"王与圣最初是两个不同的范畴,王主要表示权力,圣主要属智慧、认识、道德范畴","最早使用'圣王'这一概念,并作为社会历史的核心来论述的要属墨子"①。在儒家,孟子较早运用圣王的概念,用以寄寓儒家的政治理念和政治期待。

圣王体现的儒家政治理念,是"圣"意谓的德、道与"王"意谓的位、势的配合与统一。一方面,"天下者,至重也,非至强莫之能任;至大也,非至辨莫之能分;至众也,非至明莫之能和。此三至者,非

---

① 刘泽华:《中国政治思想史集》第二卷,人民出版社 2008 年,第 276 页。

圣人莫之能尽,非圣人莫之能王"(《荀子·正论》);另一方面,倘"无势位,既舜、禹不能治万民"①。儒家相信,尧、舜、禹、汤、文、武、周公就是完美体现了这种配合与统一的圣王,其所体现的政治期待有二:"既期待凡是能够充当王者的人都应该并且必须具备'圣人'的品格,又期待凡是具备'圣人'品格的人应当成为王者"②。循此逻辑,孔子就完全具备为王的资格:"昔者圣王之列也,上圣立为天子,其次立为卿大夫。今孔子博于《诗》《书》,察于礼乐,详于万物,若使孔子当圣王,则岂不以孔子为天子哉?"(《墨子·公孟》)

当儒者运用圣王概念介入现实政治生活,无疑暗含着对"掌国之权柄"的王之个体德性、智慧、才能的诉求、希冀与规定,"深念远虑,引义以正其身,推恩以广其下,本仁祖义,褒有德,禄贤能,诛恶乱,总远方,一统类,美风俗,此帝王所由昌也。上不变天性,下不夺人伦,则天地和洽,远方怀之,故号圣王"③。同时也凸显出儒者自身的存在意义。他们将师道作为安身立命之处,将守护和传递道统作为立场与事业,做帝王师、通过儒学教育造就新的圣王、"致君尧舜上,再使风俗淳"(杜甫《奉赠韦丞丈二十二韵》),遂成为历代儒生崇高的人生抱负。

圣王不只是圣与王两个独立概念的平行组合,还有逻辑结构上的内外之分,意即内圣、外王。进至这一意义层面,圣王才真正成为一个体现儒家伦理政治特质的政治哲学概念,圣与王才获得其规定性与内在逻辑关联。按任剑涛的分析,"作为儒家伦理政治的理想,内圣外王是一种高妙的境界","内圣,是一种道德修为的理想境界,它发于内在的德性自觉,但内外兼融,内圣必然向外突

---

① (汉)桓宽:《盐铁论·论儒》,见王利器:《〈盐铁论〉校注》,中华书局1992年,第149页。
② 王文亮:《中国圣人论》,第217页。
③ (汉)东方朔:《答客难》,见(汉)班固:《汉书·东方朔传》,第2871页。

张,将外王收摄于己。外王,是一种以德性修为而展开的德治之最高境界,它彰显于外,但肇始于内","可以说,内圣是伦理政治理论标识的最高德性境界或状态,外王是伦理政治理论标识出的最高政治治理境界或状态"[①]。据此可做如下分析:

1. 内圣是外王的前提条件与资格论证。"内"能不能"圣",决定"外"能不能"王",这一逻辑不仅针对政治治理可能达到的理想状态来说是有效的,意即最高德性境界或状态才能外推出最高政治治理境界或状态,而且对王的身位合法性而言亦能成立,意即王之为王的根本依据不在其位、势之尊贵,而在其德性境界之崇高。假如在位之王并不具备或者丧失了圣之为圣所必备的德性,就不具备为王的合法性,那就理应让位于圣。其途径可以是和平的政权转移——例如禅让,但更多的情况是诉诸暴力,即"以德使力"的革命——这是革命之暴力性的合法性依据。

2. 外王必得以内圣为依托,即以"圣"规定"王",意谓王的权力归属的合法性奠基自其所拥有的崇高德性。进而,王的权力运用即其内在德性的外在开展,如此才能得到民之心悦诚服的认同支持,所谓"以力服人者,非心服也,力不赡也。以德服人者,中心悦而诚服也"(《孟子·公孙丑上》),真正无敌于天下。这也就决定了,政治治理实质上是一个由内在的心性修养向外在事功推展外衍的过程。如此则提升德性修为的境界也就成为执国柄者之首务,唯此才能使其统治获得实质合理性,而这又取决于其是否具有自觉的圣王意识。

3. 由于外王者必为内圣,内圣必发为外王,因此王(王朝、国家)的历史展开就必然是圣的前后相继。王位世袭、万世一系的自我想象因此绝不具备合法性,天下因此绝非一姓、一家所有,故孔

---

① 任剑涛:《伦理政治研究:从早期儒学视角的理论透视》,吉林出版集团有限责任公司2007年,第143—144页。

子称赞:"巍巍乎,舜禹之有天下而不与焉"(《论语·泰伯》);并且,圣必得天佑而成王,"德侔天地者称皇帝,天佑而子之,号称天子。故圣王生则称天子",但"天之生民,非为王也,而天立王以为民也。故其德足以安乐民者,天予之;其恶足以贼害民者,天夺之"①。王必合天道与人道言之,这既是其合法性基础,也是其使命与职能所在,而能否为民谋取福祉又具逻辑上的根本性。

若此则圣王就是能以充沛深厚的德性为民谋取最大福祉的道德主体,而"所谓国家者,非徒政治之枢机,亦道德之枢机也"②。圣王不但高居政治秩序的顶端,亦矗立在伦理秩序的巅峰;既是行政法令所从出之源头,又是道德教化之发端。"圣王集'势无上'的世俗政治权力和'备道全美'的精神人格权威于一身,处于社会——政治和道德——文化两种秩序的中心,唯有他才能真正实现社会生活的完美整合并引导人们走向太平大治之世。"③这就意味着,圣王担负的乃是全方位的政治责任,他不但要承担实现权力/权利的公正分配之责,更要为实现人文化成、提升全体社会成员的精神境界负责。文化的重要性不仅在于"争取对政权的基本支持、对其象征的认同、统治者的合法性以及扮演政治角色的动力方面,政权依赖于文化制度"④,更因其本身就是政治事业的一部分——因为文化被理解为人文化成,而"政治之主要工作乃在化人"⑤,文化的成功决定政治的成功——因而选择、培植、推广何种类型的文化就是重要的政治举措,是政治分内的事情,而不仅仅是文化与政治的互动。圣王之圣所具之德性、智慧,使其可以确立最

---

① (汉)董仲舒:《春秋繁露·三代改制质文》《尧舜不擅移、汤武不专杀》,见(清)苏舆:《春秋繁露义证》,中华书局1992年,第201—202、220页。
② 王国维:《殷周制度论》,见王国维:《观堂集林》上册,第301页。
③ 林存光:《儒教中国的形成:早期儒学与中国政治文化的演进》,齐鲁书社2003年,第258页。
④ [美]艾森斯塔得:《帝国的政治体系》,阎步克译,贵州人民出版社1992年,第8—9页。
⑤ 萧公权:《中国政治思想史》,第45页。

优的文化政治模式,而圣王之王所拥有之权力,又使其可以有效地推行此文化政治模式。

圣王因此是儒家政治哲学的重要概念,意谓只有将政治与文化一体化考虑并一揽子解决,才能不但完美地解决政治问题,而且也完满地解决文化问题。单凭圣或王都不能担此重任,唯有集文化权力与政治权力于一身的圣王方能胜任。因此之故,在儒家大一统的政治视野中,圣王就是实现一统政治理想的应然人选。这是因为,儒家所谓一统兼包政治一统与文化一统二义,而圣王正标志着政治领域和文化领域最高境界的合二为一,"圣也者,尽伦者也;王也者,尽制者也"(《荀子·解蔽》)。因而唯有圣人为王,才可以保证政治生活和文化生活各自源头之正,以及以适当的方式实现政治价值和文化价值的最优化配置,进而使人类社会与宇宙自然处于和谐一体的状态,"圣人有国,则日月不食,星辰不孛,海不运,河不满溢,川泽不竭,山不崩解,陵不施,川谷不处,深渊不涸。"(《大戴礼记·诰志》)按古代中国人的生存经验,唯有这种状态才能保证人类的生存延续、社会的长治久安,因而圣人为王乃是经过民心验证的政治信念。这种信念也得到部族政治、军事首领同时也是精神领袖的初始政治事实的支撑。

反之,则"圣王不作,诸侯放恣,处士横议"(《孟子·滕文公下》),"圣王没,天下乱,奸言起"(《荀子·正名》),人类社会如果缺少圣王的指引——圣王没世或内圣与外王分裂,不但会出现"诸侯放恣""天下乱"的政治失序状况,而且也将陷入"处士横议""奸言起"的文化混乱状态。一旦政治、文化皆失其正,则不但民生无以保障,民心更无以据守,天下即失其意义的完整性,所谓天下无道,这就是乱世。而乱世又期待着新的圣王出现,其使命是"拨乱世反之正"①,即重新为政治社会赋予秩序与价值。

---

① (汉)司马迁:《史记·太史公自序》,第3297页。

二、秦始皇：法家的圣王与大一统？

圣王概念寓含着儒家思考政治问题的方法论乃至某种准宗教的信念，但圣人为王却并非儒家的独有命题，而是为先秦诸子所共有，如墨家宣称："圣人以治天下为事者也，必知乱之所自起，焉能治之"(《墨子·兼爱上》)，法家也有其以法治国的圣人："圣人之为国也，观俗立法则治，察国事本则宜"(《商君书·算地》)。圣王因此乃是一个普遍性的政治期待，当中凝聚着农耕文明孕育出的中国文化基因与周秦之际的民心所向。饱受战乱之苦的人们渴望圣王降世，以其正义、智慧、德性结束"贪饕无耻，竞进无厌……力攻争强，胜者为右，兵革不休，诈伪并起"[①]的乱世。圣王因此也可能被用作战国时期列国交争的堂皇叙事，以争取民心，完成军事动员和战争准备，并为力攻争强、旨在谋夺土地和人口资源的不义战争赋予义战的合法性。胜者为王也可能成为圣人为王的直观表达，尽管其精神实质和思想逻辑并不一致，但其形式无疑会给人以错觉。

公元前221年，秦王嬴政灭齐，完成统一大业，自以为"名号不更，无以称其功，传后世。其议帝号"。丞相王绾、御史大夫冯劫、廷尉李斯等与博士议定的结果是："昔者五帝地方千里，其外侯服夷服，诸侯或朝或否，天子不能制。今陛下兴义兵，诛残贼，平定天下，海内为郡县，法令由一统，自上古以来未尝有，五帝所不及"，"古有天皇，有地皇，有泰皇，泰皇最贵"，可为"泰皇"。秦王决议"去'泰'，著'皇'，采上古'帝'位号，号曰'皇帝'"，并且，"朕为始皇帝。后世以计数，二世三世至于万世，传之无穷"[②]。中华帝国的

[①] （汉）刘向：《战国策书录》，见（清）严可均辑：《全上古三代秦汉三国六朝文》第一册，第331页。

[②] （汉）司马迁：《史记·秦始皇本纪》，第236页。

最高统治者自此始有皇帝这一至高无上的称号,而此称号与圣王实异名而同指,如董仲舒的定义:"德侔天地者称皇帝"(《春秋繁露》),蔡邕亦谓:"皇帝,至尊之称。皇者,煌也,盛德煌煌,无所不照;帝者,谛也,能行天道,事天审谛,故称皇帝"①,韩愈则确认:"帝之于王,其号虽殊,其所以为圣一也"②。这不仅因为三皇、五帝均为远古圣王,既有圣人之德,又有王者之功,则作为集三皇之皇、五帝之帝于一体的集合概念,皇帝亦必具有圣王内涵;而且,嬴政创立皇帝名号以称其功,即有以圣王自认的意图,这也得到了包括儒者在内的群臣以及博士的认可,而不仅仅是基于利益权衡的政治表态。最终由嬴政完成的前所未有的统一局面为人们构思崭新的政治文化图景提供了动力和空间,人们有理由对其寄予期望,也希望能在新的政治文化现实中实现各自学派的政治主张。

毫无疑问,秦始皇对万世一系的期许绝不合乎儒家圣王的定义,但这并不影响其所理解的圣王事业的开展,而其始皇帝的自谓亦表明其一统后世皇帝、确立政治和文化典范的用意。在新帝国政治制度与政治治理方面,秦始皇认同李斯对于封建制之弊("后属疏远,相攻击如仇雠,诸侯更相诛伐,周天子弗能禁止")与郡县制之利("诸子功臣以公赋税重赏赐之,甚足易制")的分析,否决了丞相王绾等人恢复封建制度的建议,以为"天下共苦战斗不休,以有侯王",在帝国全境推广郡县制,"分天下以为三十六郡,郡置守、尉、监",并且"收天下兵,聚之咸阳,销以为钟鐻,金人十二",进而"一法度衡石丈尺。车同轨。书同文字"③。这些顺应时势与民意的举措,不仅表明秦始皇亦有使百姓安居乐业的目的性关怀,而且有助于新帝国政治认同的形成,甚至内涵了从统一向一统转变升

---

① (汉)蔡邕:《独断》,见(明)程荣纂辑:《汉魏丛书》,第180页。
② (唐)韩愈:《原道》,见马其昶:《韩昌黎文集校注》,上海古籍出版社1986年,第17页。
③ (汉)司马迁:《史记·秦始皇本纪》,第239—240页。

进的意味,亦即为通过武力实现的统一的政治格局赋予某种内在意义结构。

郡县制并非秦的独创,但在前所未有的广大帝国疆域内全面推行郡县制,却委实是秦始皇的制度创新。这一制度创新的政治哲学意义在于宣告了此前世界政治理念与模式的终结,将春秋战国的世界政治转变为国内政治,但与此同时又实现了诸夏之一统,参与中华民族建构的诸多民族,在由郡县结构而成的新政治秩序中获得了身份认同的同一性,具有同等的国民待遇,亦即相同的权利和义务规定。而从社会纵向的阶层来说,郡县制对于传统贵族势力的冲击亦具摧枯拉朽之效,社会组织的横向、纵向截面都在发生天翻地覆的变化,皇帝及中央政府因此被赋予了提领纲维的意义和职能。

与政治一统的努力相应,在新帝国文化建构方面,秦始皇也有一统的考虑,而在如下两个重大的文化政治问题上,秦始皇清晰地呈现出其法家圣王的面目:

1. 公元前221年,"始皇推终始五德之传,以为周得火德,秦代周德,从所不胜。方今水德之始,改年始,朝贺皆自十月朔。衣服旄旌节旗,皆上黑。数以六为纪,法冠皆六寸,而舆六尺,六尺为步,乘六马。更名河曰德水,以为水德之始。刚毅戾深,事皆决于法,刻削毋仁恩和义,然后合五德之数。于是急法,久者不赦";

2. 公元前214年,"始皇置酒咸阳宫,博士七十人前为寿"。博士淳于越重提实施封建制的必要性,认为"殷周之王千余岁,封子弟功臣,自为枝辅。今陛下有海内,而子弟为匹夫,卒有田常、六卿之臣,无辅拂,何以相救哉?"李斯坚决反对,认为"五帝不相复,三代不相袭,各以治,非其相反,时变异也","今皇帝并有天下,别黑白而定一尊。私学而相与非法教,人闻令下,则各以其学议之,入则心非,出则巷议,夸主以为名,异取以为高,率群下以造谤。如此弗禁,则主势降乎上,党与成乎下。禁之便。臣请史官非秦记皆烧之。非博士官所职,天下敢有藏《诗》、《书》、百家语者,悉诣守、尉杂烧之。有敢偶语《诗》《书》者弃市。以古非今者族。吏见知不举者与同罪。令下三十日不烧,黥为城旦。所不去者,医药卜筮种树之书。若有欲学法令,以吏为师",秦始皇"制曰:可"①。

  这无疑是两个重大的政治事件,但同时也是两个重大的文化事件。第一个事件主要解决的是新王朝的统治合法性问题,但也涉及政治治理的原则问题。秦始皇利用邹衍的五德终始说,以五德相胜为秦代周而立的合法性立说,改正朔(周以建子之月为正,秦以建亥之月为正),易服色("上黑"),定规制("数以六为纪"),甚至将黄河更名为德水,皆意在确立秦王朝的文化象征,获取民众特别是被军事征服的六国臣民对新政权的支持。这种合法性也包括对秦之法治主义治理原则的论证,其逻辑是:之所以要"事皆决于法,刻削毋仁恩和义",乃是为了"合五德之数",是"水德"之"运"的必然要求,合乎历史变迁、王朝更替的规律,因此乃由天定,而非人为,具有充分的合法性。

  这是五德终始说的第一次政治实践,表明这一富于想象力的解释历史变动和王朝合法性的学说已深入人心,成为社会普遍性的知识和信念。从中可以清楚地见到文化与政治的互动,亦即政治有赖于文化的支持,文化则被政治化,文化符号系统被赋予政治意义和功能,但选择何种文化范型本身即是政治行为,而且这种选择权为秦始皇专属,亦即同时握有文化威权与政治威权,显然这是只有圣王才能拥有的权力。当这些文化符号为人们所感知,包括秦朝治下的臣民与化外之民(如北方匈奴),并将其与对秦帝国的经验、想象、期待等心理联系在一起,其本身所具有的审美质素就既有可能强化秦始皇及其代表的秦王朝的合法性认同,但也可能朝相反的方向发展,例如黑色就容易加重人们对秦王朝严刑酷法

---

① (汉)司马迁:《史记·秦始皇本纪》,第 237—238、254—255 页。

的深刻印象。

第二个事件主要解决的是意识形态问题,即国家的统治思想问题,其实质是以何种思想为一,但也涉及如何维护统治合法性的问题。李斯无疑深谙文化政治之道,因此才能从淳于越恢复封建制的建议中敏感地发现深层问题,意识到统一思想对于帝国政治的重要性。按其逻辑,假如思想不统一,"人善其所私学",不但会阻碍国家法令的顺利推行,扰乱国家正常的政治秩序,而且最终会威胁皇帝的权威地位,这其实是一个意义重大的人心政治问题。那么,存在于每个人头脑中、看不见摸不着的思想如何能够实现统一?李斯的方案是釜底抽薪,即运用国家机器(政权、法律、军队)销毁思想的物质载体("焚书"),杜绝思想交流的可能("偶语《诗》《书》者弃市"),严禁托古改制式的思想意图("以古非今者族")。尽管李斯在博士官那里为传统文化的载体预留了空间,但这空间其实是很有限的,因为博士官也不能"偶语《诗》《书》""以古非今",则其所职守之"《诗》《书》、百家语",亦必徒具躯壳而已。思想一旦脱离了社会生活这一功能语境,就会蜕变为文化木乃伊,这对法家之外的诸子思想传统都是严重威胁,而对儒家来说就几乎是灭顶之灾。

显然,李斯方案的目标就是通过国家文化控制机制实现人心的格式化,以此建立和加强对新政治秩序的认同。这无疑符合社会控制的一般原理,但李斯显然没有虑及人们对文化的需要不仅是工具性的("医药卜筮种树")、而思想也难以通过暴力手段禁绝这样一些事实,法家对"事皆决于法"的迷信,使其不可能对文化的制度规范问题有更深层的思考。不仅如此,"始皇李斯知古代封建旧制之不足复,而犹尚希慕于古者学术统于王官之成规。不悟此与封建,同一根底,皆由贵族阶级之世袭而来。今既无世袭之贵族,而欲尊王学于一统,以禁绝民间私家之学,其事要为不可久。则始皇李斯之识见,亦与其所斥当时之愚儒者,相差无多耳。政治家过于自信,欲以一己之意见,强天下之必从,而不知其流弊之深,为祸之烈也"①。

在一统事业上,秦始皇还有一些开创性的政治/文化实践。例如首都咸阳的建设,据司马迁记载:"秦每破诸侯,写放其宫室,作之咸阳北阪上","殿屋复道周阁相属,所得诸侯美人钟鼓,以充入之";公元前212年,"始皇以为咸阳人多,先王之宫廷小,吾闻周文王都丰,武王都镐,丰镐之间,帝王之都也。乃营作朝宫渭南上林苑中。先作前殿阿房,东西五百步,南北五十丈,上可以坐万人,下可以建五丈旗。周驰为阁道,自殿下直抵南山。表南山之巅以为阙。为复道,自阿房渡渭,属之咸阳,以象天极阁道绝汉抵营室也"②,这些皆为新首都建设项目,务使极其宏丽壮观。这一创举固然有炫耀帝国赫赫战功、满足王室声色娱乐之需的动机,但无疑也有巨大的政治意义,既从中寓含兼有天下之意,又有使帝国的政治中心咸阳成为全国之首邑的目的,以前所未有的宫廷建筑的壮美外观,强化对中央政权和皇权之崇高的心理认同。这是一种建筑的政治学,也是审美感觉的政治学,其规制与形式越是宏伟壮丽,越能耸动视听,则对臣民的心理冲击越强,由之引发的对王朝一尊的心理体认也就越强烈。

就此而言,新首都建设既有政治上的一统意图,也有文化上的一统考虑。在秦帝国的政治文化中心重建六国诸侯的宫室,兼具政治和文化双重象征意味,体现的是历史纵向的一统。而取法天象的阿房宫形制,则隐含着秦始皇承天制作而为天下立极的用心,亦具象征意味,所谓"太微营室,明堂布政之宫"③。规模宏巨的阿房宫既体现了一统于天的政权合法性观念,又在空间上表现出以

---

① 钱穆:《秦汉史》,生活·读书·新知三联书店2005年,第23页。
② (汉)司马迁:《史记·秦始皇本纪》,第239、256页。
③ (唐)杨炯:《少室山少姨庙碑》,见徐明霞点校:《卢照邻集 杨炯集》中华书局1980年,第67页。

咸阳为中心、四方辐辏的一统格局,而这些在很大程度上借助了审美的力量。可以说,"秦代都城的'宏大雄伟,整肃壮观',显示的是秦始皇的赫赫威权,煌煌功业,体现的是'大一统'的规范和气概,也表征着一种'大美'型都城文化范式的形成"[1]。

秦始皇的圣王意识于旨在歌功颂德、永留后世的刻石文辞中亦有流露,如泰山刻石辞曰:"皇帝临位,作制明法","皇帝躬圣,既平天下,不懈于治","远近毕理,咸承圣志";琅邪刻石辞曰:"端平法度,万物之纪。以明人事,合同父子。圣智仁义,显白道理","普天之下,抟心揖志","功盖五帝,泽及牛马。莫不受德,各安其宇";芝罘刻石辞曰:"大圣作始,建定法度,显著纲纪。外教诸侯,光施文惠,明以义理";会稽刻石辞曰:"圣德广密,六合之中,被泽无疆。皇帝并宇,兼听万事,远近毕清。运理群物,考验事实,各载其名"[2]。秦始皇的修辞形象混合儒、法,而为圣则一,表明其尽管在政治治理、行政控制上推崇严刑峻法,但在社会意识领域却也不能不为儒家坚持的文化价值留有位置,这固然可以理解为对于春秋晚期以来知识、文化融合混一之时势的响应,但归根结底是建基于小农经济的宗法社会的内在要求。

然而,由于政治被简单地理解为统治,而一统更被抽离实质而徒具统一的外观,以及与庞大帝国的政治的全面展开相应的技术性问题未能得到有效的解决,秦始皇的圣王意识并没有如其所期望的那样外化为泽及生民、万物并且绵延万世的丰功伟绩。一如历史上的圣王,秦王朝也没有如他所期望的那样"二世三世至于万世,传之无穷",而是在秦始皇东巡途中崩殂后迅速走向灭亡。尽管如此,秦始皇的圣王实践还是给后来的追随者提供了正反两方面的遗产,即使是那些有儒学背景的态度严厉的批评者,当他们从

---

[1] 仪平策:《中国审美文化史·秦汉魏晋南北朝卷》,山东画报出版社2000年,第40页。

[2] (汉)司马迁:《史记·秦始皇本纪》,第243、245、249、261—262页。

道德方面来评价秦始皇及秦帝国的失败时,其实已经在运用以圣规定王的模式、用儒家圣王的评价标准来看待秦始皇的事业了。

三、汉武帝:儒家的圣王与大一统?

公元前 202 年,汉朝建立,"代表着中国史上第一个'平民为天子的统一政府'之开始"①,新一轮的一统事业也就此拉开序幕。不过,汉初六七十年,统一政府的要务是以汉承秦制的方式,化解与贵族政治向平民政治转化相伴而生的政治治理问题,以休养生息的策略,解决由秦王朝的苛政以及长期战乱导致的民生凋敝问题,因而虽然国家统一格局日趋稳固,但王朝一统事业依然有待开展。与此相应,尽管汉高祖刘邦已经意识到儒学的政治/文化功能,儒学也逐渐被纳入帝王教育系统,但将黄老之学奉为帝王之学的汉初诸帝却并不想做一个儒家意义上的圣王,这不能不令那些以传承华夏礼制为己任、渴望圣王再世的儒生焦虑不已。

显然,在未充分消化秦朝遗产之前——包括思想与实践两方面的努力,大刀阔斧的政治/文化改制注定是不切实际的幻想,更不用说这种改制的顺利实施还需要强大的物质保障与社会舆论支持。而这一切到了汉武帝时代就都水到渠成,并且自小接受儒学教育的刘彻,更是对儒家极力弘扬的圣王事业抱有极大的热情与自期,雄心勃勃地想要实现大一统的理想,遂有政治/文化体制的翕然改观,而儒家学术亦从此开始了制度化的历程。

汉武帝即位之初,就对儒家的文化政治表现出浓厚的兴趣,并采取了一系列褒扬儒术的措施,不但于建元元年(公元前 140 年)罢"所举贤良,或治申、商、韩非、苏秦、张仪之言",而且"议立明堂。遣使者安车蒲轮,束帛加璧,征鲁申公",更于建元五年(公元前

---

① 钱穆:《中国文化史导论》,商务印书馆 1994 年,第 94 页。

136年)设置五经博士,但其有为理想遭到祖母窦太后的掣肘而不能实行。直到元光元年(公元前134年)五月——此时距窦太后去世已满一年,在举贤良诏书中,汉武帝将其圣王意识袒露无遗:"何行而可以章先帝之洪业休德,上参尧舜,下配三王?"①而在天人三策之第一策问中,他明确地提出了改制作乐问题:

> 盖闻五帝三王之道,改制作乐而天下洽和,百王同之……圣王已没,钟鼓管弦之声未衰,而大道微缺,陵夷至乎桀纣之行,王道大坏矣。夫五百年之间,守文之君,当途之士,欲则先王之法以戴翼其世者甚众,然犹不能反,日以仆灭,至后王而后止,岂其所持操或悖缪而失其统与?固天降命不可复反,必推之于大衰而后息与?……伊欲风流而令行,刑轻而奸改,百姓和乐,政事宣昭,何修何饬而膏露降,百谷登,德润四海,泽臻草木,三光全,寒暑平,受天之祐,享鬼神之灵,德泽洋溢,施乎方外,延及群生?

但在第二策问中,汉武帝又表达了他对有为、无为的困惑:"虞舜之时,游于岩郎之上,垂拱无为,而天下太平。周文王至于日昃不暇食,而宇内亦治。夫帝王之道,岂不同条共贯与?何逸劳之殊也?"这一问题具体针对的是对于其父祖文帝、景帝的无为政治,是否有必要改弦更张?究竟应当做一个良玉不琢的圣王,还是要做一个"非文无以辅德"的圣王?

这一困惑在第三策问中又进至天人之应层面:"三王之教所祖不同,而皆有失,或谓久而不易者道也,意岂异哉?"②这些困惑与当时的社会历史状况有关,但归根结底来自其成就圣王事业的强

---

① (汉)班固:《汉书·武帝纪》,第156、157、160—161页。
② (汉)班固:《汉书·董仲舒传》,第2496—2497、2506、2514页。

烈渴望。雄才大略的汉武帝似乎醉心于公羊学派的大一统理论、今文经学的天人之学,有志于恢复三代文明,跻身圣王的行列。

受汉武帝策问的引导和激发,董仲舒的对策在天人之学的解释框架中富于鼓动性地描画了基于儒家大一统理念而开展的政治/文化改制图景。这既是投合汉武帝之所好,亦试图由此使儒家的政治理念、文化价值全面植入帝国肌体与血脉,实现儒者长久以来的梦想:

1. 改制、更化是解决因为汉承秦制的政治治理方式而导致的社会问题之必然选择。在儒家政治学视野中,秦"重禁文学,不得挟书,弃捐礼谊而恶闻之,其心欲尽灭先王之道,而专为自恣苟简之治,故立为天子十四岁而国破亡矣。自古以来,未尝有以乱济乱,大败天下之民如秦者也","今汉继秦之后,如朽木粪墙矣,虽欲善治之,亡可奈何。法出而奸生,令下而诈起,如以汤止沸,抱薪救火,愈甚亡益也","故汉得天下以来,常欲善治而至今不可善治者,失之于当更化而不更化也",因此既不能学秦,也不能再采取无为而治的思路,而必须有所作为,将社会人心、政治/文化扭转向正道/王道("求王道之端,得之于正"),"更化则可善治,善治则灾害日去,福禄日来"①;

2. 有为政治的正道/王道就是礼乐教化,因为"道者,所繇适于治之路也,仁义礼乐皆其具也。故圣王已没,而子孙长久安宁数百岁,此皆礼乐教化之功也。王者未作乐之时,乃用先王之乐宜于世者,而以深入教化于民。教化之情不得,雅颂之乐不成,故王者功成作乐,乐其德也。乐者,所以变民风,化民俗也,其变民也易,其化人也著",亦是德教,其合法性在于按《春秋》一统之义,"正次王,王次春",因此"王者欲有所为,宜求其端于天。天道之大者在阴阳。阳为德,阴为刑,刑主杀而德主生","王者承天意以从事,故任

---

① (汉)班固:《汉书·董仲舒传》,第 2504—2505 页。

德教而不任刑。刑者不可任以治世,犹阴之不可任以成岁也。为政而任刑,不顺于天,故先王莫之肯为也",而教化的目的亦在于使万民得其正,"天地未应而美祥莫至者,何也? 凡以教化不立而万民不正也。夫万民之从利也,如水之走下,不以教化隄防之,不能止也","是故南面而治天下,莫不以教化为大务"①;

3. 以三代文明为楷模的政治/文化改制图景是富丽堂皇的,而非俭朴质实的文化,这是因为"三代之治是非文无以辅德,高文化定有丰富的文采"②,所谓"制度文采玄黄之饰,所以明尊卑,异贵贱,而劝有德也。故《春秋》受命所先制者,改正朔,易服色","俭非圣人之中制"。但改制并不是要背离圣王之道而另起炉灶,"王者有改制之名,亡变道之实",因为"道之大原出于天,天不变,道亦不变,是以禹继舜,舜继尧,三圣相受而守一道",这也就是"天令之谓命,命非圣人不行;质朴之谓性,性非教化不成;人欲之谓情,情非度制不节。是故王者上谨于承天意,以顺命也;下务明教化民,以成性也;正法度之宜,别上下之序,以防欲也:修此三者,而大本举矣"。就其为政治的根本使命而言,这是帝王持守不变之道,因为"人受命于天,固超然异于群生,入有父子兄弟之亲,出有君臣上下之谊",关键在于使其"明于天性,知自贵于物","知仁谊","安处善","乐循理",至于帝王"逸劳之殊",那是因为"所遇之时异"③;

4. 要改制、更化,重建三代之治,就要为政治设立一个纯正的开端,"故圣人法天而立道,亦溥爱而亡私,布德施仁以厚之,设谊立礼以导之","为人君者,正心以正朝廷,正朝廷以正百官,正百官以正万民,正万民以正四方。四方正,远近莫敢不壹于正,而亡有邪气奸其间者。是以阴阳调而风雨时,群生和而万民殖,五谷孰而草木茂,天地之间被润泽而大丰美,四海之内闻盛德而皆徕臣,诸

---

① (汉)班固:《汉书·董仲舒传》,第 2499、2501—2502、2503 页。
② 杨向奎:《大一统与儒家思想》,中国友谊出版公司 1989 年,第 99 页。
③ (汉)班固:《汉书·董仲舒传》,第 2510、2518、2518—2519、2515—2516 页。

福之物,可致之祥,莫不毕至,而王道终矣",而且政治和社会的文化价值系统也应实现一统,"《春秋》大一统者,天地之常经,古今之通谊也。今师异道,人异论,百家殊方,指意不同,是以上亡以持一统,法制数变,下不知所守",因此"诸不在六艺之科孔子之术者,皆绝其道,勿使并进。邪辟之说灭息,然后统纪可一而法度可明,民知所从"①;

5. 要成就圣王事业,必得依赖贤人的辅助。"圣王之治天下也,少则习之学,长则材诸位,爵禄以养其德,刑罚以威其恶,故民晓于礼谊而耻犯其上",而"养士之大者,莫大乎太学;太学者,贤士之所关也,教化之本原也",故应"兴太学,置明师,以养天下之士,数考问以尽其材,则英俊宜可得也。今之郡守、县令,民之师帅,所使承流而宣化也;故师帅不贤,则主德不宣,恩泽不流",还应"使诸列侯、郡守、二千石各择其吏民之贤者,岁贡各二人以给宿卫,且以观大臣之能,所贡贤者有赏,所贡不肖者有罚。夫如是,诸侯、吏二千石皆尽心于求贤,天下之士可得而官使也。遍得天下之贤人,则三王之盛易为,而尧舜之名可及也"②。

强调以仁义为内核的道统、正天下的政统,视成民之性为根本性的政治问题,将礼乐教化作为治道的根本方式,以转化现实政治,董仲舒的这些主张只是对孔子以来儒家政治话语的复述,而其创新之处在于天人之学的解释框架,以及大一统理念的明确表述,二者皆与亟亟于有所作为的汉武帝的圣王意识相合,因此才有复册之举,造就了著名的天人三策。事实上,汉武帝在第一次策问中表露的圣王意识已奠定了天人三策的基调,全部策问都可以理解为是对如何成为圣王这一核心问题的解析,故在逻辑上逐层推进,从改制、更化之必要性而问及帝王之道,终至探究天人之际。而董

---

① (汉)班固:《汉书·董仲舒传》,第 2515、2502—2503、2523 页。
② (汉)班固:《汉书·董仲舒传》,第 2510、2512、2513 页。

仲舒也深体刘彻的帝王心术,故反复称颂其"居得致之位,操可致之势,又有能致之资,行高而恩厚,知明而意美,爱民而好士,可谓谊主","极群下之知,尽天下之美,至德昭然,施于方外",有"尧舜之用心","欲兴仁谊之休德,明帝王之法制,建太平之道"①,意谓武帝具备成为圣王的条件,拥有内在的德性与外在的位/势。并每每以权威性的话语表达方式,亦即圣王如何、圣人如何的句式句法表述其思想,明白指出成就圣王之通途。可以说,董仲舒的对策确立了试图再造圣王的儒生献书劝导君主为尧舜的范式。

大一统的圣王事业如何开展?董仲舒提供的是儒家正宗的文化政治和伦理政治方案。这就是通过礼乐教化的人文化成方式实现对欲望、日常生活的规范、控制、重组,实现人心对于忠孝仁义诸伦理规定的自觉,使人性归之于正。如此也就能妥善地处理各种关系,使社会秩序甚至宇宙秩序保持和谐因而富于生机的状态,故其设定的政治文化的最高境界亦必定是一个审美乌托邦,而文化所以一统者又必定是儒家的文化价值。这需要圣王的倾心认同,并借助其所拥有的政治权力将其体制化,这就有帝国文化导向机制的创建问题:

1. 文化导向机制的核心是具有合法性和权威性的文化价值系统,对于汉帝国文化导向机制的创建来说,这就是要确立儒家文化价值、儒家思想观念在意识形态领域中的主导身份,并将其制度化。"所谓思想观念的制度化,就是在权力的支持下,将一种思想体系转化为一种法律、习俗、实践系统,它具有强制性","儒家制度化的最高表现形式就是儒学的意识形态化","上至朝廷的礼仪、宗庙的祭祀、国家的组织与法律,下至社会礼俗乃至乡规民俗,都灌注着儒家的精神与思维原则"②。这意味着儒学成为具有充分解

---

① (汉)班固:《汉书·董仲舒传》,第2503、2511、2512、2519页。
② 干春松:《制度儒学》,上海人民出版社2006年,第57、64页。

释效力和实践能力的观念体系,不但可以为帝国政治的合法性和刘汉王朝的正当性提供权威论证,而且也是用来组织社会生活、维系社会秩序的信念和准则,更重要的是,制度化使儒家的文化价值获得了物质化的存在形式,这又进一步强化了儒学的合法性和权威性。

2. 意识形态具有由国家机器保障的强制性和排他性,尽管"武帝以后,学者犹兼治诸子百家之学"①,但百家之学已被视作"《六经》之支与流裔"②,不复能与儒家经学相颉颃。而在事关国家和王朝政治认同、文化认同的帝国文化建设领域,贯彻的更是儒家的精神与思维原则,这里体现的也是一种意义的制度化,"当人们知道在一种情境中如何行动——即他们知道他们自己希望他人怎样,他人希望他们怎样的时候——这种情境对于他们就可以说是'结构化'了。这就是说,他们对于这种情境就有了一种共同的概念。在这些期望不仅被认识到,而且得到积极评价的时候,这种所谓结构就是在这群人当中被制度化了"③。这种制度化形成一种文化认同的模式,人们借以实现彼此认同。

3. "立学校之官,州郡举茂材孝廉"④是帝国文化导向机制的重要构成,盖因二者都是以儒家文化价值为指导进行的,以官学或私学的儒家教育为背景、支持,体现的是儒家"学而优则仕"(《论语·子张》)的政治理念,成为社会阶层上升流动的重要通道,甚至是改变社会地位的唯一途径。"当儒学和权力、利益发生密切关系,成为强势的话语时,将儒家作为教育的主要内容便成为官学和私学的自觉选择,从而使得儒家传播的制度化体系自然而然地建

---

① 柳诒徵:《中国文化史》,东方出版中心1988年,第312页。
② (汉)班固:《汉书·艺文志》,第1746页。
③ [美]克鲁克洪等:《文化与个人》,高佳等译,浙江人民出版社1986年,第100页。
④ (汉)班固:《汉书·董仲舒传》,第2525页。

立起来了"①。而儒家教育的核心内容是儒家思想和信仰,如是则儒家教育的国家化也是加强儒家文化吸引力的手段,同时也造成对非儒家文化价值的排斥,这种排斥也就是一种文化控制手段。就此而言,儒家化了的教育制度和选举制度向社会成员开放得越广泛,则儒家文化对社会成员的感召力和吸引力就越普遍和强大。

4. 按一统之义,以王为中心的宫廷具有源头、开端的性质,这不但是指其在政治生活、政治秩序建构方面的功能,也可以在文化生活、文化秩序的意义上成立。儒家的政治、伦理都具有示范性质,以内圣规定和成就外王的圣王尤其具有这种上行下效的示范性,所谓"为政以德,譬如北辰,居其所而众星拱之"(《论语·为政》),所谓"下之事上也,不从其所令,从其所行。上好是物,下必有甚者矣"(《礼记·缁衣》)。如此则宫廷文化和以之为中心的都城文化就不是个案性的,而是具有树立文化典范、以为四方万民取法模仿的意义,因此王者以儒家的文化精神正心、正朝廷也就是建立文化导向机制的重要举措,它体现的是一种中心—边缘的文化传播和意义定向模式。

若与李斯方案对比,就其强调意识形态的一统而言,董仲舒方案体现的文化建构思路并无二致,二者"均欲'禁私学'、'绝异道'、'持一统'、'定一尊';东西背驰而道路同轨,左右易位而照影随形"②。这既表明作为思想家的李斯和董仲舒对于意识形态的本质有深刻的领会,也表明均有志于圣王一统事业的秦始皇、汉武帝具有相同的问题意识。董仲舒方案的高明之处在于充分注意到文化与人性、人情的关联,在此基础上利用知识、德性与权力的转换机制引导人们自觉追求儒家文化价值,利用教化而不是法律/刑罚实现儒家文化价值的普遍化,这无疑是一种切合文化本性的思路。

---

① 干春松:《制度儒学》,第 62 页。
② 钱钟书:《管锥编》第 1 册,中华书局 1986 年,第 201 页。

不过,董仲舒方案之所以最终获得成功,还有赖于两个因素:一是儒家文化价值与传统社会组织形式的匹配性,二是汉武帝对儒家文化价值的主动选择,这种选择与其个体存在的偶然性有关,更基于其个体心性的圣王意识,但选择本身就足以表明其实具有超卓的政治见识,武帝乃是政治大一统和文化大一统的实现者。

这一旨在实现圣王事业的国家文化导向机制具有普遍的适应性,不仅对国家政治文化的改制有效,对国家审美文化的更化也同样有效。这既是因为在前现代的传统社会,文化尚未分化成各具自治性的领域,而是具有一体化的性质,而且儒家的政治哲学要求政治、伦理、文化的互动,还因为圣王实现的大一统本就是一个雄大壮美的政治/文化境界,而此境界的达成是要借由礼乐教化亦即审美文化的手段来实现的。"圣王在上,统理人伦,必移其本,而易其末,此混同天下一之乎中和,然后王教成也。"[1]徐复观说:

> 儒家的政治首重教化,礼乐正是教化的具体内容。由礼乐所发生的教化作用,是要人民以自己的力量完成自己的人格,达到社会(风俗)的谐和。由此可以了解礼乐之治何以成为儒家在政治上永恒的乡愁,更可以了解《中庸》何以说"非天子,不议礼……不敢作礼乐",及汉儒何以多主张"治定功成,礼乐乃兴"(《史记·乐书》)。因为制礼作乐而不得其人,便发生反教化的作用,把人从根本上染坏了。[2]

审美性的礼乐既是制度,也是文化。礼乐治国,就是强调以乐为典范的审美文化在创造理想政治方面的重要意义,而儒家之所以以乐为典范,则是因为包括诗歌、音乐、舞蹈的乐具有发自人心亦即

---

[1] (汉)班固:《汉书·地理志》,第1640页。
[2] 徐复观:《中国艺术精神》,第19页。

生命根源之地的直接性,这充分表明儒家对审美文化的本质有极为深刻的领会和把握。

董仲舒的对策缘于汉武帝急欲有所作为而不知从何措手的困惑,尽管不能排除润色宏业亦即为其欲图开展的文治武功寻求舆论支持的心理动机,但儒家的圣王意识无疑是支持汉武帝策问的深层与强烈的精神意念。甚至可以说,对于董仲舒所描画的改制、更化图景,自小接受儒学教育的汉武帝其实已有所想象,但是并不清晰,所以他才一再追问,直到董仲舒明确提出思想一统的主张,策问才告完成。而就实行的结果看,尽管汉武帝"霸王道杂之"的执政理念表明他也并非儒家所期望的圣王,但作为中国历史上最有为的帝王之一,汉武帝毕竟在中华帝国的政治/文化体制里确立了儒家文化价值的主导地位,并通过以儒学为内容和标准的教育、选举制度的创立,为儒家的文化政治理念、以儒家文化价值为核心的文化导向机制赋予了物质形式。故班固认为:"汉承百王之弊,高祖拨乱反正,文景务在养民,至于稽古礼文之事,犹多阙焉。孝武初立,卓然罢黜百家,表章六经。遂畴咨海内,举其俊茂,与之立功。兴太学,修郊祀,改正朔,定历数,协音律,作诗乐,建封禅,礼百神,绍周后,号令文章,焕焉可述。后嗣得遵洪业,而有三代之风。"①汉兴六七十年以楚风为典范的审美文化模式、基于藩国地域文化的多样化的审美文化格局,自此开始逐步一统于儒家的文化精神,而在宫廷、士人、民间三个审美文化群落中逐渐显现。

---

① (汉)班固:《汉书·武帝纪》,第212页。

今文经学的制度美学与汉代审美制度的形塑

今文经学是传经之学,更是以经典重诠方式形成的宏大叙事,意在以儒家的文化政治理念引导大一统国家的制度、文化和生活建构。依照儒家思想的内在视野,"政治风俗的理想境界乃是一种审美的境界"①,理想社会的展开图景与实现手段都是审美性的。论证这种审美乌托邦的政治理念和文化想象,是以传承华夏礼乐文明为己任的儒生的思想任务,亦由此形成儒家美学话语建构的一条线索。对此,今文经学的方案是运用基于天道崇拜之社会文化心理的天时自然法理,为礼乐制度之美与审美生活的制度建构这一儒家制度美学的思想主题提供合法性论证,在形成典范叙事的同时以折曲的方式引导了汉代审美文化的体制建构。

一、大一统:儒家的文化政治理念

天时自然法理是今文经学话语建构的逻辑和语法,即依据天道安排社会秩序、文化类型、治理模式,其前提是对天与人的一体互动性质的体认和设定,"天的系统与人的系统有相似的结构,可一一对应",而且"可以相感、沟通,相互发生影响"②。今文经学肯

---

① 叶朗:《中国美学史大纲》,第44页。
② 王葆玹:《今古文经学新论》,第269页。

定人的生物性生命受之于父母,但认为人之所以为人的形上根据是"天",所谓"为生不能为人,为人者天也。人之人本于天……人之情性有由天者矣"①。天与人的一体性使彼此间的互感互应成为可能,而以天的系统为模本、典范安排人的系统也因此获得了必然性。于是"关键点就在于如何认识和处理人事、政治、制度与阴阳、四时、五行相类比而存在、相关联而影响,使彼此构成一个和谐、稳定、平衡、统一的机体组织,以得到绵延和巩固"②。这种逻辑和语法奠基于农耕文明对天、人关系的感性经验,以及从中发生的想象性知识,但对今文经学来说,其问题意识在于确立儒家大一统的文化政治理念的合法性并使其制度化。

"大一统"首见于《公羊传》对"隐公元年,春,王正月"的解释:"何言乎王正月?大一统也。""大"意谓"以……为大为重",而"一统"意谓"使'统'一",即"使……一(不杂)"③,因而"大一统"就是"以'一统'为大为重",其实质是强调"要从'头'、始或从根就合多为一"④。然则"大'一统'"的理据何在?在诉诸圣人之言的权威之外,今文经学运用天时自然法理论证其合乎天道的必然性:"王者必受命而后王。王者必改正朔,易服色,制礼乐,一统于天下,所以明易姓,非继人,通以己受之于天也"。而"元年春王正月"的"春秋笔法"正是为了强调"始"的意义:"惟圣人能属万物于一,而系之元也……元者为万物之本。而人之元在焉。安在乎?乃在乎天地之前……故春正月者,承天地之所为也。继天之所为而终之也。"⑤所

---

① (汉)董仲舒:《春秋繁露·为人者天》,见(清)苏舆:《春秋繁露义证》,第318—319页。
② 李泽厚:《秦汉思想简议》,见李泽厚:《中国古代思想史论》,人民出版社1985年,第145页。
③ 李景明、宫云维:《〈公羊传〉"大一统"新探》,《浙江学刊》2011年第1期,第128页。
④ 刘家和:《论汉代春秋公羊学的大一统思想》,《史学理论研究》1995年第2期,第58—59页。
⑤ (汉)董仲舒:《春秋繁露·三代改制质文》《玉英》,见(清)苏舆:《春秋繁露义证》,第184—185、67—69页。

以"元不仅先天而正天,使天有一合理的开端可被理解,还要正王之政与诸侯之即位,使王与诸侯建立的政治秩序有一形上的根基,获得一超越的合法性……所谓一统,就是要统于元,以元为宇宙万物和历史政治的本体基始"①。以"元"正"天",以"天"正"王",则"统"即为正统,奉此正统,也就可以实现王道。

但这是只有圣王才能承担的重责,因为只有他能穿越世界的殊异形相以寻求其统一性,进而赋予世界以明晰的结构、秩序与历史,而"圣王所要承担的大一统,不仅仅是实现和维护政权的统一,而且要承担天命、沟通天人,即奉天承运、布政施教。天道要落实于人世的生活,人间的秩序也要遵从天道。能够承担这一使命的就是王者,完成了这一使命就是实现了'大一统'"②。不过,仅实现了一国的一统只是局部和有限的一统,因为"王者无外""王者以天下为家"③,理想的"大'一统'"必须具有"世界之治"的眼光,只有世界政治生活在纵向上都具有一统性,皆具纯正开端与合法性,甚至天地万物的生长化育都得其"正",才是王道的真正实现,"四方正,远近莫敢不壹于正,而亡有邪气奸其间者。是以阴阳调而风雨时,群生和而万民殖,五谷孰而草木茂,天地之间被润泽而大丰美,四海之内闻盛德而皆徕臣,诸福之物,可致之祥,莫不毕至,而王道终矣"④。

因而王者不能只考虑其一姓一国的统治问题,而必须在天下的广大视域中考虑全部政治问题。但是"天下政治"的成败系于民心,因为"天之生民,非为王也,而天立王以为民也"⑤,"列土为疆非为诸

---

① 蒋庆:《公羊学引论》,辽宁教育出版社 1995 年,第 283 页。
② 李长春:《〈春秋〉"大一统"与两汉时代精神》,《中山大学学报》2011 年第 3 期,第 135 页。
③ 《春秋公羊传·隐公元年》释"祭伯来"传文与何休注,见(清)阮元校勘:《十三经注疏》,第 2199 页。
④ (汉)班固:《汉书·董仲舒传》,第 2501—2503 页。
⑤ (汉)董仲舒:《春秋繁露·尧舜不擅移、汤武不专杀》,见(清)苏舆:《春秋繁露义证》,第 220 页。

侯,张官设府非为卿大夫,皆为民也","天下非一家之有"①,王只有使万民皆得其应得之利益,才能获得广泛承认和支持,否则其政治正当性("天命")将发生合法变更。而且,"成民之性"是根本性的政治问题,因为"天生民性有善质,而未能善,于是为之立王以善之,此天意也……王承天意,以成民之性为任者也",故"设官府爵禄,利五味,盛五色,调五声,以诱其耳目,自令清浊昭然殊体,荣辱踔然相驳,以感动其心"②。国因此不只是控制身体的刑政机器,更是塑造心灵的意义机制,"政治社会之本身实不异一培养人格之伟大组织"③。因此之故,国在地理上有疆域但在文化上无边界,是要"求大同文化世界之实现,不在偏狭的帝国主义之发展"④。所以王及其代表的国不但要圆满解决利益和权力的分配问题,还必须圆满解决精神生活、文化价值问题,因而理想的制度设计必须充分考虑文化与政治的互动和一体化问题,因为"政治成功最终取决于文化成功"⑤。

一统因此包含文化一统与政治一统的双重内涵,文化一统不仅是政治一统的外在象征,还是参与政治一统建构的重要力量。文化一统在时间和空间上展开,在时间上要处理的是"新统""旧统"的文化继承问题,"受命而王"的"新统"必得有其新的文化符号与意义编码系统,但这又是对前代文化之"统"的损益、改制,所谓"王者必因前王之礼,顺时施宜,有所损益","王者未作乐之时,因先王之乐以教化百姓,说乐其俗,然后改作"⑥,而且还要"存二王之后以大国,使服其服,行其礼乐"⑦,保持其文化之"统"的延续

---

① (清)陈立:《白虎通疏证·封公侯》《三正》,中华书局1994年,第288、366页。
② (汉)董仲舒:《春秋繁露·深察名号》《保位权》,见(清)苏舆:《春秋繁露义证》,第302、173页。
③ 萧公权:《中国政治思想史》,第45页。
④ 钱穆:《中国文化史导论》,第94页。
⑤ 赵汀阳:《坏世界研究:作为第一哲学的政治哲学》,第107—108页。
⑥ (汉)班固:《汉书·礼乐志》,第1029、1038页。
⑦ (汉)董仲舒:《春秋繁露·三代改制质文》,见(清)苏舆:《春秋繁露义证》,第186—187页。

性。空间上的文化一统要处理的是中心与边缘的文化传递问题，包括国之地理疆域内部的中央与地方，以及同属天下的中国与夷狄。而要实现"六合同风，九州共贯"①的一统格局，择用的文化不仅必须具有合法性与普遍有效性，经得起民心验证，唯此才具有施于天下的广泛性，而且还必须具有普遍的被模仿性，因为文化一统不能通过强制手段实现，而是以同心圆式的文化传递模式实现，而以王为中心的宫廷具有源头、开端的性质。

二、礼乐：完美的政教制度

如此则完美的政教制度就是能够实现大一统的制度，而既然王的治统合法性源于天，则政教制度的完美性就体现为从精神本质到具体设计各层面的天人合一，甚至制度形式也体现象征意义。例如，之所以"王者制官，三公、九卿、二十七大夫、八十一元士，凡百二十人，而列臣备矣"，是因为"三人而为一选，仪于三月而为一时也。四选而止，仪于四时而终也……其以三为选，取诸天之经；其以四为制，取诸天之时；其以十二臣为一条，取诸岁之度；其至十条而止，取之天端"②，而司农、司马、司营、司徒、司寇之间亦存在"相生""相胜"的关系。"五官"守职则"相生"，失职则"相胜"③，即谓官制、官职取法天的自然节律以及五行运转的规律。这种"从象征意义而不是实用意义上思考制度"的思维方式可称作"制度浪漫主义"和"制度唯美主义"④。而此并非切合政治理性的制度具有和谐、整齐的形式之美，这种美又是基于人事、制度与阴阳、四时、

---

① 王吉上疏，见（汉）班固：《汉书·王贡两龚鲍传》，第3063页。
② （汉）董仲舒：《春秋繁露·官制象天》，见（清）苏舆：《春秋繁露义证》，第214—215页。
③ （汉）董仲舒：《春秋繁露·五行相生》《五行相胜》，见（清）苏舆：《春秋繁露义证》，第362—371页。
④ 阎步克：《波峰与波谷——秦汉魏晋南北朝的政治文明》，第98页。

五行在结构上的相似/类通。这可以理解为看待世界的审美主义视野,亦即在最基础的水平上,世界是按照美的原则来设计的,因而只有效仿这种设计理念的社会制度才是完美适宜的制度,也才能据以建立一个与世界运行完美适应的社会秩序,而这就是礼乐。

礼乐本是周朝旧制,"无论作为制度,还是作为规范或作为仪式,其形式都是由美感形式或艺术形式构成的,并以美感愉悦为纽带,把不同的等级、不同的人群联系、调和起来"[①],因而是一种高尚优雅的审美性的文明/文化,是儒家乌托邦构想的蓝本。儒家并不认为礼乐的文化先进性会因"礼坏乐崩"的事实而消失,因为虽然"礼乐刑政,四达而不悖,则王道备矣"(《礼记·乐记》),但是法治和行政手段并不能在深层次上解决政治治理问题,盖因"教之以政,齐之以刑,则民有遯心"(《礼记·缁衣》),因而礼乐才具有本源性,"致礼乐之道,举而错之天下无难矣"(《礼记·乐记》)。荀子曾从政治发生学的角度论证此本源性,所谓"人生而有欲,欲而不得,则不能无求,求而无度量分界,则不能不争。争则乱,乱则穷。先王恶其乱也,故制礼义以分之,以养人之欲,给人之求"(《荀子·礼论》),今文经学则运用天时自然法理,论证礼乐的本源性在于其合于天地运行之道、一统之义,其逻辑是:礼乐体现了天地存在和运行的根本原理,所谓"乐者,天地之和也;礼者,天地之序也。和,故百物皆化;序,故群物皆别"(《礼记·乐记》),所以"明于天地,然后能兴礼乐"(同上),因而"圣人作乐以应天,制礼以配地",就能实现与"天道"的呼应、配合,保证社会秩序的稳定,"暴民不作,诸侯宾服,兵革不试,五刑不用,百姓无患"(同上),同时又能使人处在与天地一体的和谐状态。这种人为创造的和谐状态因其与自然和谐状态的一体性,而能保证人类社会充分享用自然的厚赐,"大人举礼乐,则天地将为昭焉。天地䜣合,阴阳相得,煦妪覆育万物,然后

---

① 聂振斌:《儒学与艺术教育》,第2页。

草木茂,区萌达,羽翼奋,角觡生,蛰虫昭苏。羽者妪伏,毛者孕鬻。胎生者不殰,而卵生者不殈"(同上),这是一个雄美壮大的乌托邦。

礼乐因此具有存在论意义上的优先性。不仅如此,礼乐还是"为人心所创造的人道"①:"夫礼,先王以承天之道,以治人之情"(《礼记·礼运》),"致乐以治心"(《礼记·乐记》),因而是通贯天、人的根本秩序。然则,何以礼乐可以推动实现世界的普遍和谐?今文经学认为,其所凭依的动力机制是异质同构、同类互感,所谓"万物之理,各以类相动也"(同上)。董仲舒更明确地说:"天有阴阳,人亦有阴阳。天地之阴气起,而人之阴气应之而起,人之阴气起,而天地之阴气亦宜应之而起,其道一也",所以"美事召美类,恶事召恶类,类之相应而起也"②。"如果去掉古代所不可避免的神秘解释,其关键就在:要把(一)音乐(以及舞蹈、诗歌)的节律与(二)自然界事物的运动和(三)人的身心的情感和节奏韵律相对照互应,以组织、构造一个相互感应的同构系统。"③如此则人人之际、天人之际、自然生态与文化生态均属异质同构,因阴阳五行的运转流通而能同类相应、同类相感。礼乐因此是"天下政治"的纯正源头,可以实现政治秩序的普遍可传递性,亦即为世界各国普遍实行,但同时又能保持各自的独立性,即使政治中心发生变动,但一统格局并不会发生改变。

不过,尽管礼、乐具有内在的一致性:"礼之所至,乐亦至焉"(《礼记·孔子闲居》),"知乐则几于礼"(《礼记·乐记》),但礼的外在规范性更强,而乐则发自人的生命根源之地,"凡音者,生于人心者也;乐者,通伦理者也"(同上),与人性、人情具有更亲切直接的关联性,所以说"德者,情之端也;乐者,德之华也;金石丝竹,乐之

---

① 赵汀阳:《坏世界研究:作为第一哲学的政治哲学》,第 136 页。
② (汉)董仲舒:《春秋繁露·同类相动》,见(清)苏舆:《春秋繁露义证》,第 360、358 页。
③ 李泽厚:《华夏美学》,见李泽厚:《美学三书》,第 235 页。

器也。诗,言其志也,歌,咏其声也,舞,动其容也。三者本于心,然后乐器从之。是故情深而文明,气盛而化神;和顺积中,而英华发外,唯乐不可以为伪"(同上)。徐复观解释说:

> 乐的三基本要素,是直接从心发出来,而无须客观外物的介入,所以便说它是"情深而文明"。"情深",是指它乃直接从人的生命根源处流出;"文明",是指诗、歌、舞从极深的生命根源向生命逐渐与客观接触的层次流出时,皆各具有明确的节奏形式。乐器是配上这种人身自身上的明确的节奏形式而发生作用、意义的。经乐的发扬,而使潜伏于生命深处的"情"得以发扬出来,使生命得到充实,这即是所谓"气盛"。潜伏于生命深处的情,虽常为人所不自觉,但对一个人的生活,实有决定性的力量。①

这是儒家乐教、诗教得以成立的心性根据,今文经学则试图将其置于天人同构互感的宏大背景中,通过天时自然法理的话语逻辑实现礼乐的天道化,"礼乐之极乎天而蟠乎地,行乎阴阳而通乎鬼神,穷高极远而测深厚"(《礼记·乐记》)。

三、审美生活的制度建构

礼乐是合乎天时自然法理的完美制度,礼乐治国的实质则是以审美性的实现手段达成审美性的政治文化图景。不但兼包诗、舞的整合性的乐是审美性的,而且"经过孔子、荀子等儒家思想家的改造","儒家所谓'礼'就不仅仅是宗教甚或伦理意义上的行为,而且是艺术行为,一种生活的艺术行为,甚至可以说就是一种表现

---

① 徐复观:《中国艺术精神》,第21页。

内在真实情感的有节奏的舞蹈"①,"礼不再是苦涩的行为标准,它富丽堂皇而文才斐然,它是人的文饰,也是引导人生走向理想境界的桥梁"②。如此则礼乐治国理念充分表明儒家对审美生活与政治生活一体互动性的重视,此即"声音之道与政通"(《礼记·乐记》)的审美政治学。

然而,并非所有表现情感、意愿的行为都具有审美性,亦非所有审美形式都堪负创建礼乐秩序之责。儒家认为,充分合法的"乐"须有最强的审美性,"凡音之起,由人心生也……感于物而动,故形于声。声相应,故生变,变成方,谓之音。比音而乐之,及干戚羽旄,谓之乐"(《礼记·乐记》),有节奏和旋律的"声"才是"音",而"乐"还进一步要求乐器和舞蹈的配合。更重要的是,"乐"须具备最强的社会规范性,"乐者,通伦理者也。是故知声而不知音者,禽兽是也。知音而不知乐者,众庶是也。惟君子为能知乐"(同上),动物只能倾听"自然之声",而人可以欣赏艺术性的"声""音",进而只有君子才有能力分辨何种审美性的"声""音"才是真正具有合法性的"乐","郑音好滥淫志,宋音燕女溺志,卫音趋数烦志,齐音敖辟乔志。此四者,皆淫于色而害于德"(同上),也才能从"乐"中获得真正的快乐,"君子乐得其道,小人乐得其欲。以道制欲,则乐而不乱;以欲忘道,则惑而不乐"(同上)。

进一步说,尽管每个人都会因"感物而动"的心灵机制而有成为艺术家的可能,但因为"物之感人无穷,而人之好恶无节",会"灭天理而穷人欲"(《礼记·乐记》),因而会有郑卫之音的制作,所以也不是所有人都具备作乐的资格,甚至"虽有其位,苟无其德,不敢作礼乐焉"(《礼记·中庸》),而只有圣王方能胜任。圣王意谓"圣

---

① 彭锋:《君子人格与儒家修养中的美学悖论》,《陕西师范大学学报》2009年第4期,第21页。
② 杨向奎:《宗周社会与礼乐文明》,第381页。

人为王","耐以天下为一家,以中国为一人"(《礼记·礼运》),"天地神明之心,与人事成败之真,固莫之能见也,唯圣人能见之"①,其使命是"代天宣化,完成天所不能执行之工作"②。圣王标志着政治领域和文化领域最高境界的合二为一,"圣也者,尽伦者也;王也者,尽制者也"(《荀子·解蔽》),因而唯有圣人为王,才可以保证政治生活和文化生活各自源头之"正",以及以适当的方式实现政治价值和文化价值的最优化配置,所以"敦乐而无忧,礼备而不偏者,其唯大圣乎"(《礼记·乐记》)。

不过,圣王推行礼乐教化,以审美性的生活架构组织社会,"非以极口腹耳目之欲也,将以教民平好恶而反人道之正"(《礼记·乐记》),审美的根本目的并非满足人的感性需要,而是要在感性中、通过自然性的培养和引导在人的内心建立起理性、社会性。加达默尔说:"人之为人的显著特征就在于,他脱离了直接性和本能性的东西,而人之所以能脱离直接性和本能性的东西,就在于他的本质具有精神的理性的方面","因此,教化作为向普遍性的提升,乃是人类的一项使命。它要求为了普遍性而舍弃特殊性。但是舍弃特殊性乃是否定性的,即对欲望的限制,以及由此摆脱欲望对象和自由地驾驭欲望对象的客观性"③。这也是儒家的一贯理解,但儒家并不相信民可以靠其自身的自然性实现"向普遍性的提升",也并不是所有的审美文化都能承担教化功能,因为"民有血气心知之性,而无哀乐喜怒之常。应感起物而动,然后心术形焉。是故志微、噍杀之音作,而民思忧;啴谐、慢易、繁文、简节之音作,而民康乐;粗厉、猛起、奋末、广贲之音作,而民刚毅;廉直、劲正、庄诚之音作,而民肃敬;宽裕、肉好、顺成、和动之音作,而民慈爱;流僻、邪

---

① (汉)董仲舒:《春秋繁露·郊语》,见(清)苏舆:《春秋繁露义证》,第397页。
② 萧公权:《中国政治思想史》,第201页。
③ [德]汉斯-格奥尔格·加达默尔:《真理与方法——哲学诠释学的基本特征》,第14、15页。

散、狄成、涤滥之音作,而民淫乱"(《礼记·乐记》)。

以"成民之性"为指归的审美生活因此一定是制度建构性的,亦即将审美生活纳入社会控制体系,只有那些具有合法性的审美生活才能存在,而不能放任自流,"先王耻其乱,故制雅颂之声以道之,使其声足乐而不流,使其文足论而不息,使其曲直、繁瘠、廉肉、节奏足以感动人之善心而已矣。不使放心邪气得接焉"(《礼记·乐记》)。依据以类相动的宇宙法则,乐不仅可与人心相感相通,"正声感人,而顺气应之,顺气成象,而和乐兴焉"(同上),亦可与天地万物相感相通,"夫歌者,直己而陈德也,动己而天地应焉,四时和焉,星辰理焉,万物育焉"(同上)。因此对乐进行制度化建构,使其体现天地运行之理,从而推动天地万物的发育变化,就是圣王的要务。自然、人事、宇宙也因此而能相互沟通,形成天、地、人、神和合的美好境界。

具有充分合法性的乐要体现天地运行之理,这决定于乐的存在论设定,因而乐就应体现天地的品质,具有普遍性形式,"大乐与天地同和,大礼与天地同节"(《礼记·乐记》)。中和之美的形上依据是阴阳的对立统一和五行相生的调谐,所谓"天地之道,虽有不和者,必归之于和,而所为有功;虽有不中者,必止之于中,而所为不失","阳者天之宽也,阴者天之急也,中者天之用也,和者天之功也"①。如此则乐就不是个体情感的符号表现,根本上是一种贯通天、人的普遍性的生命节律,"是故清明象天,广大象地,终始象四时,周还象风雨。五色成文而不乱,八风从律而不奸,百度得数而有常。小大相成,终始相生,倡和清浊,迭相为经。故乐行而伦清,耳目聪明,血气和平,移风易俗,天下皆宁。"(《礼记·乐记》)

这一带有神话思维印记的理解内蕴着一种慧识,即人心、审

---

① (汉)董仲舒:《春秋繁露·循天之道》,见(清)苏舆:《春秋繁露义证》,第447页。

美、政治具有内在的相通性,文艺生态、政治生态、自然生态具有内在的一致性,所谓"宫为君,商为臣,角为民,徵为事,羽为物。五者不乱,则无怗懘之音矣。宫乱则荒,其君骄;商乱则陂,其官坏;角乱则忧,其民怨;徵乱则哀,其事勤;羽乱则危,其财匮。五者皆乱,迭相陵,谓之慢。如此则国之灭亡无日矣"(《礼记·乐记》)。这意味着,审美有关于感知共同体的建构,有关于如何以想象性方式建立政治的基础及其认同,因而意义重大。以乐这一普遍性的情感形式去滋养人心,乃是根本性的政治之道:"儒家的政治首重教化,礼乐正是教化的具体内容。由礼乐所发生的教化作用,是要人民以自己的力量完成自己的人格,达到社会(风俗)的谐和。由此可以了解礼乐之治何以成为儒家在政治上永恒的乡愁,更可以了解《中庸》何以说'非天子,不议礼……不敢作礼乐',及汉儒何以多主张'治定功成,礼乐乃兴'(《史记·乐书》)。因为制礼作乐而不得其人,便发生反教化的作用,把人从根本上染坏了。"①

四、汉代审美文化体制的建构

与儒家思想在汉武帝中期以后的制度化同步,今文经学的制度美学思想引导了汉代国家审美文化体制的建构。这主要表现在,与一统的政治秩序相应,以中央朝廷为中心的文化生产、传递、奖励机制开始建立,而作为国家文化机构的乐府不但体现了"王官采诗""王者功成作乐"的政治、文化理念,亦致力于实现多元文化的整合。

按"大'一统'"之义,以王为中心的宫廷具有源头、开端的性质,包括政治生活、政治秩序与文化生活、文化秩序的双重建构。"下之事上也,不从其所令,从其所行。上好是物,下必有甚者矣"

---

① 徐复观:《中国艺术精神》,第19页。

(《礼记·缁衣》),宫廷文化和以之为中心的都城文化具有树立文化典范、为四方、万民取法模仿的意义。因此王以儒家文化精神"正心""正朝廷",也就是建立文化导向机制的重要举措,它体现的是一种中心—边缘的文化传播和意义定向模式。王居处的国家政治中心也应同时是国家文化中心,所谓"教化之行也,建首善自京师始,繇内及外"[①],这样才能保证政治和文化在其源头处的纯正性。但自高祖建国直至文景之治,尽管政治中心已然确立,但国家文化疆域实际上处于无中心状态,反倒是以诸侯王宫廷为中心的藩国地域文化兴盛繁荣,既呈现出远绍先秦的地域文化特征,又映射着诸侯王的精神意趣和文化偏向。从汉武帝中期开始,随着诸侯政治势力的日益削弱,藩国不复具有文化上的吸引力和控制力,文化中心遂从藩国宫廷向中央朝廷转移,才真正形成了与先秦文化揖别、与一统政治相匹配的大汉文化。

包括审美文化在内的国家文化中心的形成,其外在和直接的表现是原曾以藩王宫廷为中心的文人学士逐渐汇聚于中央朝廷,一改其为藩国政治和诸侯王的精神意趣服务的文化取向,而将"大'一统'"作为自觉的文化追求。典型如司马相如,他曾客游梁而作《子虚赋》,后因杨得意举荐武帝侧,以为《子虚》"乃诸侯之事,未足观,请为天子游猎之赋",遂作《上林赋》。在赋中,亡是公不但极言上林之恢宏巨丽的物态,而且还塑造了天子的圣王形象,如"出德号,省刑罚,改制度,易服色,革正朔,与天下为始",如"游于六艺之囿,驰骛乎仁义之途",如"德隆于三皇,功羡于五帝",并以为齐、楚"以诸侯之细,而乐万乘之所侈,仆恐百姓被其尤也",于是子虚、乌有"愀然改容,超若自失"。司马相如以超逾楚之云梦泽、齐之海滨苑囿的上林巨丽图景,表征天子、朝廷的强势声威,敦劝诸侯效法天子,推行仁义,其为一统政治服务的意图十分明显。汉初在诸藩

[①] 公孙弘语,见(汉)班固:《汉书·儒林传》,第 3594 页。

国形成的各种文化中心——如楚国的《诗》学中心、淮南国的《楚辞》学中心,从此不复存在,文人学士无由再现与诸侯王风云际会的图景。

与国家文化中心的形成相因应的是国家文化机构的重建。班固描述武帝宣帝时期的文化盛况说:"至于武宣之世,乃崇礼官,考文章,内设金马石渠之署,外兴乐府协律之事,以兴废继绝,润色鸿业……故言语侍从之臣,若司马相如、虞丘寿王、东方朔、枚皋、王褒、刘向之属,朝夕论思,日月献纳,而公卿大臣御史大夫倪宽、太常孔臧、大中大夫董仲舒、宗正刘德、太子太傅萧望之等,时时间作,或以抒下情而通讽谕,或以宣上德而尽忠孝"①。秦代已经设有乐府官署,然而汉武帝为乐府赋予了"大'一统'"的文化政治内涵,令后世印象深刻,以至于连博学多识之班固也将乐府的设立归于武帝名下,"自孝武立乐府而采歌谣,于是有代赵之讴,秦楚之风,皆感于哀乐,缘事而发,亦可以观风俗,知薄厚云"②,因而"立"只能理解为"重建""扩充","扩充"指其数量规模,"重建"指其精神内涵。

班固的叙述意谓汉武帝遵循了"王官采诗"的儒家观念。作为先王之制,"王官采诗"承担着使王了解社会人心并据以纠偏政治的功能,而这无疑是只有圣王方能承担的事业。这里体现了儒家"审乐以知政"(《礼记·乐记》)的审美政治学理念,认为可以"从音乐(包括诗歌)的风格上去考察其中所体现的思想感情,从而借以辨别政治优劣,风俗好坏"③。当儒者如此看待汉武帝重建、扩充的乐府,虽难免润色鸿业之嫌,但也寄寓了某种政治清明的渴望,

---

① (汉)班固:《两都赋序》,见(清)严可均辑:《全上古三代秦汉三国六朝文》第一册,第602页。
② (汉)班固:《汉书·艺文志》,第1756页。
③ 张少康、刘三富:《中国文学理论批评发展史》上卷,第20页。

对于圣王事业的期盼。而这恰恰与意欲"上参尧舜,下配三王"①的汉武帝的精神意念相投,遂使"王官采诗"由一种历史追忆,"由一种学说、观念,具形而为一种王朝制度"②,而由乐府这一国家文化机构来承担。虽然乐府采诗的具体情形已不能了然,但据班固所记,有所谓"吴楚汝南歌诗""燕代讴雁门云中陇西歌诗""邯郸河间歌诗""齐郑歌诗""淮南歌诗""左冯翊秦歌诗""京兆尹秦歌诗""河东蒲反歌诗""洛阳歌诗""河南周歌诗""周谣歌诗""南郡歌诗"等145篇③,可证汉武帝确实有过采集不同地域的歌谣之举。"代赵之讴,秦楚之风"的汇聚乐府,象征了政治和文化上一统于天子所代表的中央朝廷。

  班固还叙述了汉武帝"立乐府"的另一政治、文化功能:"至武帝定郊祀之礼,祠太一于甘泉,就乾位也;祭后土于汾阴,泽中方丘也。乃立乐府,采诗夜诵,有赵、代、秦、楚之讴。以李延年为协律都尉,多举司马相如等数十人造为诗赋,略论律吕,以合八音之调,作十九章之歌。"④这里体现出的是另一种意义的一统,即"王者功成作乐",而乐府正是主管和负责作乐的文化机构。不过,汉武帝的初衷并非在全国范围内推广以乐承载的某种文化结构,一如儒生所期望的那样,这连有道家背景的汲黯也看得清楚,汉武帝伐大宛得千里马,因作《天马歌》,汲黯批评说:"凡王者作乐,上以承祖宗,下以化兆民。今陛下得马,诗以为歌,协于宗庙,先帝百姓岂能知其音邪?"⑤武帝默然不悦。显然,汉武帝"立乐府"的真实目的是为郊祀之礼制作乐章,但在郊祀之礼的设立上却体现出一统意图,此即以"泰一"这一至上神统摄"五帝","其目的是为了把汉

---

  ① 汉武帝举贤良诏书,见[汉]班固:《汉书·武帝纪》,第161页。
  ② 李山:《经学观念与汉乐府、大赋的文学生成》,《河北学刊》2003年第4期,第130页。
  ③ (汉)班固:《汉书·艺文志》,第1754—1755页。
  ④ (汉)班固:《汉书·礼乐志》,第1045页。
  ⑤ (汉)司马迁:《史记·乐书》,第1178页。

初五帝共祀的局面变为太一独尊,是从宗教神学的角度确立大一统的大汉帝国的地位与尊严"①。

问题在于,新的郊祭礼需要与之相应的乐章,而从高祖以来以继承为主的宗庙乐已然无法匹配,所以需要新的创制。武帝的做法是采集各地歌谣,由司马相如等人创作歌辞,而由李延年负责创制新声,所谓"上方兴天地诸祠,欲造乐,令司马相如等作诗颂。延年辄承意弦歌所造诗,为之新声曲"②。需要注意的是,其时并非没有上古流传下来的雅乐,除了制氏世代持守,还有河间献王所献,"河间献王有雅材,亦以为治道非礼乐不成,因献所集雅乐。天子下大乐官,常存肄之。岁时以备数,然不常御,常御及郊庙皆非雅声"③,而以汉武帝的儒学素养,对郊庙用雅乐的传统当知之甚稔,因而他弃置雅乐而用新声变曲为新的郊祭礼配乐,只能理解为他对"天子制礼乐""功成作乐"观念的实践,核心意识是:既然上古圣王之乐都各不相同,则作为新一代圣王,又如何可以沿袭旧乐而不创制新声?

国家文化中心的形成表明藩国地域文化的多元存在已告终结,但国家文化中心的形成又不单纯是汇集藩国文化而形成的量的增加,而是依据"大'一统'"理念实现的质的变化。从国家文化格局说,形成了以中央朝廷为中心的辐辏结构,一流的学者、文人、艺术家多集中于中央朝廷,他们待遇优渥,有更多的可能性实现人生抱负,令四方后学向往不已,而对那些专好文学、艺术并希望借此改变命运的士人来说,这吸引力尤为显著。例如,"景、武间,文翁为蜀守,教民读书法令,未能笃信道德,反以好文刺讥,贵慕权势。及司马相如游宦京师诸侯,以文辞显于世,乡党慕循其迹。后有王

---

① 赵敏俐:《重论汉武帝"立乐府"的文学艺术史意义》,《社会科学战线》2001年第5期,第113页。
② (汉)班固:《汉书·佞幸传》,第3725页。
③ (汉)班固:《汉书·礼乐志》,第1070页。

褒、严遵、扬雄之徒,文章冠天下。繇文翁倡其教,相如为之师"①,司马相如凭《上林赋》而被武帝"以为郎"的故事为王褒辈树立了典范,甚至由此形成了蜀地文学传统。而从文化精神着眼,则形成了以君权和儒家仁义为内涵的道统统摄、兼容地域、学派文化的大文化格局,"出现了以政治大一统思想兼容先秦儒、道、墨、名、法、阴阳六大思想流派的态势,完成了学术思想新构架","一方面充分显示一人专制的威力,一方面充分表现兼容并包的气势"②。

国家文化中心的形成,标志着与一统的政治局面相适应的文化秩序开始形成。与政治秩序一样,高矗文化秩序顶端的也是一人专制的皇帝,在事关国家/王朝根本利益的文化问题上拥有最终的决定权——例如武帝对郊祭乐的选择,这种文化上的最高决策权也印证和象征着皇权的至高无上。而因此一元化的政治/文化秩序,文化由中心向边缘的传递过程就同时是政治秩序的建构过程,而从文化边缘向文化中心的移动也就意味着政治地位的擢升。国家文化中心在建构国家文化秩序上的示范性就建立在这一基础之上,而示范性至少包括文化建构的主题、风格、形式。

与更新、重建的儒学成为新的国家意识形态同步,儒家的文化价值也开始转化为国家倡导的审美文化主题与风格,并从国家文化中心向天下、四方传递。例如,"炳焉与三代同风"的"大汉之文章"③确立于武帝时代,以董仲舒的散文为代表,风格从汉初的纵横驰说转变为典雅醇厚的"坐而论道",而标志着大赋文体真正成型的司马相如不仅以维护"大'一统'"为自觉的创作动机,而且按司马迁的评价,其赋作"虽多虚辞滥说,然其要归引之节俭,此与

---

① (汉)班固:《汉书·地理志》,第1645页。
② 许结:《汉代文学思想史》,人民文学出版社2010年,第83、88—89页。
③ (汉)班固:《两都赋序》,见(清)严可均辑:《全上古三代秦汉三国六朝文》第一册,第602页。

《诗》之风谏何异"①。其影响所及,民间审美文化精神也归向儒家,如萧涤非说"在汉乐府抒情一类中,最可注意者,厥为描写夫妇情爱一类作品。南朝清商曲,多男女相悦及女性美之刻画,汉时则绝少此种。盖两汉实为儒家思想之一尊时期,其男女之间,多能以礼义为情感之节文……故其所表现之女性,大率温厚贞庄,与南朝妖冶娇羞,北朝之决绝刚劲者,歧然不同。如云'他家但愿富贵,贱妾与君共餔糜',如云'若生当相见,亡者会黄泉',如云'愿得一心人,白头不相离''使君自有妇,罗敷自有夫'之类,皆忠厚之至也"②。

而如乐府之国家文化机构,其重大意义在于将儒家理念落实为国家体制,从而使得职能在俗乐的乐府获得了沟通上下的政治功能,所谓"抒下情而通讽谕""宣上德而尽忠孝"。尽管汉武帝"立乐府"的真正用意在于为体现"大'一统'"的郊祭礼配置乐舞,是一项旨在显示其圣王品质与刘汉帝国治统合法性的宗教活动,与儒者以礼乐转化全国风俗的构想颇为龃龉,但形式上的相似还是令那些以恢复三代礼制为职志的儒者激动不已。尽管如郊祭礼一类天子礼,隔断了每个人与神圣之天/天帝的联系,但在天子、国家一体性的王朝国家,其宗教意义上的神圣性与意识形态意义上的威慑性具有不容置疑的普遍性,强有力地缔构了新的国家认同与民族文化认同。其对当日知识阶层心灵的鼓荡激扬,从司马谈因为不得参与汉武帝的封禅大典而抱憾不已可见一斑③。祭拜泰一的郊祭、封禅,都是富有文化政治意味的创举,足以激发士人浪漫瑰丽的盛世想象以及强烈的文化自信,并将其烙印、渗透在新帝国的文化机体中。

就实质而言,乐府的文化功能在于宣示了春秋末期以来与贵

---

① (汉)司马迁:《史记·司马相如列传》,第 3073 页。
② 萧涤非:《汉魏六朝乐府文学史》,人民文学出版社 1984 年,第 83 页。
③ (汉)司马迁:《史记·太史公自序》,第 3295 页。

族雅乐相对的民间俗乐的合法性:既然如郊祭、封禅等国家大典都采用俗乐,则在日常生活中享受俗乐就无须遮遮掩掩,这倒也体现了上行下效的示范性。当时的状况是,"内有掖庭材人,外有上林乐府,皆以郑声施于朝廷"。至汉成帝时代,"郑声尤甚。黄门名倡丙强、景武之属富显于世,贵戚五侯定陵、富平外戚之家,淫侈过度,至与人主争女乐。哀帝自为定陶王时疾之,又性不好音",以为"郑卫之声兴则淫辟之化流,而欲黎庶敦朴家给,犹浊其源而求其清流,岂不难哉!……其罢乐府官","然百姓渐渍日久,又不制雅乐有以相变,豪富吏民湛沔自若"①。虽然汉哀帝罢黜乐府官实有其性不好音的个人原因,且针对贵戚、外戚的僭越而发,试图以此整肃朝纲,但诏书中的堂皇叙事倒是符合儒家的复古礼乐观。在儒家看来,郑声鼓荡情绪,快乐太过("淫"),不利于中和人格的养成,无助教化,因而要禁绝其与人民接触的途径,通过推广雅乐以实现文化的整一、风俗的移易。尽管如此,俗乐已然盛行于各个社会阶层,其冲决之势已非衰颓之雅乐所能抗衡扭转。春秋末年以来五百年的雅、俗之争就此作结。这并不符合儒者的文化期待,所以班固说:"大汉继周,久旷大仪,未有立礼成乐,此贾谊、仲舒、王吉、刘向之徒所为发愤而增叹也"②。

这里体现出儒家思想观念的内在冲突。汉武帝"立乐府"体现了"王官采诗"和"圣王作乐"的儒家观念,无疑具有形式的合理性,却不具有实质的合理性。因为乐府实现了俗乐的合法化,而依照儒家礼乐治国思想,只有雅乐才堪当教化重责,这种冲突与儒家圣王的政治理念内涵的悖论是一致的。这就使乐府也成为意识形态与精英意识纠缠冲突的场所,儒生一方面褒扬乐府"兴废继绝,润色鸿业",也以自己的创作参与其中,同时又"发愤而增叹"其对雅

---

① (汉)班固:《汉书·礼乐志》,第 1071—1074 页。
② (汉)班固:《汉书·礼乐志》,第 1075 页。

乐的冲击。其实这种冲击由来已久,战国时颇有好古之称的魏文侯已对子夏坦承"端冕而听古乐,则唯恐卧;听郑、卫之音,则不知倦"(《礼记·乐记》),西周雅乐已经随着其政治控制力的衰微,不复具有统治性文化的特征。于是各地带有区域性特征的民间歌舞兴盛起来,并要求获得其合法地位。对于作为"平民为天子的统一政府"①的刘汉王朝来说,承认俗乐的合理性并以之为基础创造一种新的文化模式,以求规范各地差异性文化,实现与政治一统相适应的文化一统格局,乃是合乎政治理性也顺应民心的举措,当中体现的乃是一种与平民王朝身份相当的文化精神。

作为国家文化机构,凭借国家体制力量,乐府不仅以其创制"新声曲"的文化实践为新帝国的审美文化确立了基调,以其多样化的作乐活动丰富了歌诗艺术表现手段,进而形成文学史的传统——例如"楚声""秦声"的贡献在于产生"五言诗体",而"新声曲"则开后世"长短歌行"一派,"斯二体者,皆汉乐府所独擅,诗骚之所未有,而固有得于声调之助也"②,还从创作主体方面为汉代诗歌艺术的繁荣准备了条件。这一方面是指"言语侍从之臣""公卿大臣"之文人的参与及其示范引领作用,另一方面是指乐府本身培养出大量专业艺术人才。乐府极盛时期拥有多少乐人、舞人已无可考,单就汉哀帝时罢乐府官的情形看,裁撤人员中有"竽工员""琴工员""张瑟员""鼓员""倡""讴员""竽瑟钟磬员"等名目,"其四百四十一人不应经法,或郑卫之声,皆可罢","其三百八十八人不可罢","大凡八百二十九人"③,于此可知其数量众多,类型多样。乐府不仅推动了汉代歌舞艺术的发展繁荣,且其本身就是汉代审美文化图景的重要构成,这是其在中国审美文化史上的贡献,但这已然越出了今文经学制度美学的视野。

---

① 钱穆:《中国文化史导论》,第94页。
② 萧涤非:《汉魏六朝乐府文学史》,第27—32页。
③ (汉)班固:《汉书·礼乐志》,第1073—1074页。

谶纬知识谱系中的儒家文论

一、对几个前提性问题的简略说明

谶纬之学在西汉末年浮上知识思想界的表层,延续于东汉,此后虽屡遭禁绝,却始终不绝地发生着潜在影响。依据既有研究成果,可说"谶"是"关于改朝换代的大事的预言"①,是具有"政治煽动和预言吉凶的功能话语"②,"纬"则是"正经别传",是儒者推阐论说的私相撰述。二者本有分际,但当某类知识分子为了获取话语权力与思想法权,将"不知作者为谁"而且"渐杂以数术之言"的纬书的著作权归于孔子,更"益以妖妄之词","附会以神其说",于是"孔子不仅是圣而且是神","记神话离奇怪诞之说,无所不知,无所不晓"③。至于"弥传弥失","遂与谶合而为一"④,这便造成"谶""纬"名称的混杂与合流。其结果便是孔子真成了神性教主,塑造孔子这一神性身位的儒家知识人真成了灵知,占星、望气、推运、筮卜等是他们通灵的手段,谶言纬语则是他们的知识思想系统。在某种意义上可以说,谶纬学乃是汉代儒家的一种思想和政教文化

---

① 王葆玹:《今古文经学新论》,第 73 页。
② 刘小枫:《臆说纬书与左派儒教士》,见刘小枫:《个体信仰与文化理论》,四川人民出版社 1997 年,第 571 页。
③ 钟肇鹏:《谶纬论略·前言》,辽宁教育出版社 1991 年,第 5 页。
④ (清)永瑢等:《四库全书总目·经部·易类六》,中华书局 1965 年,第 47 页。

理念类型,如李学勤所指出:"汉代的纬学实际是经学的一部分","纬书的作者其实也是所谓'先儒'"①。

这一儒家知识思想类型之所以在两汉之际勃然而兴,乃是因为"谶纬神学动辄讲'革命''革政''五德'更代,在社会动乱之际有极大的煽惑力"②,因此借助谶言纬语而荣登皇帝宝座的光武帝刘秀一旦"革命"成功,便"宣布图谶于天下",其意在于"使谶纬书籍定型化,并且用政治和法律的权力来维持谶纬神学的尊严"③。也止因此,"汉代五经家,不仅今文学家与谶纬有密切的关系,就是古文学家及混淆今古文学家者,其对于谶纬,也每有相当的信仰"④。结果在整个东汉时代,谶纬在国家意识形态与文教制度中引领风骚,不仅是治政法典,也是安排文教制度之圣典,更具有统一群言的权威性质。

谶纬之学凭借阴阳五行和八卦两种方式,运演成完整的世界图景,其"基本的哲学基础则是中国文化中独特的天人合一观念"⑤。那些关于宇宙天地的知识与想象多依据阴阳五行说与象数学而得以成立,其目的是试图将可见与想象的世界万物全部纳入阴阳五行的框架中,并依靠数字的推演与阴阳五行的定性比附,使世界成为秩序井然、可解释的,因此也就可以预测世界的变动和历史的进程。这种知识思想的构造虽然不免于牵强附会、荒诞无稽,却在事实上即使原本零散的知识片段有序化,也为构想井然有序的理想的世界图景提供了操作方式。谶纬家们相信,天地人神、

---

① 李学勤:《纬书集成·序》,第2页,见[日]安居香山、[日]中村璋八:《纬书集成》,河北人民出版社1994年。
② 吕宗力:《东汉碑刻与谶纬神学》,见《研究生论文选集·中国历史分册》(一),江苏古籍出版社1984年,第85页。
③ 钟肇鹏:《谶纬论略》,第28页。
④ 周予同:《纬书与经今古文学》,见朱维铮编:《周予同经学史论著选集》,上海人民出版社1996年,第56页。
⑤ 吕宗力、栾保群:《纬书集成·前言》,第7页,见[日]安居香山、[日]中村璋八:《纬书集成》。

世界万物,基于数字类同以及阴阳五行的比类性质,能够相互感应。在天道崇拜和圣贤崇拜成为社会集体无意识的汉代,这一知识基础和信仰根据实具有不言而喻的解释有效性。

如同今、古文经学,谶纬学在经典释义过程中也引领出旨在规范文化创造的文论话语。但在正式进入这一问题域之前,我们还必须先行考虑四个问题:

1. 清代《诗经》学家陈乔枞认为:"《诗纬》……皆察躔象以纪星辰之度,推始际以著历数之运,征休咎以合神明之契。其间天运循环终始之理,人事兴衰得失之原,王道治乱安危之故,靡不包罗囊括,兼综而条贯之,告往知来。"① 讨论谶言纬语中的文论话语建构,亦当以此为基点和轴心。但现存谶言纬语既为后人辑佚而成,则必有遗失,而辑佚之文既出自正统经学系统,则必有删节,因此我们现在对其文论话语的整理已经注定无法完全恢复其原貌。

2. 由于谶纬著作形成的层累性质,在传授上又没有师法、家法之类保障纯洁性的制度,其中自相矛盾之处相当多,有些部分还与今、古文经学雷同。这可能是因为:第一、那些关于"诗""礼""乐"的谶言纬语之所以能保留至今,大多是因为今、古文经学家引以注经的缘故,因此也就自然会选择相同的说法;第二、与意识形态大一统的趋向以及士人文化立场的趋同相一致,两汉思想界存在着标准化的倾向,今、古文经学和谶纬学都是如此,当中就会包括一些基本的文论观念。

3. 与今、古文经学文论话语的构造方式相同,谶纬文论话语也是在经典释义过程中引领出来的,只是经典在谶纬家看来具有神性品质。例如,对经学家来说,首要解决的是经典文本的正当性论证问题,其在文论上发生的意义就涉及如何理解文的本原。在谶

---

① (清)陈乔枞:《诗纬集证·自序》,见《续修四库全书》总第77卷,上海古籍出版社1997年,第761页。

纬家看来，"六经"昭示天心，囊括万物，开启王道，是皇天上帝颁示于人的神章灵篇，而此神章灵篇又必得圣王才能体察，如是则不啻为儒教圣王弘道立教之所凭借，所谓"天人同度，正法相授。天垂文象，人行其事，谓之教。教之为言效也。上为下效，道之始也"（《春秋元命苞》），而"《六经》所以明君父之尊，天地之开辟，皆有教也"（《春秋说题辞》）。又如，推崇"六经"的典范意义，进而以"六经"昭示的道义原则转化现实政治，是经学家共同的运思取向。谶纬家的独特之处是其神义化的经典圣性论。此论所及，则纬书也具有神性品质，如《春秋演孔图》就成了天帝昭示孔子作《春秋》的神书："得麟之后，天下血书鲁端门曰：'趋作法，孔圣没。周姬亡，慧东出。秦政起，胡破术。书纪散，孔不绝。'子夏明日往视之，血书飞为赤鸟，化为白书，署曰《演孔图》，中有制图作法之状"（《春秋演孔图》）。

4. 由天人感应进而神人感应，既是谶纬学构造知识、阐发思想、张扬信仰之通途，也是谶纬家构造文论叙述之理则。由于世界秩序统摄于神，因此汉儒有关诗、乐的共识性理解在谶纬中便具有了神秘主义指向。在谶纬家看来，经典乃是圣人对于神灵昭示的书写，那些文字都具有非同寻常的神圣意蕴。通过对孔子等圣王制作经典心意和作法的体察，谶纬家表达了一种神秘化的文论话语：世界和历史都出自神意安排，所以整齐有序、有条不紊；神是令人敬畏的，但对人充满了关怀，所以才频频昭示趋吉避凶的徵象，并委托圣王通过文字、声音、形象，将此徵象所指示的意义传达给凡人。例如，"孔子明天文，占妖祥，若告非其人，则虽言之不著"（《春秋握诚图》）。于是"元年春王正月"便有"黄帝受图"所昭示的"五始"之义："元者气之始，春者四时之始，王者受命之始，正月者政教之始，公即位者一国之始。"（《春秋元命苞》）甚至托孔子语态说："传我书者，公羊高也"（《春秋说题辞》），则《公羊》先师跻身由孔子钦点的圣徒之列。

基于上述考虑,笔者将以《纬书集成》辑佚较多的有关诗、乐的谶言纬语为分析材料,尝试重构出统摄这些材料的文论构架。这一文论构架所依托的是谶纬家对世界秩序的神话论构想,诗、乐正是在这一秩序中才得以安置,并获得规定性的。

二、谶言纬语蕴涵的文论话语

谶纬家玄想出一幅井然有序的世界图景,天地人神、自然社会、精神物质虽然各有分际,但借助各种途径往来交通,诗、乐之作,亦比类而起,与世界整体秩序交互感应,是此秩序之有机构成物。例如,《乐稽耀嘉》说:"东夷之乐,持矛舞,助时生也。南夷之乐,持羽舞,助时养也。西夷之乐,持戟舞,助时杀也。北夷之乐,持干舞,助时藏也。"这是关于中国周边少数民族之乐的知识与想象,涉及乐容、乐仪、乐义,四夷所持"矛""羽""戟""干",或有现实依据,而以舞"助时生""助时养""助时杀""助时藏",安排得如此齐整,则正与《易乾凿度》所云之"四正四维"相应,东西南北方位不同,在宇宙运行大系统中即发挥生、长、收、藏四种功能,与其相配之乐,亦当循由此径,故可有助于"时",而此四乐亦为宇宙大秩序之不可或缺者。

谶纬家还运用五行、四方、四时、五音、月历、声律、天干、地支相互配合,来构造宇宙图景[①]。不同方位所配合之音律不同,则于此方位产生之诗、乐风格也就有不同,《诗含神雾》即据此解释齐风、陈风、曹风、秦风、唐风:

齐地处孟春之位,海岱之间,土地汙泥,流之所归,利之所

[①] 前辈学者对这种配合的详细情形多有论述,冯友兰就曾图示此种配合,认为"不明此,则西汉人所说之话,吾人将有许多不能解也"。见冯友兰:《中国哲学史》下册,第9—10页。

聚,律中太簇,音中宫角。陈地处季春之位,土地平夷,无有山谷,律中姑洗,音中宫徵……曹地处季夏之位,土地劲急,音中徵,其声清以急……秦地处仲秋之位,男懦弱,女高膝,白色秀身,音中商,其言舌举而仰,声清而扬……唐地处孟冬之位,得常山太岳之风,音中羽,其地硗确而收,故其民俭而好畜,此唐尧之所起也。

这些以宫角、宫徵、徵、商、羽断配齐、陈、曹、秦、唐等各地国风在音律上的不同,表明谶纬家们的一种意图,即将诗篇分配于想象中的世界图景畛域,以此表明世界的完整性即使在本身并无秩序可言的诗篇中亦能成立。由此便可依据感应理则,由"诗"而知"政",进而以诗为教,通神灵,齐民俗。

谶纬家论诗、乐之功能即据此而发。《诗含神雾》说:"《诗》者,持也,以手维持,则承负之义,谓以手乘下而抱负之……在于敦厚之教,自持其心,讽刺之道,可以扶持邦家者也。"这些判定并未越出《礼记·经解》表述的"温柔敦厚,《诗》教也"的汉儒论《诗》纲领,所谓"扶持邦家"即《毛诗序》所说之"经夫妇,成孝敬,厚人伦,美教化,移风俗"。钟肇鹏以为:"《诗纬》以扶持邦家为说,注重《诗》的社会政治作用,这是儒家《诗》教的共性,但以《诗》训持,说者认为乃《齐诗》的解释。"① 这种解释确实深得谶纬家用心,如《乐动声仪》就说:"承天心,理礼乐,通上下四时之气,和合人之情,以慎天地者也",则诗、乐之通"人心",盖本于"天心",其间转换关键即在"君心"即圣王的体认:"圣人作乐,绳以五元,度以五星,碌贞以道德,弹形以绳墨,贤者进,佞人伏。"

而且,皇天上帝安排宇宙秩序,又凭借感其精而生的圣王代理人间秩序,这些圣王具有天神所赋予之道德选择上的超越性,以及

---

① 钟肇鹏:《谶纬论略》,第84页。

成就治功的圣智。儒家圣人孔子为"感黑龙精"而生,虽仅为"素王"①,亦具神性,因此同样具有神迹和圣功,"孔子论经,有鸟化为书。孔子奉以告天,赤爵(雀)集书上,化为玉,刻曰:孔提命,作应法,为赤制"(《春秋演孔图》)。"为汉帝制法""为天下制法"云云,不仅指政教制度安排,也包含文化规范意味。而且,既然"圣人虽生异世,其心意同如一也"(《乐稽耀嘉》),则孔子制法便与历史上的圣王无异,而谶纬家所体认的孔子心意也就是古今圣王的共同心意。

于是,诗、乐作为圣王的伟大创造,就有如下三方面的功能:

1. 以诗、乐感通神灵,进而促动宇宙秩序的正常运行。《乐稽耀嘉》有云:

> 用鼓和乐于东郊,为太暤之气,勾芒之音。歌随行,出云门,致魂灵,下太一之神……用声和乐于中郊,为黄帝之气,后土之音。歌黄裳从容,致和散灵……用动和乐于郊(按:此处有阙文,颛顼水德,其位在北,故当为北郊),为颛顼之气,玄冥之音。歌北湊大间,致幽明灵。

其以东郊、中郊、北郊配合太暤、黄帝、颛顼诸帝,与谶纬家所安排之世界秩序相合,而"下太一之神""致和散灵""致幽明灵"云云,是说诗、乐具有感通神灵的功能。既能感通神灵,则亦能感化天地,促动宇宙的运行、万物的生长,"五音和,则五星如度"(《乐动声仪》)。将音律与方位、神灵排设得如此有序,并以气作为感通的媒介,已不复是单凭直觉、想象与经验的通神方法,而是较为后起的知识和思想。

---

① 如《论语谶考》云:"叔梁纥与颜徵在祷尼丘山,感黑龙之精,以生仲尼。"《论语崇爵谶》云:"子夏共撰仲尼微言,以当素王。"

2. 以诗、乐察知政治得失。《诗》的汇集编订，本源于周代帝王以《诗》观民风、教国子为将来从政做准备的制度，这种观念为汉儒所继承。而谶纬家所说："圣人之作乐，不可以自娱也，所以观得失之效者也"，"乐听其声，和以音，考以俗，验以物类"（《乐叶图徵》），"治世之音，温以裕，其政平。乱世之音，怨之怒，其政乖。诗道然"（《诗含神雾》），与《礼记·乐记》所述并无实质不同，文句也相类似，可知通过诗了解治乱得失、风俗民情以至物产品类，是汉儒的共同意见。但是，谶纬家对诗篇的具体解释更多地遵循了以阴阳灾异说《诗》的基本思路，如《诗含神雾》解说《十月之交》："烨烨震电，不宁不令，此应刑政之大暴，故震电惊人，使天下不安。"本诗原有此义，而解诗者更发挥之，明以"刑政大暴"应"震电惊人"。以阴阳灾异解说诗篇也是今文齐《诗》学与韩《诗》学的一般做法，谶纬家的特别处是进而将那些异常的自然现象视为神灵的启示，而诗篇正是对此启示的书写。

至于乐，在谶纬家看来，各种器乐、乐律和君、臣、民、法度等社会人事存在一一对应的关系：

> 钟音调，则君道得，君道得，则黄钟、蕤宾之律应。君道不得，则钟音不调，钟音不调，则黄钟、蕤宾之律不应。鼓音调，则臣道得，臣道得，则太簇之律应。管音调，则律历正，律历正，则夷则之律应。磬音调，则民道得，民道得，则林钟之律应。竽音调，则法度得，法度得，则无射之律应。琴音调，则四海合，岁气百川一合德，鬼神之道行，祭祀之道得，如此则姑洗之律应。五乐皆得，则应钟之律应。天地以和气至，则和气应；和气不至，则天地和气不应。（《乐叶图徵》）

因此通过观乐之"调"与"不调"，便可察知政治之得失、社会之风俗。

3. 以诗、乐治政理事。《诗含神雾》说："颂者，王道太平，成功立而作也",《乐叶图徵》说:"受命而王,为之制乐,乐其先祖也",亦即以诗、乐昭示帝王为政之德,敬告先祖与神灵,借此显示王者受天命而王的治统正当性。如此则有天降瑞应,以示上帝的嘉奖,所谓"五音克谐,各得其伦,则凤皇至"(《乐叶图徵》)。于是,"五音克谐"就表征着由君、臣、民、事、物构成的社会秩序和谐融洽。反之,"商声欷散,邪官不理;角声忧愁,为政虐民,民怨故也;徵声哀苦,事烦民劳,君淫佚;羽声倾危,则国不安"(《乐纬》),社会秩序即混乱不堪。就此而言,今文经学家所说:"宫为君,商为臣,角为民,徵为事,羽为物。五者不乱,则无怗懘之音矣"(《礼记·乐记》),古文经学家所说:"颂者,美盛德之形容,以其成功告于神明者也"(《毛诗序》),与纬书家所说相互发明,可知其为汉儒共识,即要使"社会的每一个构件在音阶系统(system of intervals)中各有其位置,并承担整体和谐的责任"①。

至于乐何以能与人心相通,谶纬家的解释是,元气乃是构成宇宙万物的基本材料,也是宇宙生成前的状态,是天人合一、神人合一的基础,而为神格化的圣人所掌握,故圣人制礼作乐,亦必以之为准则、法度、规矩,所谓"绳以五元":"上元者,天气也,居中调礼乐,教化流行,总五行气为一。下元者,地气也,为万物始质也,为万物之容范。中元者,人气也,气以定万物,通于四时者也。承天心,理礼乐,通上下四时之气,和合人之情,以慎天地者也。时元者,受气于天,布之于地,以时出入万物者也。……风元者,礼乐之本,万物之首,物莫不以风成熟也。"(《乐纬》)元是本原,是始基,是初始的存在状态,故制礼作乐以上元、下元、中元、时元、风元为法度规矩,就能使天、地、人、四时、万物等回复其初始状态,其间之往来交通所凭借者即气,气无所不在,无往不至,故可由乐事而推衍至天地万物。

---

① [美]苏源熙:《中国美学问题》,第102页。

三、《诗纬》中的《诗》学

两汉《诗》学流派声势最大者为齐、鲁、韩、毛四家,但在四家之外肯定存有别说,这是学界的共识。《诗纬》既阐说诗旨,且如陈乔枞所说"圣门言诗之旨,有线未绝,端赖乎是",则探讨《诗纬》中的《诗》学理论,有助于理解两汉《诗》学的整体状况。

在基本的诗歌观念方面,现存《诗纬》与四家《诗》,尤其是齐《诗》学多有相同相通。对此,倘将《诗纬》视为后起的解《诗》著作,则可以说《诗纬》是对如《礼记》之类著作关于诗歌的材料,以及四家尤其是齐《诗》诗说的糅合拼凑,这当然是一种可能性,而且有文本可据;但也得考虑另一方面的可能,即将这些基本观念视为普遍性的识见,各家《诗》学不过是按照自己的旨趣,以不同的话语方式加以表达。这种可能性基于两方面的判断:

1. 各家《诗》学有相同的解释对象与大致相同的学问背景和问题意识;

2. 徐复观推测:"先秦本有一叙述诗本事并发挥其大义之'传',为汉初诸家所共同祖述,而不应强分属于某一家。"①上海博物馆收购所得战国楚简中,有孔子论诗的二十九简材料,后整理为《孔子诗论》,学者相信是孔门弟子对孔子说《诗》的记录,甚至可能就是相传"发明章句"的子夏所作,而子夏又是传《诗》的源头,这就有可能是汉初诸家《诗》学所"共同祖述"的本子。

纬书的兴起固可确定为西汉成帝、哀帝之后,但那是就谶纬在国家文教制度中占据要位而言,至于纬书的成型则一定有其源流统绪。《诗纬》当也如此,其源头也可能是类似《孔子诗论》的先儒

---

① 徐复观:《两汉思想史》第三卷,华东师范大学出版社 2001 年,第 8 页。

说诗著作,只是在后来的发展中不断吸收其他诸家《诗》说及解《诗》方法,累积而成。

现存《诗纬》片段有一些关于具体诗篇的解释,如释《驺虞》:"彼苗者葭,一发五豝。孟春,兽肥草短之候也",释《蟋蟀》:"蟋蟀在堂,流火西也"(《诗泛历枢》),这是对诗句描述的景象所处季节的解释。再如释《关雎》:"关雎知原,冀得贤妃、正八嫔","关雎恶露,乘精随阳而施,必下就九渊,以复至之月,鸣求雄雌"(《诗推度灾》),这是对诗旨的解释。通过这些片段,有理由猜测《诗纬》也采用了文字训诂、分章析句的解诗方法。但这些解释在《诗纬》诗论结构中只是基础性的工作,在通解诗篇以后,《诗纬》家更为关注的是将已经规定了意义的诗篇置于宇宙运行的大秩序中,以揭示历史运动的规律,发明受命而王、受命—革命的正当性,并依据音律体察民情,以教化天下。

在《诗纬》中,"四始""五际"是一个理论整体。《诗推度灾》云:"建四始五际而八节通。"所谓"八节"是指一年中阴阳交际的八个关节点,而"四始五际"理论就是说明其间阴阳转化情况,并以之配合诗篇说明王道兴废之所由的。"四始"说强调了王朝起兴盛衰的四个起始点,"五际"说强调的则是王朝政治变改的五个关节点。对"四始五际"所配诗篇,研究者曾提出种种推排方法,以遥想古人心迹。从思路上说,盖有两种:一是将十二地支与《诗》相配,一是按"三期"说将十二地支与《雅诗》相配。前说可能过于宽泛,且不合《诗纬》以"四始五际"探究王政兴衰之历史规律的意图;后说在取《诗》范围上合乎《诗纬》意图,但仍属猜测。所谓"三期"是运用十二地支推算时历的方法,每支分三节,一节当十年,故有三百六十年,与一年三百六十日整数相当,但具体推算是从"亥仲"起始的,因此就一个王朝的兴衰史来说只有三百五十年,此后便当开始新的受命。这是对历史发展的一种机械论和神义论的解释。若以之配《雅诗》,一支三节配三篇,则从"亥仲"到"戌季",共三十五节一百零五篇，正合《雅诗》总目①。

《毛诗》《鲁诗》都有"四始"说，《毛诗》以风、大雅、小雅、颂为"四始"，《鲁诗》更明确地说："《关雎》之乱以为《风》始，《鹿鸣》为《小雅》始，《文王》为《大雅》始，《清庙》为《颂》始"②，郑玄《笺》云："始者，王道兴衰之所由也"，孔颖达《正义》云："此四者，人君行之则为兴，废之则为衰"③，都揭示"四始"观念提出的原因。《诗纬》之"四始"，与《毛诗》《鲁诗》大有不同，不仅对所以为"始"的诗篇的选择有异，而且将诗篇与阴阳五行、四季相配，比较二家以诗义当"王政之所由废兴"，更其复杂。陈乔枞对此有相当精深的理解：

> 纬说因金木水火有四始之义，以诗文托之，盖欲王者法五行而正百官，正百官而理万事，万事理而天下治矣。政教之所从出，莫不本乎五行，乃通于治道也。
>
> 四始者，五行本始之气也。亥地西北，坎水居之；寅地东北，震木居之；巳地东南，离火居之；申地西南，兑金居之。
>
> 古之作乐，每三诗为一终……说始际者，则以与三期相配，如《文王》为亥孟，《大明》为亥仲，《緜》为亥季，其水始，独言《大明》，犹三期之先仲次季而后孟也。④

以此为思考基点，可从两个方面来解说《诗纬》"四始"大义：

1. "四始"首先是指以阴阳五行说构建起的循环不息的宇宙系统论，"始"是四季所起始，金木水火主运四时，五行对应八方，八方

---

① 可详参（清）迮鹤寿在其《齐诗翼氏学》中的具体排比，见《续修四库全书》总第75卷。
② （汉）司马迁：《史记·孔子世家》，第1936页。
③ （清）阮元校勘：《十三经注疏》，第272页。
④ （清）陈乔枞：《诗纬集证》，见《续修四库全书》总77卷，第762、786页。

对应八卦,阴阳之气依方位运行其间,阳气从始至终,阴气从终至始,表现四季的循环更替,万物的死而复苏,而这些又可由卦爻阴阳的增减转变而知。至于"四始"要始于"亥",则是因为:"亥者,核也,阂也。十月闭藏,万物皆入核阂"(《诗推度灾》),"凡推其数,皆从亥之仲起,此天地之所定,阴阳气周而复始,万物死而复苏,大统之始"(《诗泛历枢》)。

2. 宇宙自然与历史人事皆因五行相生而循环不息,因此王者当效法宇宙运行规则而"正百官""理万事"。在此方面,《大明》等四组十二篇提供了来自周朝历史的王道兴废之所由,但是这十二篇在《诗纬》中具体包括哪些诗篇,却无法断定,陈乔枞所举是按《毛诗》,但他也承认《诗纬》的排序与《毛诗》不尽相同。

揣测说诗者心意,统而观之,《大明》等诗篇所揭示的正是周王朝由受命而兴至于衰败而亡的过程,而以之为"始"者,则是因为在此四个关节点上之阴阳际会足可为王者取法。

《大明》记述周朝初兴之际,正如在旧的生命体中孕育新生命的开始,故以之配"亥"。经过古公亶父、王季两代的努力,此时文王虽已受天命,却仍臣服于殷,力量尚微弱,所以,君主应"小心翼翼,昭事上帝",内修德性,善择佳偶贤妃,养育明德后代,谨慎夫妇之伦,以为天下取范,盖因在经学家看来,夫妇之伦为王道之本。以十二月消息卦考之,"亥"当坤卦,坤卦纯阴,与《大明》配合,正有两义:一是坤卦象王后之德,此即善择贤妃之义;一是"阴柔事物其性虽柔,但渐积渐盛,力量同样无穷……应该随顺自然,因势利导,积极促成矛盾向好的方向转化"[①],此即"小心翼翼"之义。相应于季节,即是冬季,生命正是在漫长的寒冷但又具孕育性的冬季成长起来的。

《四牡》写"文王为西伯之时,三分天下有其二,以服事殷。使

---

① 蒋凡:《周易演说》,湖南文艺出版社 1998 年,第 18 页。

臣以王事往来于其职,于其来也,陈其功苦以歌乐之"①,虽仍臣服于殷,却"三分天下有其二",已蓬勃兴起,故以之配"寅"。"寅者,移也,亦云引也。物芽稍吐,引而申也,移出于地也","寅者演也,物演渐大,少阳之气也"(《诗推度灾》)。此时当王朝兴盛之际,王事繁多,因此王者当体恤臣民劳苦,合理役使,并记其功勋以示慰劳,是正君臣、君民之伦。"寅"当泰卦,由坤经复卦、临卦,阳爻渐增至三,所谓"少阳之气也",此后便一路通泰。但王者又应居安思危,力求上下交泰。相应于季节,即是春季,所以有"《四牡》,草木萌生,发春近气,役动下民"的说法。

《嘉鱼》所记为周朝礼乐文化之盛,此时已进太平盛世,故以之配"巳":"巳者,已也。故体洗去,于是已竟也。"(《诗推度灾》)"巳者,已也。阳气已出,阴气已藏,万物出,成文章"(《诗泛历枢》)。当此盛世,王者应当积极从事制礼作乐的文教创制,改正朔,易服色,兴文教,这就要尊用贤才,所谓"乐与贤者共之"②。"巳"当乾卦,乾卦纯阳,极尽恢宏,但同时潜伏着盛极而衰的危机,所以君主应当谦虚谨慎,不以领袖自居,与贤者一起致力于国家民族文治武功的建设,这样才能保障太平盛世的长久稳固。相应于季节,即夏季,万物竞相展现风采,所以有"立火于《嘉鱼》,万物成文"的说法。

《鸿雁》所记为周室衰落、王道衰微,故以之配"申":"申者,伸也。伸犹引也,长也,衰老引长。"(《诗推度灾》)此时虽然阴气极盛,王朝已趋近末路,"万民离散,不安其居",是衰败之始,但王者尚可努力于"劳来还定,安集之。至于矜寡,无不得其所焉"③,以调和阴阳,庶几可出现王朝中兴的局面。"申"位当否卦,"从全卦言,否卦象征以阴长阳消的否闭;但从上乾而言,则在泰与否的斗

---

① 《毛诗》郑笺,见(清)阮元校勘:《十三经注疏》,第407页。
② 《毛诗》,见(清)阮元校勘:《十三经注疏》,第419页。
③ 《毛诗》,见(清)阮元校勘:《十三经注疏》,第431页。

争中,九四已开始消阴为阳,九五则进一步发展,根本扭转了时局,阴消阳长,转否为泰"①,因此尚有努力余地。相应于季节,即秋季,所以说"金立于《鸿雁》,阴气杀,草木改",一片凋零不堪的景象,足以为人警戒。

"四始"大义略见上述,从中可知:《诗纬》所说"四始"在根本旨意上与汉代《诗》学并无异义,皆旨在以《诗》所记载的周朝历史为镜鉴,从中归纳出"王道治乱安危之故",其中凸显的尊贤、重民的德治主义政治理念,乃是经学家的普遍信念。将诗篇与阴阳、五行、月历、方位、季节等相配合,并曲为之解,则是旨在为此理想主义的思想论说寻求天道依据。但从另一方面看,这又未始不是相当古老的舞乐观念的遗存。

所谓"五际"说同样是以干支位配合诗篇,于是《天保》配"卯"位,于节气当"春分";《祈父》配"酉"位,于节气当"秋分";《采芑》配"午"位,于节气当"夏至";《大明》同前,于节气当"立冬"。合"四始"说以观,则有立春、春分、立夏、夏至、立秋、秋分、立冬七个节气,不够"八节"之论,但少了与冬至相配的"子"位,则"建四始五际而八节通"便不可解。对此有两种可能的解释:一是《诗纬》家本没有配合"子"位之《诗》,一是《诗纬》辑文佚失了"子"位。

现依照传统的解说思路,试略作发挥,将《诗纬》"五际"说大义胪列如下:

1. 所谓"五际"是"阴阳终始际会之岁,于此则有变改之政"②,意在强调"变改"的时机,则"五际"即阴阳终始往复之五个关节点:"亥"当"立冬",于卦为坤,虽然纯阴,却酝酿着阳气,至"冬至"则一阳生,变为复;至于"春分"之"卯",于卦为大壮,则阳盛阴衰;至于"立夏"之"巳",于卦为乾,纯阳,便渐生阴气;至"夏至"之"午",则

---

① 蒋凡:《周易演说》,第99页。
② (汉)班固:《汉书·眭两夏侯京翼李传》孟康注引,第3173页。

阳谢阴兴,于卦为姤;至"立秋"之"申",则阴长阳消,于卦为否;至"秋分"之"酉",则阴盛阳微,于卦为观;至于"戌",则阴极生阳,于卦为剥。这样看来,"卯酉之际为革政"者,是说"卯"虽为阳盛阴衰,"酉"虽为阴盛阳微,但都有一盛一衰,不比"寅"与"申"之阴阳匹敌,故从"卯"到"酉",是阳盛极而衰,从"酉"到"卯",是阴盛极而衰,是两个发生重大变改的关节。而"午亥之际为革命"者,是说"午"位之姤五阳一阴,"亥"位之坤纯阴,与所从来"巳"位之乾纯阳、"戌"位之五阴一阳之剥相比,在卦象上发生了重大的变动。

2. 基于上述卦位阴阳的推演,"卯"位是从阴阳匹敌进到阳盛阴衰之关节点,是"革政"之际;"午"位是从纯阳进到阴谢阳兴的关节点,是"革命"之际;"酉"位是从阴阳匹敌进到阳谢阴兴的关节点,是"革政"之际;"亥"位是从极阴生阳进到纯阴兴阳的关节点,是"革命"之际。此外,既然陈乔枞已经考出"亥"当为"戌亥之间",则"戌亥之间"是为一际。其理由有二:第一、如郎𫖮解释"神在天门,出入候听"是"言神在戌亥,司候帝王兴衰得失,厥善则昌,厥恶则亡"①;第二、由"戌"到"亥",是"万物死而复苏,大统之始",由此开始了新一轮循环。比之于生命历程,则"亥"为一际,是孕育于旧生命体中的新生命的开始;"卯"为一际,是新生命开始脱去旧壳、崭露新气象的时机;"午"为一际,是新生命体内开始出现不稳定因素的时机;"酉"为一际,是不稳定因素已经严重影响生命健康的时机;"戌亥之间",当西北生水之地,是阴极盛而阳极微,旧的生命体死亡并预示着新生命将要诞生的时机。

3. 由孔颖达所引可知:"亥"配《大明》,"卯"配《天保》,"午"配《采芑》,"酉"配《祈父》,已有四际,再加上翼奉所说"闻五际之要《十月之交》篇"②,将《十月之交》配于"戌亥之间",则"五际"可成。

---

① (南朝宋)范晔:《后汉书·郎𫖮传》,中华书局,1965年,第1065页。
② (汉)班固:《汉书·眭两夏侯京翼李传》,第3173页。

进一步说,《大明》处冬季之始,《天保》处春季之仲,《采芑》处夏季之仲,《祈父》处秋季之仲,《十月之交》处秋之季、冬之始的交界。合"四始"所说以比拟王朝命运史,则《大明》是开国之初起,《四牡》是王朝之勃兴期,《天保》是王朝之兴盛期,《嘉鱼》是王朝之极盛期,《采芑》是王朝之初衰期,《鸿雁》是王朝之中衰期,《祈父》是王朝之颓衰期,《十月之交》是王朝衰亡期。于是,所谓"五际"正当一个王朝开国初起、兴盛、初衰、颓衰、衰亡五个时期。纬书家将这五个时期视为极其重要的时期,认为王者如能在此时期内积极采取措施,谨慎治理政事,就能达到王朝永固的目的。他们认为周王朝的历史就提供了这方面的经验教训,而《雅诗》就是周王朝的历史叙述,其中体现了儒家基本的政治文化立场与治政观念。

具体说来:1.《大明》组诗写周代受命而王的情形;2.《天保》叙述周公继承文武事业,通过种种政治举措,奠定了王朝盛世的基础,体现了宪章文武周公的儒家基本的治政模式;3.《采芑》记宣王中兴但已露衰相,天命转移迹象已始萌芽,体现了儒家的外交观和重民观;4.《祈父》叙述宣王末年,用人非贤,而官非其人则职废,结果屡战屡败,于是贤人逃去,体现了儒家的尊贤观与量才授职的用人观;5.《十月之交》刺幽王时皇父擅恣,褒姒专宠,虽然国运尚在,但王朝灭亡已为期不远,此后便进入春秋之"霸政时期"(钱穆语),开始孕育新王朝的兴起,这里体现出儒者加强君权、限制外戚势力的政治观念。

由《大明》至《十月之交》,天命随着王朝兴衰的历史进程而流转递嬗,《大明》揭示的是受天命而王,《十月之交》揭示的是逆天命而亡,所谓"顺天者昌,逆天者亡",但天命之失实际从《采芑》已经开始,而"天地之道,阴阳代嬗,治乱相承,阴生阳死,阴盛阳衰,极治则生乱,乱则思治,故曰革命"①。《天保》《祈父》,皆继承上一时

---

① (清)陈乔枞:《诗纬集证》,见《续修四库全书》总 77 卷,第 787 页。

期的治政方针,虽然因"天道用阳不用阴"而处于或上或下之不同时代,却皆为"阴阳之气所交会,日月至此为中道,万物盛衰出入之所,故为革政"①。一是断裂式的变革,一是渐进式的变改。至于《十月之交》,从《祈父》言是"革政",从《大明》言是"革命",而"神在戌亥,司候帝王兴衰得失,厥善则昌,厥恶则亡",有历运变改之徵,可称为"革运"。

"五际"说略如上述,从中可见其与"四始"说相同的、基于阴阳消长虚盈的"天道—自然—历史—诗篇"同一的话语构造方式,因此构造出的话语也便具有天经地义的权威性。"四始""五际"说的核心意指是受天命而王,从"亥仲"至"戌亥之间",即构成了受天命而王的全过程,只不过有顺、逆之分而已。从其整体结构看,任何一个王朝皆应此过程,是天道本然,因此天下便非一姓王朝所专有,其最终灭亡是必然的,这可见出《诗纬》家革命思想的彻底性,故刘小枫说"纬书家才是汉代今文家革命思想的集大成者"②。但此学理上的彻底性在进入实际政治操作时,却出现了缺口,即如郎𫖯上疏所称:一姓王朝只要通过改元更始,便可重获天命,得到天的护佑,说明知识阶层的道义理想始终不能与皇权力量相抗衡,反而只有借重于这种体制力量才可能落实。

"四始五际"说相关于《诗纬》家对受天命而王之历史观的探讨,"六情十二律"说则相关于教化天下,而侧重于知人心、通人情、览民俗。从学理基础看,"四始五际"的基石是阴阳,而"六情十二律"的基石是音律。在此,翼奉之齐《诗》翼氏学便与《诗纬》发生了关联。

现存纬书有部分材料涉及"六情""十二律"之说,《春秋演孔图》更明言:"诗含五际六情",但在经辑佚而成之《诗纬》中,却不见

---

① (清)陈乔枞《诗纬集证》,见《续修四库全书》总 77 卷,第 787、786 页。
② 刘小枫:《儒家革命精神源流考》,见刘小枫:《个体信仰与文化理论》,第 511 页。

有关这方面的明确叙述,而仅体现于具体解释中。所以,关于"六情十二律"的理论解说,便不能不从翼奉讲起。

《汉书·翼奉传》记载翼奉"好律历阴阳之占",这与他说《诗》的两条思路相关。前已指明,"阴阳"是"五际"说的理论基石,而翼奉说:"《易》有阴阳,《诗》有五际,《春秋》有灾异,皆列终始,推得失,考天心,以言王道之安危"。《十月之交》之为一际,正来自翼奉。至于"律历",则与"性情"相关。翼奉说:"《诗》之为学,情性而已。五性不相害,六情更兴废。观性以历,观情以律,明主所宜独用,难与二人共也",可知"五际""性情"正是翼奉说《诗》的核心观念。

翼奉对"六情十二律"之说十分看重。当时平昌侯王临欲从其学习这套理论,翼奉不仅"不肯与言",更赶紧给汉元帝上封事,说明其中缘故:"臣闻之于师,治道要务,在知下之邪正,人诚向正,虽愚为用;若乃怀邪,知益为害。知下之术,在于六情十二律而已。……今陛下明圣虚静以待物至,万事虽众,何闻而不谕,岂况乎执十二律而御六情!……以律知人情,王者之秘道也,愚臣诚不敢以语邪人。"原来"六情十二律"竟是"王者之秘道",掌握了这套理论,便可知臣下正邪,这就难怪他要自重其说。

翼奉所说"性""情"之义,具见隋萧吉所著之《五行大义》,文繁不能具引,要旨有二:

1. 以"仁义礼智信"等"五常"释"性",以"喜怒哀乐好恶"等释"六情",认为"情胜性则乱,性胜情则治。性自内出,情从外来,情性之交,间不容系";

2. 将"性情"与五行、六律、阴阳、五藏、五方相配,认为其间存在对等关系[①]。

以"仁义"等释"性"、以"喜怒"等释"情"、以"性"节"情",这一

[①] (隋)萧吉:《五行大义》,上海书店出版社 2001 年,第 106、108 页。

旨在解释人的本质、心理的思路,在孟、荀已肇其端,而以阴阳、五行、五方、五藏等释"情性",则是汉儒致力开发的一天人的话语构架,其理论构成远比先儒精密复杂得多,虽然其最终目的无非是借助天道信仰,为儒家伦理主义的思想路线提供坚实根据。

翼奉还说:"五行动为五音,四时散为十二律。"很显然,翼奉将五行、十二律、五脏、六方、四时等相比配,旨在建构一个具有极强的延展性和阐释性的理论架构,以沟通天地人物事,为君主提供一种"知下之邪正""知人之情"的方法。"知下之邪正"的方法是"观性以历",以翼奉本人的实践看,是以月、日、时推断人性之邪正,而"师法用辰不用日,辰为客,时为主人",其间又据时、辰正邪的配合分为种种情况。例如翼奉即据此推占王临为邪人,因为其时辰"乃正月癸未日加申,有暴风从西南来。未主奸邪,申主贪狼,风以大阴下抵建前,是人主左右邪臣之气也。平昌侯比三来见臣,皆以正(晋灼曰:此当言以邪辰加邪时,字误作正耳)辰加邪时"。月为"正月",日为"癸未",按"用辰不用日"说即"未",时为"申",皆有规定性,经过排比即知其为邪臣。这种观念强调的是人与自然的神秘联系,但这种方法也着实太不便操作,至于只有翼奉"能用之,学者莫能行",所以"明主所宜独用"云云便不免叠床架屋之论。

"知人之情"的方法是"观情以律",这就与《诗》发生了联系。这是因为,不仅如翼奉表白"《诗》之为学,情性而已",诗歌中的情感与乐律也确实存在着密切的关系。体现为解《诗》方法,即将"十二律"与"六情"相配以说《诗》。这种观念和方法在《诗纬》对《风》诗的解说中得到了体现。

前已列举《诗纬》对齐、陈、曹、秦等地诗歌风格的解说,那是以音律与季节及地理状况相配合;《诗推度灾》又举列了各国在天文上的分野,如"邶国为结蜵之宿,鄘国天汉之宿,卫国天宿斗衡,王国天宿箕斗,郑国天宿斗衡,魏国天宿牵牛,唐国天宿奎娄,秦国天宿白虎,气生玄武,陈国天宿大角,桧国天宿招摇,曹国天宿张弧"。

这些说法与《汉书·天文志》《律历志》颇有不同。对此,曹建国在《〈诗纬〉论〈诗〉》中做了很好的说明。他说,除了陈国外,《诗纬》对其他国的分野都作了调整,之所以要做这种调整,原因就是翼奉所说的"执十二律以御六情"。比如它把唐位调整到"亥"位,因"亥"有闭藏之意,律中应钟,《汉书·律历志》:"应钟,言阴气应亡射,该藏万物而杂阳阂种也。"方位属北,而"北行贪狼"。这样就可以解释为什么《唐风》多俭,如《蟋蟀》《山有枢》等诗。又如移秦于"酉",因《秦风》多杀伐之音。移齐于"寅",因"寅"有"物大、物多"之意,律中太簇,《汉书·律历志》:"太族:族,奏也,言阳气大,奏地而达物也。"方位属东,"东方之情,怒也"。何谓"怒"?《汉书·翼奉传》颜师古注引孟康语:"东方木……木性受水气而生,贯地而出,故为怒。"这样就可以解释《齐风》为什么体式舒缓,泱泱有大国之风。而《诗纬》之所以对陈位未作调整,因为陈处季春之位,律中姑洗。《乐叶图徵》云:"岁气百川一合德,鬼神之道行,祭祀之道得,如此则姑洗之律应。"因姑洗正应鬼神巫祭之事,与《陈风》正合,故未作调整。可知,《诗纬》解《风诗》运用的正是翼奉"观情以律"的方法。

可以进一步考虑,运用"观性以历,观情以律"的方法,在知人情性之后又当如何?翼奉没有明言,而《诗纬》也付诸阙如。但若将其置于《诗》学整体思想结构中,那也就是教化天下的文化政治主张。两汉《诗》学普遍存在着经学之《诗》的看待视野,在此视野的压力和导引下,对诗歌情感肌质的体验和理解,也就大多围绕着政治教化的轴心展开。这在《诗》学理论上就表现为以"情胜性则乱,性胜情则治"为核心理念的情性观,以及《诗》持人情性"的功能论。《诗》学家普遍认为,《诗》不仅可以提供历史镜鉴,也可以为教化手段,陶冶情性,使归于正,而所谓"正"者即阴阳和顺。《诗泛历枢》说:"乐者,非谓金石之声、管弦之鸣,谓阴阳和顺也",此乐合诗而言,正是这一普遍观念的表达。"性"为"阳","情"为"阴","情"决定于"性",故当以"性"统"情"。由于《诗》在政治和文化上的典范性，这种普遍性也会传导至政治和文化的各个领域和层面，从而能实现审美文化的制度建构，同时也将自己确立为规范审美文化的生产和传播的审美制度。

理学文论话语建构的脉络与特质

本文所说"理学"是指程朱一系的宋代新儒学,"文论"则是指中国传统中有关"文"的知识思想系统,这个"文"包括但不限于现代意义上的"文学"——例如《文心雕龙》论及的很多文体就不是文学,因而"文论"也包括但不限于现代意义上的"文学理论"。如果用文学理论的范式来描述与解释中国文论,就会出现错位的批评——最典型的就是"中国文学自觉说",所以最好的办法就是回到中国历史与思想的脉络,考察中国文论之精神及其话语建构方式,进而与文学理论对话。具体到理学文论,就是要探讨其文论话语是如何从理学的思想脉络中发展出来的,而不是以文学理论规定的文学概念、问题意识、文体品质为标准进行裁切与判断。

一、理学的三个命题

重文是儒家的一贯传统,在此传统中,"文"是一个贯通性的概念,既呈现为时间的序列(文的历史),也展开为空间的结构(文的类别),自我与他人、人与世界、现在与过去,通过"文"可实现交流沟通,内圣的心灵境界与外王的社会理想,也通过"教化"这一"文"的内在目的而达成。理学的文论视野,理学文论之精神,就是从这一传统中发展出来,且不外于这一传统,但理学文论话语的建构,却不是经学文论的经典释义方式,而是自出机杼、自立高标,这决定于理学家重建儒家思想与信仰的问题、观念和方法。

理学作为新儒学,其问题意识有内、外两面。从外的一面看,理学的问题意识是如何应对民族生命与文化生命的困境,"要从根本上确立国家的权威和民族的信心,不仅要使人们认同国家的合法性,更主要应当依赖于人们对于这个国家的同一文明和共同伦理的认同,而认同的同一性基础,只能是超越个体生命、政治权力、地理区域的普遍性真理"①。从内的一面看,理学的问题意识是如何使儒学应对道佛思想的挑战,汉唐经学虽长于章句训诂,却乏于义理发明,无法与义理精密的道、佛之学相颉颃,遂有"以佛修心,以道养生,以儒治世"②的共识,这就需要思想上的"尊王攘夷",需要重构儒家的道统谱系,重整儒家的经典系统,重建儒家的心性学说。这两方面的结合,就是为儒学建立一个超越性的原则或范畴,以整合道、佛思想,不仅可"以儒治世",亦能"以儒养生"、"以儒治心",实现儒家思想与信仰的普遍化。

这一超越性的原则或范畴就是"理"。它既是作为宇宙普遍法则的"天理",也是人性的"性理",又是作为伦理与道德规范的"伦理",还是作为万物之本质与规律的"物理",以及"理性"③,是一个在逻辑上具有普遍性和贯通性的范畴。以之为核心概念进行的思想推阐,又有"理一分殊""格物穷理""穷理尽性"三个连贯的命题和环节,构成了理学的基本框架,而诸如"理气先后""道心人心"之辨,则是从中生发出来的重要分疏。

"理一分殊"的命题要解决的是理如何贯通于宇宙、自然、社会的问题。程颐说:"《西铭》明理一而分殊,墨氏则二本而无分……分立而推理一,以止私胜之流,仁之方也。无别而迷兼爱,至于无

---

① 葛兆光:《七世纪至十九世纪中国的知识、思想与信仰》,复旦大学出版社 2000 年,第 271 页。
② (宋)赵㟧:《原道辩》,见《古今图书集成·神异典·二氏部》,巴蜀书社 1986 年,第 60439 页。
③ 陈来:《宋明理学》,辽宁教育出版社 1995 年,第 15 页。

父之极,义之贼也"①,意谓一般道德原理可以表现为不同的具体规范,而具体规范中涵蕴着共同的道德原理。这个意思朱熹表述得更清楚:"理只是这一个。道理则同,其分不同。君臣有君臣之理,父子有父子之理","所居之位不同,则其理之用不一。如为君须仁,为臣须敬,为子须孝,为父须慈。物物各具此理,而物物各异其用,然莫非一理之流行"②。这个"理一"应当也只能是以仁为核心的儒家伦理的普遍化形式,是"体",而"分殊"则是与社会地位、身份相应的具体规范要求,是"用"。

天地万物也同样体现着这一道理。二程说:"天下之理一也,途虽殊而其归则同,虑虽百而其致则一。虽物有万殊,事有万变,统之以一,则无能违也","道未始有天人之别,但在天则为天道,在地则为地道,在人则为人道",实即强调天地万物汇归于"一理"的世界统一性,亦即"万物一理"③。朱熹也说:"宇宙之间,一理而已。天得之而为天,地得之而为地,而凡生于天地之间者,又各得之以为性。其张之为三纲,其纪之为五常,盖此理之流行,无所适而不在。"④万物之本体只是一理,每一事、物均以之为自己的本性,但普遍之理在具体事、物上的表现并不相同。所谓万物一理,不是指万物之具体规律的直接同一,而是说从最高的层次看,万物的具体规律都是同一普遍原理的表现,所谓世界的统一性就是在此意义上而言的。而且,"未有天地之先,毕竟也只是理。有此理,便有此天地;若无此理,便亦无天地,无人无物"⑤,理是从逻辑上超越天地万物、先于天地万物的本根性存在。

既然如此,以超越性的理规范人心和社会生活的组织,就能确

---

① (宋)程颢、(宋)程颐:《二程集》,第258页。
② (宋)黎靖德:《朱子语类》,中华书局1986年,第99、398页。
③ (宋)程颢、(宋)程颐:《二程集》,第858、282、1180页。
④ (宋)朱熹:《晦庵先生朱文公文集》卷70。
⑤ (宋)黎靖德编:《朱子语类》,第1页。

立一种有意义的秩序。而且,"天下无实于理"①,理虽具普遍性,却并非虚妄不实,与道、佛所说之"空""无"根本不同。因为理一而分殊,而理又是实在之理,所以格物穷理就不仅必要,而且可能。理学家相信,通过对各种事、物蕴涵的具体之理的穷索,可以最终领悟普遍性的理,这就是格物致知。但致知并非以获取对象世界的知识为旨归,而是要通过对万物一理亦即世界统一性的领悟,提升主体的心灵境界,因而"致知"之"知"的本质是体知,是德性之知,而非客观知识,或曰闻见之知。它既是内向的充实,同时也是外向的扩展。如朱熹所论:"必使学者即凡天下之物,莫不因其已知之理而益穷之,以求至乎其极。至于用力之久,而一旦豁然贯通焉,则众物之表里精粗无不到,而吾心之全体大用无不明"②,"若其用力之方,则或考之事为之著,或察之念虑之微,或求之文字之中,或索之讲论之际。使于身心性情之德,人伦日用之常,以至天地鬼神之变,鸟兽草木之宜,自其一物之中,莫不有以见其所当然而不容已,与其所以然而不可易者"③。这是说,人的内心本有天赋的道德原则,但格物的直接对象则是具体事物之理,只有通过读书、触物、实践的积久过程,才能最终使内心的原则豁然贯通地彰显出来。"即物之理"是手段,"致吾之知"是目的,以天下之物所体现的天理,来印证"吾心"所固有的天理,内外相证,就是格物穷理的实质所在④。因此,格物穷理既是知识论,但更是工夫论。

进一步的推论,就是穷理尽性。这是格物穷理合乎逻辑的发展,是理学家的最高追求。这一命题源自《易·说卦》之"穷理尽性以至于命",在理学家的解释中,所谓穷理尽性是指对于万事万物

---

① (宋)程颢、(宋)程颐:《二程集》,第66页。
② (宋)朱熹:《大学章句集注》,第3页,见《四书五经》上册。
③ (宋)朱熹:《大学或问》,见(宋)朱熹:《四书或问》,上海古籍出版社、安徽教育出版社2001年,第23—24页。
④ 侯外庐、邱汉生、张岂之主编:《宋明理学史》上卷,人民出版社1997年,第402页。

之理的探究,最终是为了凸显人本真之性,盖因"理也,性也,命也,三者未尝有异。穷理则尽性,尽性则知天命"①,"物理""伦理""性理"具有同一性。理学家把人心析为天命之性与气质之性,认为天命之性是天理在人的体现,纯净完美,气质之性则是人所禀赋的天气地质,难免有渣滓,因此"为学大益在自求变化气质"②,以返乎天命之性,这是挺立道德精神、确立生命意义的根本。

对于天命之性的体知和存养,可以通过对万物一体的普遍之理的探求来达成,也可以通过"反身而诚"的方式由内在的体验来达成。程朱一系的理学"欲收人之放心,退人欲以尊天理,惧学者之失于浮光掠影而言穷理以尽之"③,因而特别突出了向外穷理的思路。但穷理是手段,而尽性才是目的,"穷理,尽性,至命,一事也。才穷理便尽性,尽性便至命"。就内圣而言,穷理尽性乃是成圣的必经之途,所谓"随事观理,而天下之理得矣。天下之理得,然后可以至于圣人"④。就外王而论,通过对合内外、一天人的性理的穷究体认,通过对内在于心的价值本原的张扬凸显,便可使人人确认社会与道德秩序的合理性,所谓"人皆有以明其明德,则各诚其意,各正其心,各修其身,各亲其亲,各长其长,而天下无不平矣"⑤。而无论内圣抑或外王,均以心性修养为根本。

二、理学家论文的本原

理学家将此思路与命题推衍至文的领域,便于在重建儒家礼乐教化的精神祈向中开辟出新的言说路径。这就是将超越性的理

---

① (宋)程颢、(宋)程颐:《二程集》,第274页。
② (宋)张载:《张载集》,第321页。
③ 汤用彤:《理学·佛学·玄学》,北京大学出版社1991年,第14页。
④ (宋)程颢、(宋)程颐:《二程集》,第410、316页。
⑤ (宋)朱熹:《大学或问》,见(宋)朱熹:《四书或问》,第7页。

推阐至文的价值、创作与批评的各个环节与层次,从而以一种追根溯源的反思方式,凸显出儒家道德精神与理性原则的意义。这既与宋初以来追求理趣的审美精神同趋,也同时参与了时代文化精神的建构。

文论话语转型的关键在于本原性的理的植入,这理就是普遍化了的儒家之道。理学家通过理一分殊的命题给予世界普遍主义的解释,希望以儒家之道重建政治、文化、社会秩序,其中就包括儒家文统的重建。被视为理学先驱的石介便感慨"文之弊已久……文之本日坏,枝叶竞出,道之源益分,波派弥多,天下悠悠,其谁与归?轻薄之流,得斯自骋,故雕巧纂组之辞魿满九州而世不禁也,妖怪诡诞之说肆行天地间而人不御也","今斯文也,剥已极矣,而不复,天岂遂丧斯文哉!斯文丧,则尧、舜、禹、汤、周公、孔子之道不可见矣"。他据此批评杨亿"欲以文章为宗于天下,忧天下未尽信己之道,于是盲天下人目,聋天下人耳……穷妍极态,缀风月,弄花草,淫巧侈丽,浮华纂组,刓镂圣人之经,破碎圣人之言,离析圣人之意,蠹伤圣人之道",不仅会颠覆儒家的文统,还将破坏华夏文明之统一性的根基。要扭转这种局面,"必本于教化仁义,根于礼乐刑政,而后为之辞"①。

虽然石介对于儒家之道的理解仅限于"经世",所以朱熹说他"天资高,知尊王黜霸,明义去利。但只是如此便了,于理未见,故不得中"②,但石介对于"时文"的批判,对明道之文的吁求,却大致奠定了理学文论的精神指向。理学家进一步的工作便是在学理上论证理在诗文中的贯通,并在这种贯通性的论证中凸显理的本原意义,这就构成理学文论的本原论。他们的推阐思路就是意在解释世界统一性的理一分殊,"文"不过是体现这一普遍原理的活动

---

① (宋)石介:《徂徕石先生文集》,中华书局1984年,第191、141、62、135页。
② (宋)黎靖德编:《朱子语类》,第3090页。

与结果。

开创者是被称作"理学宗主"的周敦颐。他用以车载物比喻"文"与"道"的关系,认为"文所以载道也。轮辕饰而人弗庸,徒饰也;况虚车乎!……文辞,艺也;道德,实也。笃其实,而艺者书之,美则爱,爱则传焉……不知务道德而第以文辞为能者,艺焉而已"。意谓传道是目的,是本,是实,文辞是路径,是末,是艺。文辞之艺有助于传道之实,可由艺进乎道,但若抛离道的轨迹,就只是一种炫人耳目的机巧,是浮华之虚文,只有以道为本体,文辞才能达到"美则爱,爱则传"的境界。而"圣人之道,仁义中正而已","圣人之道,入乎耳,存乎心,蕴之为德行,行之为事业。彼以文辞而已者,陋矣",第一重要的还是提高道德修养,"故君子进德修业,孳孳不息,务实胜也"①。

周敦颐强调文以传道为本,这是对儒家文论传统的认同与发扬。"文以载道"与古文理论的"文以明道"(韩愈、柳宗元)、"文以贯道"(李汉)也有相通之处,但周敦颐论文的出发点和侧重点是道而非文,而道的内涵又是人之内在德性,因而文乃是道德精神的映现,其指向亦非经世致用,这却是与内敛型的宋代文化相应的文论视野,开辟了理学文论的新方向。所以,南宋理学家王柏极为推崇周敦颐,认为"文以气为主,古有是言也。文以理为主,近世儒者尝言之。李汉曰'文者,贯道之器',以一句蔽三百年唐文之宗,而体用倒置不知也。必如周子曰'文者,所以载道也',而后精确不可易"②。以文学理论的眼光看,王柏对于李汉贯道说的批评实有失真之处,然其刻意标榜周敦颐与李汉的分际,却表明了理学家对周敦颐文以载道说的认同。

周敦颐凸显了儒家之道的绝对意义,程颐进而将此一思路推

---

① (宋)周敦颐:《周敦颐集》,中华书局2009年,第35—36、19、40、25页。
② (宋)王柏:《鲁斋王文宪公文集》,四库全书本。

究至极。他认为专务辞章有害于求道,即"作文害道",因为"凡为文,不专意则不工;若专意则志局于此,又安能与天地同其大","为文"是玩物丧志之举,而"为文者"有似于俳优,"为文亦玩物也","今为文者,专务章句,悦人耳目。既务悦人,非俳优而何?"圣人也有六经之文传世,但圣人是以道为本,而非刻意作文,是"抒发胸中所蕴,自成文"。即使子游、子夏之称"文学",也不是因"秉笔学为词章"而得名,更重要的是,"且如'观乎天文以察时变,观乎人文以化成天下',此岂词章之文也?"他还说,学诗"须是用功,方合诗人格。既用功,甚妨事","某素不作诗,亦非是禁止不作,但不欲为此闲言语"①。

在文学理论的视野中,"作文害道""作诗妨事"确实可用以为理学家轻视文学的证据,但需注意:一方面,程颐所论是为悦人耳目而刻意求工的作文、作诗,如此专意于文、用功于诗,必然会损害对超越性的道的笃诚追求;另一方面,这极端之论透显的是理学家推尊儒家之道、学为圣人的心情——"理学是一种'学圣人'的思想运动"②,而按儒家的文统,"行有余力,则以学文"(《论语·学而》),首要的是将精神境界提升至"与天地同其大",继而"抒发胸中所蕴"而自然成文,否则便是舍本逐末。所以程颐说:"人能为合道之文者,知道者也。在知道者,所以为文之心",若"所作皆合于道,足以辅翼圣人,为教于后,乃圣贤事业,何得为学之末乎?"③将道视为"文之心",将文视为"合道之文",即将道看作是文的本体、本源和动力,这才是程颐论"文"的主旨。而他之所以会有极端化的言辞,则是因为当时的"文坛气氛是三苏的'述意达辞',因而使道学家更感觉道和文不能两立"④。

---

① (宋)程颢、(宋)程颐:《二程集》,第 239 页。
② 姜广辉:《理学与中国文化》,上海人民出版社 1994 年,第 6 页。
③ (宋)程颢、(宋)程颐:《二程集》,第 601 页。
④ 罗根泽:《中国文学批评史》第三册,上海古籍出版社 1984 年,第 75 页。

周敦颐和程颐对文、道关系的论述,凸显了儒家性理的绝对意义,奠定了理学家论"文"的视野与旨趣,但还没有透彻地表达理一分殊之旨。直到朱熹提出"道文一贯"的主张,才使理学文论的本原论得到圆融而又明晰的解释。朱熹的命题简捷明白:"文皆是从道中流出"①,包含两层意思:

1. 道、文一贯。朱熹说:"道者,文之根本;文者,道之枝叶。惟其根本乎道,所以发之于文,皆道也。三代圣贤文章,皆从此心写出,文便是道",不仅文的精神内涵由道决定,而且"文字自有一个天生成腔子"②,文体形式也决定于道。道是文的形上根源,文是道的感性呈现,"故即文以讲道,则文与道两得而一以贯之,否则亦将两失之矣"③。

2. 道是本,文是末,道是体,文是用。这是说,文虽以道为本体、本源,是其"流行发见",但并非道本身,是别为一物,因为道是绝对超越的无限,其超越性不能被完全主观化,其无限性也不能被有限的文完全实现,所以朱熹认为:"文是文,道是道,文只如吃饭时下饭耳。若以文贯道,却是把本为末。以本为末,可乎?"④

道即理,理既是宇宙本体,也是心性本体。因而,朱熹论文、道关系,即对文之存在究竟依据的阐述,是依据理一分殊的原理进行的。一理之本体现于万物之殊,故从万物之殊可理解一理之本,文也是体现一理之本的万物之殊,作为万物之殊,其本身即有存在之价值,而且可由其实现穷理尽性之目的。但文毕竟不是理本身,因此既不能以道代文,也不能滞于文而忘道,最好的方式就是以理为本,使道、文一贯,而能实现文、道两得。

---

① (宋)黎靖德编:《朱子语类》,第 3305 页。
② (宋)黎靖德编:《朱子语类》,第 3319、3322 页。
③ (宋)朱熹:《晦庵先生朱文公文集》卷 30。
④ (宋)黎靖德编:《朱子语类》,第 3305 页。

三、理学家论文的创作与接受

理学文论强调理是文的本体和本源,要求道、文一贯,所谓"道德文章之尤不可使出于二也"①,必然要求所有形式的文都应体现或尽力去实现这一原则。如何实现?首要一条,就是以普遍化了的儒家道德精神亦即宇宙精神涵养内心,而达到心与理合一的心灵境界。这境界是对"万物一体之仁"的体认,因德感的充实而完满无缺,"自身的显发就可以获得恬然自得、盎然机趣的生命流行之乐"②。这种乐"是乐的本身,无关心无目的,无任何利害纠葛,是纯粹的精神之乐,绝对的自由之乐"③,在人伦日用之常中也可获得,不需要通过艺术的方式,更不必然要求显发于文,但文却应以之为前提和动力。儒家传统表述是"有德者必有言"(《论语·宪问》),程颐解释说"和顺积于中,英华发于外也。故言则成文,动则成章"④,李希岳则明确地说"文章,精神之发也。学问既充,精神有养,故老而日进"⑤,表达的都是这一具有普遍性的儒家信念。

有此心灵境界,此心体现纯然天理、天命之性,就能排除个体的主观成见与偏见,一己之私念和情感,亦即舍弃与气质之性相关的个体的特殊性,而达到人性的普遍性、人之为人的规定性,于是可以"以道观道,以性观性,以心观心,以身观身,以物观物","以家观家,以国观国,以天下观天下",使对象性存在如其所是地呈现出来。理学家相信,这就是圣人理解世界的原则与方法:"圣人之所以能一万物之情者,谓其圣人之能反观也。所以谓之反观者,不以

---

① (宋)朱熹:《晦庵先生朱文公文集》卷70。
② 刘小枫:《拯救与逍遥》,第145页。
③ 聂振斌:《理学家的理趣与艺术情趣》,《哲学研究》2004年第6期,第67—68页。
④ (宋)程颢、(宋)程颐:《二程集》,第320页。
⑤ (宋)楼钥:《攻媿集》卷75,四库全书本。

我观物也。不以我观物者,以物观物之谓也","以物观物,性也;以我观物,情。性公而明,情偏而暗"①,故"圣人之道是以天地之道为法,要求'无'我,反对私心杂念。学圣人之道,也就是学天地之道"②。要学圣人,以圣人为师,亦应法则天地之道,去发现世界的真理,即天地万物一体之理。以物观物的思想涉及心、物之关系,而与文的发生相关,如刘勰《文心雕龙·明诗》就说诗是"应物斯感"的产物。邵雍认为,诚能以物观物,即可"超越一己或一时的喜怒之心、好恶之情去观察天地万物,去写诗,从而写出'万物之自得'"③,反之,"近世诗人,穷戚则职于怨憝,荣达则专于淫泆。身之休戚发于喜怒,时之否泰出于爱恶,殊不以天下大义而为言者,故其诗大率溺于情好也"④。

进一步,因为"以物观物"获得的"万物之自得"是一种超越性体验,其内在精神是理,而外在表现则是乐,理是普遍性的本质,乐是特殊性的情感,所谓"名教之乐固有万万焉,况观物之乐复有万万者焉",则写诗、作文虽必要表现因万物之殊而生之特殊性的乐,但其实质是呈现普遍性的理,这理又是在我之性,即天命之性,按邵雍的说法就是"尧夫非是爱吟诗,诗是尧夫尽性时"(《首尾吟》),"诗扬心造化,笔发性园林"(《无苦吟》)。从文学理论的观点看,这是一种表现论的诗学主张,即表现自我,宣泄一己之情怀,但在理学文论的内在视野中,情的本体是性,而性的本体是理,人情不同于天理,只有实现了理、性、情的贯通,实现了个体生命、群体生命、宇宙生命的贯通,才有真正的诗,如此则"虽曰吟咏情性,曾何累于性情"⑤,这与表现论的张扬个体生命体验有本质差异。

---

① (宋)邵雍:《邵雍集》,中华书局 2010 年,第 179 页。
② 冯友兰:《中国哲学史新编》第五册,第 82 页。
③ 顾易生、蒋凡、刘明今:《中国文学批评通史·宋金元卷》,第 756 页。
④ (宋)邵雍:《邵雍集》,第 180、49、152 页。
⑤ (宋)邵雍:《邵雍集》,第 180、533、459、180 页。

这样的写作是一个自然而然的过程。如果情性皆能合乎天理,则如朱熹所说:"信口恁地说,皆自成文",而不是"做文字"。例如,"伏羲画卦皆是自然,不曾用些子心思智虑,只是借伏羲手画出尔"①。邵雍也说其"所作不限声律,不沿爱恶,不立固必,不希名誉,如鉴之应形,如钟之应声。其或经道之余,因闲观时,因静照物,因时起志,因物寓言,因志发咏,因言成诗,因咏成声,因诗成音"②,意谓作诗不会拘泥于声律限制,不会因声律而害意,也不会受一己主观情趣的影响,亦可超脱个体人生的各种固执,包括对诗艺的执着,以及沽名邀誉之心,做到应时触物而发。由此形成的风格也必然是平淡自然。例如,程颐就推崇自然之美,说"圣人文章,自然与学为文者不同。如《系辞》之文,后人决学不得,譬之化工生物。且如生出一枝花,或有剪裁为之者,或有绘画为之者,看时虽似相类,然终不若化工所生,自有一般生意",又说"大率诗意贵优柔不迫切"③。但平淡并非寡味无趣,而是"其味虽淡而实腴,其旨虽浅而实深"。朱熹还说:"古人之诗,本岂有意于平淡哉!但对今之狂怪雕锼、神头鬼面,则见其平;对今之肥腻腥臊、酸咸苦涩,则见其淡耳。"④所谓平淡就是不雕琢求奇,无繁冗芜杂,是自然而然、平易亲切地表达出的淳美境界。理学文论认为情性需自然流露,诗文风格需自然平淡,这些观点有文论传统的支撑,也与宋代审美精神相合。但从其内在视野看,这过程与风格是德性充实后的结果,而不同于梅尧臣等提倡的经过艰苦锤炼而达到自然、平淡却意味隽永。

因为道、文一贯,则文不仅是垂训经世之手段,亦即文的外王意义,也是穷理尽性之凭借,亦即文的内圣意义。程颐说:"至周而

---

① (宋)黎靖德编:《朱子语类》,第3305页。
② (宋)邵雍:《邵雍集》,第180页。
③ (宋)程颢、(宋)程颐:《二程集》,第3297、1612页。
④ (宋)朱熹:《晦庵先生朱文公文集》卷67、64。

世益文,人之怨乐,必形于言;政之善恶,必见刺美。至夫子之时,所传者多矣。夫子删之,得三百篇,皆止于礼义,可以垂世立教","如《二南》之诗及《大雅》《小雅》,是当时通上下皆用底诗,盖是修身治家底事"①,这是从文的外王意义立论。朱熹说:"若能沉潜专一看得文字,只此便是治心养性之法"②,认为"凡《诗》之言,善者可以感发人之善心,恶者可以惩创人之逸志,其用归于使人得其情性之正"③,这是从文的内圣意义立论。二者中,理学家更看重和发挥穷理尽性的思路,但穷理之旨归并不在对世界的知识性把握,而是要通过万物之理的穷究发现与扩充人的本性。以义理之学解释诗之性情便最终成为理学文论主流话语。例如,真德秀说:"三百五篇之诗,其正言义理者盖无几,而讽咏之间,悠然得其性情之正,即所谓义理也。后世之作,虽未可同日而语,然其间兴寄高远,读之使人忘宠辱,去鄙吝,翛然有自得之趣,而于君亲臣子大义,亦时有发焉。其为性情心术之助,反有过于他文者,盖不必专言性命而后为关于义理也。读者以是求之,斯得之矣"(《文章正宗·纲目》),这是一个典范的表述。意谓诗不必直言义理,只要能使人陶冶情性,得性情之正,也便是义理之诗,因此不仅《诗经》蕴涵义理,后世诗作也多有表现——真德秀就将陶渊明的诗视为抒写儒家义理之作,如此则穷理尽性的思路便普遍化了。

既然如此,则读诗也专在体认"性情之正",即是理,即是道,于是理学家便"摆脱并超越了一般论诗者对诗歌的词句、意义、创作意图、社会效果的评价,力图通过对诗歌的涵泳来体味作者的人格精神。故在他们眼中,山水诗、花鸟诗均取得了一种新的意义,所谓鸢飞鱼跃,无物不可见道",由此发展出一种证道式的批评方

---

① (宋)程颢、(宋)程颐:《二程集》,第1046、256页。
② (宋)黎靖德编:《朱子语类》,第2101页。
③ (宋)朱熹:《论语集注》,第4页,见《四书五经》上册。

法①。而既然学诗专在证道，则不能拘泥于文辞，如杨时所说："学诗者不在语言文字，当想其气味，则诗之意得矣"，认为"大抵今之说诗者，多以文害辞，非徒以文害辞也，又有甚者，分析字之偏傍以取义理，如此岂复有诗？"（《龟山语录》）这就需要"沉潜讽诵，玩味义理，咀嚼滋味，方有所益"，因为"熟读涵味，自然和气从胸中流出，其妙处不可得而言"，"读《诗》正在于吟咏讽诵，观其委曲折旋之意，如吾自作此诗，自然足以感发善心"，因而只需"略看训诂，解释文义令通而已，却只玩味文本"，不仅需要全身心的投入，"须是踏翻了船，通身都在那水中，方看得出"，还需保持虚静的心理状态，"须是心虚一而静，方看得道理出"②。这是要求对诗做整体把握，而其运用的是切关自身性情的反复涵泳，体会的则是圣贤气象，这是宋代以前的诗论中从未出现过的境界。

四、理学文论的意义与症结

理学文论的话语建构概如上述。从中可以看出理学家对以五经为典范的圣贤之文的推崇、对文在内圣与外王两个维度上的价值的认同、对儒家德性伦理之于文的统摄意义的强调，这些都是对儒家文论传统的继承，这三个方面也构成儒家文统的内核。但在话语系统建构上，理学文论与汉代经学文论的经典释义方式不同，不是在经典文本的释义过程中引领出对于文的看法和主张，而是先行提出超越性的理的概念，以此实现儒家伦理的普遍化，进而在普遍——特殊的分析维度上将理贯通于文之本原、创作、接受等层面和环节，由此形成一个精致严密的话语系统。就此而言，理学文论可以看作是儒家文论的一种范式。若与经学文论比论，似乎可

---

① 顾易生、蒋凡、刘明今：《中国文学批评通史·宋金元卷》，第761页。
② （宋）黎靖德编：《朱子语类》，第208、1563、2756、2884页。

以这样说,经学文论是在历史时间轴上建构儒家的文统,展示儒家文统的历史开展;理学文论是在逻辑空间轴上建构儒家的文统,论证儒家文统的逻辑必然,但它们都是规范型的文论,即依据儒家文化理想确立文的适宜形态与生态。只不过一个诉诸传统的权威性,一个诉诸理性的权威性。

儒家有重文的传统,而"文"是一个整合性的概念,如刘师培所说:"三代之时,凡可观可象,秩然有章者,咸谓之文"①,无论是自然现象还是人的文化创造,只要具备可诉诸人的感性的结构与外观,就是文。文学理论意义上的"文学"因此只是"文"的一种具体呈现方式。儒家这样看待文,即包含着在文的领域"一天人"的抱负,人之文应取法天地之文,而且也包含着实现包括文学在内的所有文的一统的要求。而一统并非要抹杀不同体类和形式的文的特殊性,而是要使所有的文"从'头'、始或从根就合多为一"②。这个"一"就是儒家之道,具体到文论,就是"诗言志"之"志"。因而一统的具体要求就是以志统情、以志统辞。情与辞是多样化的,但统摄情与辞的志却并无二致,亦即作为"一"之志可以表现为作为"多"之情与辞,儒家认为这就是文的内在目的。从逻辑上讲,所有的文都应体现这一要求,也有实现的可能性,但在事实上,一方面,文所体现之志未必是儒家之道;另一方面,文之情与辞也未必统于志,亦即背离儒家所说文的内在目的。在儒家看来,这两个方面都可称为离本趋末,而离本趋末之文难当教化之大任,既难以通过文之感性,在满足人之情感需要的同时提升人的精神境界,亦即实现向普遍性的提升,也难以通过文之感性,表现普遍人性、人情从而沟通心灵,建立一个基于相同的文明和伦理的民族共同体。

这两个方面的离本趋末,正是理学文论话语建构所面对的文

---

① 刘师培:《广阮氏文言说》,见郭绍虞主编:《中国历代文论选》(三),第599页。
② 刘家和:《论汉代春秋公羊学的大一统思想》,《史学理论研究》1995年第2期,第59页。

的现实境遇。由于儒家文统衰落已久,其脉络晦暗不明,六经之教失其成人、成性之本旨;同时,怡情之文从文的传统中发展出来,脱离志的统摄,为情感而情感,便向"缀风月,弄花草,淫巧侈丽,浮华纂组"的方向发展,所以要重建儒家文统,便不能取经学文论的方式,而是要"从'头'、始或从根"扭转离本趋末的局面。这个"头""始""根"就是作为世界统一性的理。这样我们也就可以同情地理解诸如"作文害道"之类极端言论,其所指实是怡情之文,而非载道之文。尽管如此,理学文论实际上并没有真正解决其所期望的理的一统问题,即如朱熹等理学家欣赏的韩、柳、欧、苏等人之文,其情与辞在多大程度上能体现儒家之道的统摄,实可怀疑。根本原因在于理作为形下、有限的伦理性理与作为形上、无限的宇宙法则之间的裂隙,而从形下、有限转化为形上、无限存在解释的困难。理学将理解释为儒家道德精神(如仁、诚等)的普遍化,其实是一种独断论的方式,这无疑会导致对文的存在空间的压缩,也不能使理的普遍性落实在文的多种可能性中成为具体的普遍性。这是理学自身难以解决的,也因此注定理学文论只能是一个理想模型。

第三部分

形象与镜像

审美文化与民族国家认同的关联性分析

一、什么是审美文化

据滕守尧考察,"在西方,'审美文化'早已不是一个新概念,它在工业革命时代的19世纪就已经出现了……这一时期人们关于'审美文化'的观点有三种,即英国学者提出的'审美文化即把艺术作为文化的核子的文化',美国学者提出的'审美文化即生活与艺术融为一体的文化',欧洲大陆学者提出的'审美文化即文化的各个领域(道德、认识、艺术)在审美原则下融合的文化'"①。不过,在中国大陆学界,作为一个具有确定内涵的学术概念——意味着特定的研究对象与研究方法,"审美文化"首见于1988年出版的《现代美学体系》,意谓"人类审美活动的物化产品、观念体系和行为方式的总和"②。至于为审美文化概念赋予多重维度的意义指向,据以观察当代中国文化状况,或回溯式地描述古代中国以艺术文化为核心的文化形态的历史,建构中国审美文化史、中华审美文化史,进而从事中外审美文化的比较研究,却是20世纪90年代以来中国美学研究的新变,审美文化研究亦成为当代中国美学研究

---

① 聂振斌、滕守尧、章建刚:《艺术化生存——中西审美文化比较》,四川人民出版社1997年,第297页。
② 叶朗主编:《现代美学体系》,北京大学出版社1988年,第259页。

的热潮。在一些推崇文化研究范式的学者眼中,审美文化概念的提出意味着中国美学研究范式的转换。在此意义上,一些学者将审美文化视作中国学者提出的美学范畴,认为它与苏联、欧陆和英伦学者赋予审美文化的内涵并无必然关联[1],也确有道理。

不过,作为人文社会科学的基础概念,对"审美文化"的理解与界定,也必定镌刻着概念使用者的价值论设定,体现着特定的知识论维度——当人们提出某种概念,亦即提出了某种认识假设,确立了某种认识角度,而这也就同时确定了研究对象——原因在于:人文社会科学不是实证科学,其研究对象并不是客观存在、预先给定的,而是由先行设定的观点创造出来的[2]。又由于"审美文化"是由"审美"和"文化"组成的复合性概念,而审美、文化的概念本身就不乏歧义——这既取决于文化开展的历史事实,也决定于诸如民族、地域、阶级、阶层等特定的社会文化语境——因此之故,对审美文化概念的内涵和外延的界说,也就自然会出现分歧,大致包括如下四种:

一、认为审美文化是人类文化的审美层面,是指人以审美的态度来对待各种文化产品时出现的精神现象;

二、认为审美文化主要是指当代人的生活和文化的审美化,是对当代文化的规定性表述。它包含或整合了传统对立的严肃文化与俗文化,但展现为流行性的大众文化形态。不是在价值判断的意义上,而是在文化形态的意义上,可以把"审美文化"指称为"大众文化";

三、认为审美文化是人类文化发展的高级阶段。在这一阶段,随着整个文化领域中的艺术和审美部分的自洽程度和完美程

---

[1] 姚文放:《"审美文化"概念的分析》,《中国文化研究》2009 年春之卷,第 120—123 页。
[2] 盛宁:《人文困惑与反思:西方后现代主义思潮批判》,生活·读书·新知三联书店 1997 年,第 14 页。

度的增加,其内在原则就开始越出其自洽区,向文化的认识领域和道德领域渗透,对人们的政治意识、社会生活、教育模式、生产与消费方式、装饰服装、工作与职业等领域施与同化和改造;

四、认为审美文化是以文学、艺术为核心的具有一定审美特性和价值的文化形态或文化产品,它不仅包括当代文化/大众文化中的审美部分,也可涵盖中西乃至全世界文化中有审美价值的部分[①]。

这些理解也有语义重叠勾连之处,因而可以互为支撑。例如,如果我们将"文化"理解为人类的"生活模式""文本实践""意义景观",则用"审美"的态度对待"文化",一旦将其推衍至各个文化领域,也就会出现普遍的生活和文化的审美化,而这就是审美化的当代文化。而按照姚文放的分析,尽管存在上述理解歧义,但在基本问题上,学者们还是形成了一些共识,这就是承认当今的审美文化是"审美"向"文化"扩张的结果,只是在理解这一过程上存在着两种理解角度和阐释方法。第一种是"保持传统的、经典的、精英的立场",具体表现为:

一、"坚持审美的高品位、高层次,认为审美是人类文化的高级阶段、高尚层面,主张审美以高级的、高尚的形态进入周边的文化领域,以优质的精神资源来同化和改造人们的日常生活和精神世界";

二、"重视审美的非功利性、非实用性以及心灵性、精神性,主张将审美的非功利性和精神愉悦性渗透到整个文化领域,从而提升人们的精神境界";

三、"崇尚审美的圆满性和完美性,它所构想的审美文化带有明显的乌托邦色彩";

四、"注重发挥审美对于日常生活的指导作用和改造功效"。

[①] 戴孝军:《当代中国审美文化研究的三个学术维度》,《中国海洋大学学报》2013年第6期,第113页。

第二种是"亮出现代的、开放的、世俗的姿态",具体表现为:

一、"容许审美降低身份从低端进入周边的文化领域,与日常生活、世俗风尚的各个方面相互融通,并从而使审美的范围得到空前的扩展";

二、"不排斥审美的功利性、实用性,确认审美活动也可以诉诸人的感官快适和物质欲望,在消费社会,经济活动、商品消费都已经被审美化,商品的逻辑已经被戏剧化";

三、"将审美置于日常生活的地面上,悬搁了经典美学自我设定的种种'合法性',不避实利、不忌世俗,将审美归宿延伸到消费社会、大众时代的多元文化之中,而这种多元文化以往是被经典美学排斥在外、历来不属美学范畴的";

四、"从审美与日常生活的合流看到了当代美学正面临着脱胎换骨的自身改造,经历着理论范式的现代转型"。

在他看来,"与其将它们视为两相对立、彼此抵触的,倒不如将它们视为互相连续、互为补益的。从前者到后者的过渡和递变,恰恰昭示了人们对于审美文化的认识趋于全面化和深化"①。这似是更具有历史性和包容性的看待视野。

这些仍有探究空间的观念史的梳理和辨析表明,"审美文化"的多重所指既是其历史性展开的方式,也显示出与其照面的不同政治、经济、文化的理念/利益诉求,提醒人们需以历史的辩证的特别是互动知识论的视野看待审美文化。以此为基础,并据黑格尔所说"概念本身包含下面三个环节:一、普遍性,这是指它在它的规定性里和它自身有自由的等同性;二、特殊性、亦即规定性,在特殊性中,普遍性纯粹不变地继续和它自身相等同;三、个体性,这是指普遍与特殊两种规定性返回到自身内"②,可将"审美文化"

---

① 姚文放:《"审美文化"概念的分析》,《中国文化研究》2009年春之卷,第124—125页。
② [德]黑格尔:《小逻辑》,贺麟译,商务印书馆1997年,第331页。

的语义区分为泛指义、特指义、专指义：

一、"审美文化"的泛指义是作为理念（理想和规范）的文化，审美即文化，文化即审美，意谓"审美"是"文化"的根本规定性，所谓"审美文化"其实是用同义反复的修辞手法强调文化的这一根本性质，也就是说，审美文化乃是文化的本然状态。在这方面，不能不引述19世纪的英国批评家马修·阿诺德对"文化"的全面解释：

> 文化即对完美的追寻。
>
> 文化认为人的完美是一种内在的状态，是指区别于我们的动物性的、严格意义上的人性得到了发扬光大。人具有思索和感情的天赋，文化认为人的完美就是这些天赋秉性得以更加有效、更加和谐地发展，如此人性才获得特有的尊严、丰富和愉悦。
>
> 文化不以粗鄙的人之品位为法则，任其顺遂自己的喜好去装束打扮，而是坚持不懈地培养关于美观、优雅和得体的意识，使人们越来越接近这一理想，而且使粗鄙的人也乐于接受。
>
> 文化以美好与光明为完美之品格，在这一点上，文化与诗歌气质相同，遵守同一律令……诗歌主张美、主张人性在一切方面均应臻至完善。
>
> 在粗鄙的盲目的大众普遍得到美好与光明的点化之前，少数人的美好与光明必然是不完美的。①

在他看来，文化"不仅指个人精神上的一种完美追求，而且包括了对整个人类之完美性的关怀。也就是说，文化不是个人的，它必须

---

① ［英］马修·阿诺德：《文化与无政府状态：政治与社会批评》，韩敏中译，生活·读书·新知三联书店2002年，第8、10、13、16、30页。

普及到整个社会中,而且涉及每个人的一言一行。不仅这种不懈的追求的目的是完美的,其凭借的手段,即最具有审美色彩的文学和艺术,也是完美的"①,希腊文化就是接近这种定义的文化形态。

无独有偶,中国历史上也有类似的文化观念。孔子等早期儒家将"文化"理解为"人文化成"——所谓"观乎人文,以化成天下"(《易·贲卦·彖传》)、"文明以止"(《易·贲卦·彖传》),更将对西周礼乐文明的文化改制(re-culturing)视作完美的文化形态,认为"文质彬彬,然后君子"(《论语·雍也》)。不仅如此,在他们看来,"政治风俗的理想境界乃是一种审美的境界"②。可以说,在儒家视野中,理想社会的展开图景与实现手段,在各层次上都应是完美的,同时意味着文化的目的和手段也都应是完美的,这种关于社会与文化的构想可称作审美乌托邦。

二、"审美文化"的特指义指审美文化是一种特殊的文化类型,它与"政治文化""宗教文化""伦理文化""科学文化"等并举,体现着文化之审美的规定性,此即"艺术文化"。"艺术不仅是内在愉快的一个源泉(同样是一个重要的价值),而且也是赋予日常生活的社会运行以雅致和优美的一种实践方式。"③康德以来的经典美学将其视为审美活动的典范形态,包括"物化产品、观念体系和行为方式"。其特殊性表现在如下三个方面:

1. 任何一种文化都应将审美作为自己的规定性,其目的和手段都应是完美的,但受制于人类自身的有限性与生存资源的有限性,这种完美性不可能时时处处地体现出来,而只能作为一种值得追求的理想或者对文化开展的规范性要求。事实是,当人类生活领域以及在此基础上发展起来的人际关系日趋复杂,人类不得不

---

① 聂振斌、滕守尧、章建刚:《艺术化生存——中西审美文化比较》,第300页。
② 叶朗:《中国美学史大纲》,上海人民出版社1985年,第44页。
③ [美] 理查德·舒斯特曼:《实用主义美学——生活之美,艺术之思》,彭锋译,商务印书馆2002年,第3页。

采取"分而治之"的方式处理那些与其身体存在感紧密关联的事务。这最初只是基于经济学概括的"以最小投入获取最大收益"原则的考虑，但后来在不断膨胀的人类私欲的推动下发展出各种不平等关系，出现了日益细致化的社会分工，原初状态的整合性的文化也就不可避免地随之发生了愈益细密的分化。于是只有在艺术文化领域，审美作为文化的规定性才得以完整地保持下来，并以此与其他文化类型相区分。

2. 任一人类个体不仅拥有创造和享有艺术文化的同等能力和平等权利，而且在艺术文化的精神内涵与展开方式上也具有相似性，这是艺术文化的初始状态，可由史前艺术考古所证明。但在人类历史展开的过程中，基于应对特定自然环境的不同方式，以及日益清晰化的对生存资源之有限性的意识，人类逐渐分化为不同层次和规模的理念/利益集团，发展出不同的价值观、信仰、体制和社会结构，出现了差异化、多元化的文明/文化，出现了异质性、多样性的艺术文化，共同构成人类艺术文化的整体，体现着艺术文化的普遍性内涵，但又彼此有别。而在隶属不同理念/利益集团的人们在学会尊重和欣赏他者的艺术文化之前，并不承认其同样具有审美的普遍性，至于在政治、经济上占据优势地位的集团，更是试图通过命名权、划圈权控制艺术文化，使其成为一种意识形态话语。

3. 艺术文化最初是整合性的，这既是因为整体性的文化尚未分化，文化的"构件""手法"或者说文化的"语汇""语法"是通用的，还因为艺术文化对自身的特殊性没有自觉意识，还没有形成审美自律原则，亦即将审美这一文化的规定性作为艺术的普遍性。艺术文化的历史因此就是形成自我意识并据以划定"艺术界"的发展过程，在此过程中形成了被命名为"艺术"的"物化产品、观念体系和行为方式"，整合性的艺术文化也随之出现了分化，形成了有各自的历史、规则、特征的多样化的艺术门类，它们共享艺术文化的普遍性，彼此又具有区分性。而这也就决定了艺术文化的建构性。

无论它怎样宣称坚持艺术的唯美与纯粹,也总是或明或暗地受到各种理念/利益集团的政治、经济吁求的牵制。

三、"审美文化"的专指义即审美化的当代文化,它是审美文化的当下形态,是在经历了特指义的审美文化的充分发展后向泛指义的审美文化的回归,从历史维度说是文化的更高阶段,而从逻辑维度说则是返回到文化自身,其义有三:

1. 如沃尔夫冈·韦尔施所指出的,当代人类社会正在经历一个由表及里的"审美化过程":"首先,锦上添花式的日常生活表层的审美化;其次,更深一层的技术和传媒对我们物质和社会现实的审美化;其三,同样深入的我们生活实践态度和道德方向的审美化;最后,彼此相关联的认识论的审美化",所以"毫无疑问,当前我们正经历着一场美学的勃兴。它从个人风格、都市规划、经济一直延伸到理论。现实中,越来越多的要素正在披上美学的外衣,现实作为一个整体,也愈益被我们视为一种美学的建构"①。这虽然在发达资本主义国家表现尤为明显,但在全球范围内也呈现出普遍化的趋势。可以说,作为现代性运动的重要遗产,审美化正在和理性化一起成为当代人类社会的组织原则,而彼此分立、界域分明的各个文化领域,正在以审美为核心重建彼此的联系。这不但使当代人类的生活世界和文化图景日益普遍地呈现出审美的外观,还使审美日益成为普遍性的生活态度、生活方式,而美学则日益成为一种基础性的世界观。

2. 周宪指出,"后现代主义的审美文化"在西方的"去分化"主要体现在:"艺术与非艺术界限的消失""艺术内部界限的消失""高雅文化和大众文化界限的消失",此外尚有"诸如生产者和消费者的界限的丧失,个人风格被某种杂糅诸种风格的形态所取代,甚至出现了古典的、现代的不同民族风格的混杂的无风格形态"等表

---

① 沃尔夫冈·韦尔施:《重构美学》,第40、4页。

现。但这种"去分化"并不是"一种回归古典文化或现代文化那种总体文化和谐文化的趋向,恰恰相反,在后现代文化中,一种破碎的片段的文化形态才是其主要形态"①。单就事实而论,这些现象确实可以视为艺术文化的当代写照,而在最初的疑惑、震惊之后,人们不仅早已见怪不怪,而且承认其为一种艺术展开自身的方式,并将其置于艺术史、艺术批评的体制。"去分化"无疑是以"分化"为历史和逻辑的前提条件,而所谓"分化"也就是要确立艺术文化的规定性和特殊性,形成艺术文化的"自律""自治"乃至"自恋",从而造成艺术文化与其他文化形态的"割据性",这其实是对作为审美的文化原初本相的遮蔽。这样看来,陈跃红的如下提问就确有其理:"后现代主义在融入大众和商品洪流的义无反顾中,是否也包含复归原初本相的合理化因素呢?"②

3. 随着全球化进程的日益深入,在全球范围内,"过去那种地方的和民族的自给自足和闭关自守状态,被各民族的各方面的互相往来和各方面的互相依赖所代替了。物质的生产是如此,精神的生产也是如此。各民族的精神产品成了公共的财产。民族的片面性和局限性日益成为不可能,于是由许多种民族的和地方的文学形成了一种世界的文学"③。飞机、高铁等现代交通工具和互联网等现代信息技术的普遍应用,前所未有地将各地域、各民族紧密联系在一起,造就了一个麦克卢恩所说的"地球村",打破了基于地理界域的文化隔绝状态,使不同文化间的交流、理解、欣赏成为可能,展现其作为整体的人类文化的不同层面和侧面。在此基础上形成更清晰的文化自觉意识——既包括对本地域/民族的艺术文

---

① 周宪:《中国当代审美文化研究》,北京大学出版社1997年,第51—58页。
② 陈跃红:《后现代思维与中国诗学精神》,《北京大学学报》1996年第1期,第42页。
③ 马克思、恩格斯:《共产党宣言》,见《马克思恩格斯选集》第一卷,人民出版社1972年,第255页。

化的自身认同,也包括对文化之审美的规定性的理解。而与文化产业的兴起、大众教育的普及、现代传媒的推广相伴随,一种平均主义、审美主义的大众文化正在成为全人类的共享文化——意谓其生产和消费都具有共享性,正在借全球化之力缔造人类共同的文化庆典、生活世界和审美经验。

二、审美文化与民族国家认同的关联

审美文化的上述三个语义,既体现为逻辑上的映射与包含关系,也表现为层次化落实的历史展开环节,二者并不能完全等同,而且还有可能出现歧义化发展的情形,亦即背离文化之完美性规定而趋向鄙俗化、平庸化。不仅如此,在审美文化概念的逻辑与历史展开中,既有可能因其提升个体精神境界、实现理性与感性和谐的维度而备受推崇,也有可能因为审美之感性经验的性质而使其饱受批评。这就构成了作为人类知识、思想系统的美学的历史开展——亦即对"审美文化"的自我理解,同时也在特指义和专指义的审美文化与其他文化系统、人类生活世界整体间建立起错综复杂的关系,而这又从根本上决定于双方基于特定时空条件的互动的状况与程度。

进一步思考,审美文化不仅是体现着人类经验、情感、愿望的文化景观,更是通过文本实践与生活模式实现的意义生产机制,而在这两方面,审美文化都显示出其他文化系统所不具备的强大吸引力。因此之故,当人类分化为在认知模式、精神信念、价值观念诸方面相异乃至对立的理念/利益集团,势必要将特定的政治、经济、文化诉求体现在审美文化的生产和消费中,借以为物理世界和生活事实赋予意义,定义理解自我、世界、历史、国家、民族的认知图式,实现价值信念、思维模式、生活样式的论证和形塑。因此之故,审美文化始终被看作是一种有魅力的认同建构机制,甚至是一种强有力的控制社会人心的"意识形态国家机器"(阿尔都塞语)，而在后工业社会更成为一种可以创造巨大财富的产业形态，清晰地展现出政治、经济、文化的一体互动性。审美文化因此必然是一个纠缠混杂着各种权力关系的博弈空间，必然会与民族国家认同建构发生关联。

在此方面，不能不提及儒家的美学智慧。他们很早就认识到，作为一种整合性的文化活动，乐具有"入人也深，其化人也速"(《荀子·乐论》)的特性，而之所以能够"化人"，则是因为在乐之审美品质与人格之间存在互动关系，例如"宽裕、肉好、顺成、和动之音作，而民慈爱；流僻、邪散、狄成、涤滥之音作，而民淫乱"(《礼记·乐记》)，进而影响民族/国家的存在：

> 乐中平则民和而不流，乐肃庄则民齐而不乱，民和齐则兵劲城固，敌国不敢婴也。如是，则百姓莫不安其处，乐其乡，以至足其上矣。……乐姚冶以险，则民流僈鄙贱矣。流僈则乱，鄙贱则争，乱争则兵弱城犯，敌国危之。如是，则百姓不安其处，不乐其乡，不足其上矣。(《荀子·乐论》)

似乎可以说，儒家已经朦胧意识到，审美文化可以通过基于普遍人情的感觉结构的塑造，缔构民族/国家共同体——这正是审美文化建构民族/国家认同的机制；而且，不同品质的审美文化，又会对民族/国家认同建构产生不同影响。也正因此，儒家特别强调运用国家体制力量对审美文化的品质与方式进行拣择与控制，以发挥其在建构与维护民族/国家认同上的正能量。

按照我们的理解，"民族/国家认同"是指构成民族/国家这一政治共同体的人们在族群、文化与制度层面的认同与自我认同，因此审美文化与民族/国家认同的关联就体现在族群认同、文化认同、制度认同三个方面。不过，这种关联性有积极和消极两面，既有可能潜移默化地完成人们对本国、本族的政治/文化认同建构，也有可能通过审美幻觉弱化乃至消解人们既有的本国、本族的身份归属感。

具体说来，审美文化与民族/国家的族群认同建构的关联表现在三方面：

1. 对民族身份的历史建构。任何一个民族都会创造独具特色的审美文化，又必然体现为一个历史过程，形成一个民族的审美文化传统，于是审美文化便不仅表征着一个民族发现与创造完美的文化的能力，而且本身就构成全体民族成员共同拥有的具有强大感染力的历史记忆与精神财富。潘一禾指出：

> 传统文化不仅是一个国家和民族物质和非物质文化成果的总和，也总是承载着一个国家和民族的文化身份，承载着国民对国家文化的普遍认同。它们既向世界展示着有特色的国家—民族的集体文化，也向世界展示着一个国家和民族的集体自尊和自信。①

那些拥有伟大的审美文化传统的民族成员，无疑会对本民族的智慧、才能、德性产生强烈的自信，民族自豪感亦油然而生。而共同的符号表征、表意模式、游戏规则，又成为将全体民族成员连接在一起的纽带，他们借以实现彼此认同，这种认同经验的建构也得到同一审美文化传统的支撑和强化。

而当归属不同民族的人们发生实质性交往，亦即从经济层面、政治层面的交往，深入到文化层面的交流，民族文化异质性的凸显同时也意味着各自民族身份的确立。因此之故，审美文化既是不同民族文化交流的重要领域，甚至可能是最为令人着迷、最为令人

---

① 潘一禾：《文化安全》，浙江大学出版社 2007 年，第 85 页。

印象深刻的交流方式,不同民族的审美文化也彼此互为实现自我认同建构的镜像。这既包括人们对自己的审美文化之独特性的认知,也必然推进至对自己的民族身份的自觉。反之,如果一个民族的审美文化传统出现了传承的断裂、意义的终结,不再具备自我更新甚至浴火重生的能力,既不能由此而实现空间上的民族身份的区分化,也无法保持时间上的民族身份的同一性,也就会丧失其认同建构功能。

2. 对民族身份的现实建构。这主要是指多民族国家的族群认同建构,其核心是对创造"一个集体的精神体"的自觉努力及其实现。如彼特·哈杰杜所说,"因为民族——一个现代的、19 世纪的方法,意味着一个集体的精神体,当然能够易译集体利益的语言、权力和扩张的野心。民族有着民族的情感,要让一个民族把自己想象成为共同体,必须先让它信服",而"在 19 世纪,欧洲文学在民族认同的发展方面扮演了重要的角色"[①]。审美文化以极富魅力的方式创造出共同统一的民族语言和民族情感,并以之为基础创造出统一的审美感知共同体,从而不仅打破了地域与种族的隔绝状态,使人们的经验、情感的交流成为可能,更实现了彼此之国族身份的互为承认。

在某种意义上可以说,民族语言、民族情感的创造是一个民族确立其主体性的标志。它显示着一个民族心灵丰富性的程度,更关系到一个民族是否具有独立的表述其历史和意愿的能力。特别是统一的民族语言,它是一个民族国家建立凝聚力、传承历史文化遗产的主要渠道,可以在国民与国民之间创造出一种内在的心理联系,更意味着一种共同的对世界与自我进行感知和理解的思维模式。反之,如果一个民族国家的民族语言和民族情感受到损害,

---

① 彼特·哈杰杜:《文学与民族认同》,见周宪主编:《中国文学与文化的认同》,北京大学出版社 2008 年,第 312 页。

直接损伤的是国民之间的心性联系和精神交流,而隐微却深刻的影响则是对共有的国族身份的消解。对民族语言所承载的民族文化的毁灭式打击,"如果本国的语言日趋消失,或者在几代之后遭到彻底侵蚀,那么本国文化中的一大部分内容也会消失,本国特性的一些组成部分也会变没"①。

3. 对民族身份的想象建构。在某种意义上说,审美文化的基本单位是诉诸想象力的意象、幻象,而按本尼迪克特·安德森对"民族"的界定:"它是一种想象的共同体","它是想象的,因为即使是最小的民族的成员,也不可能认识他们大多数的同胞,和他们相遇,或者甚至听说过他们,然而,他们相互联结的意象却活在每一位成员的心中","民族被想象为一个共同体,因为尽管在每个民族内部可能存在普遍的不平等与剥削,民族总是被设想为一种深刻的,平等的同志爱"②。想象的创造方式当然有多种,但审美文化无疑是最有效的方式。这是因为,审美文化不但可以创造最大化的想象空间,而且具有最大可能的感染力,以及将虚拟场景、虚构情感转化为真实经验的能力。

对民族身份的想象建构,核心是创造出民族成员"相互联结的意象",其所涉及的范围虽然相当广泛,但皆旨在创造全体民族成员的一体感,为此甚至需要诉诸神话叙事,以解决难以自圆其说的品质和事实。例如,用民族系谱学的方法解决分散的、事实上并不存在血缘关系的众多种族的一体性,就是一种很典型的神话叙事。相对现实得多的做法,则是以"民族志"的方式塑造全体民族成员在历史、文化上的共同感,这就是动用各种媒介和符号"将所有民族带到同一个叙述体系中,但同时又宣告他们自己的特质,以作为

---

① [德]赫尔穆特·施密特:《全球化与道德重建》,柴方国译,社会科学文献出版社 2001 年,第 64—65 页。
② [美]本尼迪克特·安德森:《想象的共同体:民族主义的起源与散布》,吴叡人译,上海人民出版社 2011 年,第 6、7 页。

文化独特性和独立性的证据"①，由此创造出一个借以实现自我理解、自我定位的文化镜像。在其中，所有民族成员拥有相同的历史传统、文化记忆，经历过相同的荣耀或屈辱时刻，有共同的命运和目标，他们的个体命运与国家和民族整体的命运息息相关，进而形成与国家利益密不可分的民族感情。反之，如果审美文化刻意表现个别族群的独特历史和文化经验，将其游离于民族/国家的历史与文化，或者对民族/国家的历史与文化进行虚化处理，不但有可能危及民族/国家文化共同体（共同的历史记忆、政治经历、情感、语言）的存在，也会直接损伤民族成员一体化的存在感。

其次是审美文化与民族/国家的文化认同建构的关联，又可从如下维度予以辨析：

一、文化认同之形成并非本质主义的构造，这是说，人们对所属民族/国家文化的认同，并非因其基于血缘、人种等先天性基因的民族性就能自然形成，而是一个主动寻求、自觉建构的过程。至于文化认同建构的核心，则是对所属民族/国家文化之价值优越性的肯定。问题的复杂性在于，对于单一民族国家而言，民族文化认同与国家文化认同是同一的，但对于多民族国家的文化认同来说，文化认同的对象却并非某一民族的文化，而必须是整合全体民族文化符号表征的统一的共同体文化。不过，这在不同国家的表现并不完全相同，既有可能是以某一民族的文化符号表征为主导而形成，也有可能是在提炼所有民族文化符号表征的基础上进行全新的创造。这既取决于民族国家建立之初的时势使然，及其将以怎样的胸襟抱负面对传统，构思未来，也决定于各民族文化交往的历史状况，以及在此过程中凸显出的各民族文化价值与符号表征

---

① ［加拿大］卜正民、［加拿大］施恩德：《导论：亚洲的民族和身份认同》，见卜正民、施恩德主编：《民族的构建：亚洲精英及其民族身份认同》，陈城等译，吉林出版集团有限责任公司2008年，第8页。

的融合程度。如此则文化认同首要和直接地关涉民族国家的文化主体性的确立,但也必然关联到民族形象、国家形象的塑造,正如马修·阿诺德所说"文化明白自己所要确立的,是国家,是集体的最优秀的自我,是民族的健全理智……不仅是为了维护秩序,也同样为了实现我们所需要的伟大变革"①。

二、无论是作为文化的本然状态,还是作为艺术文化,审美文化的存在本身就显示了一个民族国家文化的价值优越性。一种拥有悠久的历史与独立自足的审美表意系统与文化精神的审美文化,不仅构成了与其他民族国家相区分的精神标志,而且充分显示了本民族国家强大的文化创造能力。这足以建立起国民对祖国的自豪感。而这自豪感建是基于运用独特的审美表意系统自由地表现思想情感、塑造自我形象的强大自信。这种独特性适足以在与其他审美表意系统的比较中建立起"集体的最优秀的自我"的确定无疑。当其成为传统,"便成了一种无声的指令,凝聚的力量,集团的象征。没有文化传统,我们很难想象一个民族能够如何得以存在,一个社会能够如何不涣散,一个国家能够如何不崩解",而不同文化之间"学习所取,交流所得,仍待经过自己文化传统这个'有机体'的咀嚼、消化和吸收"②。如果一个民族国家的审美文化的文化生态和意义建构机制遭到侵蚀、破坏,也就意味着该国的国民只能运用别人的话语系统进行审美的发现和表现,这无异于承认自己的文化主体性的丧失。与此相关,如果一个民族国家的审美文化不能应对时代的变化,而只能抱残守缺地存在,也会导致文化认同的更易。

三、更重要的是审美文化对于一个民族国家之文化核心观念的建构抑或解构。文化核心观念是一个民族国家所属成员共同接

---

① [英]马修·阿诺德:《文化与无政府状态:政治与社会批评》,第64页。
② 庞朴:《文化传统与传统文化》,见庞朴:《三生万物》,首都师范大学出版社2011年,第240页。

受和实现相互认同的符码,这些符码构造了共同的世界图景和生活模式,规范所有成员的行为与想象,并从中产生意义。而这些意义支撑了一个民族国家的体制和社会结构,是较诸血缘、生物性基因能更有力地将全体成员凝聚在一起的纽带。正如塞缪尔·亨廷顿所说:"人类群体之间的关键差别是他们的价值观、信仰、体制和社会结构,而不是他们的体形、头形和肤色。"[1]审美文化的特性在于通过有关生活感觉的诗性叙事诠释文化核心观念,而当人们"为某个叙事着迷,就很可能把叙事中的生活感觉变成自己的现实生活的想象乃至实践的行为",而"一个人进入过某种叙事的时间和空间,他(她)的生活可能就发生了根本的变化"[2]。诗性叙事乃是建立自我存在感的有力方式,它深入灵魂深处而令人浑然不觉,以至于人们将想象的场景当作真实的世界接受下来,连带接受下来的还有构造出或者说支撑着这些场景的文化观念,以及由这些多义性的想象和观念激发的所有潜在的可能性。因此之故,审美文化既可以有效地维护一个民族国家的文化核心观念,也有可能是一种瓦解、颠覆的强大力量。

再就是审美文化与民族国家的制度认同建构的关联,其核心是对本国制度的合法性与优越性的证明,可从两方面略加辨析:

一、审美文化本具有制度性,其内涵有二:一是说出于民族国家认同建构的政治需要,审美文化势必会被纳入国家的文化体制,亦即动用国家体制力量对审美文化的生产与传播、内涵与品质进行规约;二是说审美文化亦自成体制,亦即拥有独立的评判系统、经典系统、传播系统,而这决定了何种活动与产品才可被纳入审美文化体制。二者并不必然一致,甚至可能存在冲突,审美文化会为争取存在理由而强调和坚持其自身体制的独立性,但也可能存在

---

[1] [美]塞缪尔·亨廷顿:《文明的冲突与世界秩序的重建》,周琪等译,新华出版社2010年,第21页。

[2] 刘小枫:《沉重的肉身》,华夏出版社2008年,第5页。

共谋的情形,虽然最好的状况是二者携手而行,互为借重,共同实现审美这一文化的规定性内涵。这样说来,审美文化与一个国家的文化体制就存在密切关系,审美文化领域的繁荣状况可以印证国家文化体制的优越性,反之亦然。于是,当人们因与其身体存在感紧密相关的审美文化而建立起自我与世界,并能在多样化的审美生活中充分感受本族群乃至全人类心灵的丰富性,或者,在阶层、职业、种族等方面有差别的人们能在审美文化领域享有平等权利,他们也就会确立起对于本国文化体制之优越性的肯认。相反的情况是,如果一个国家推行文化禁闭、文化专制政策,不能满足国民多样化的审美文化需要,或者不能使国民感受到与政治平等存在映射关系的文化平等,那就会因对文化体制的失望而推广到对于国家制度的整体怀疑。

二、审美文化用诗性叙事方式塑造民族形象、国家形象,而这必然会涉及国家的政治、经济、教育等各项制度,因为人生在世无可避免地担负着制度,民族和国家本身亦是制度性建构的结果。这就存在两种可能性:一种是正面展呈国家制度的完美性、优越性,具体体现为对社会生活的有效组织、对公民精神境界的提升、对公民合法权利的维护,由此建构起来的是具有雄强生命力的民族形象、国家形象;一种是揭示、鞭挞国家制度的黑暗腐朽,具体体现为这种制度所造成的社会不公、人民普遍的精神堕落、官僚机构的腐败无能,由此建构起来的是病态化的日薄西山的民族形象、国家形象。当人们进入到审美文化所建构的生活场景,因经验和情感的完满性,而将两种不同的民族形象、国家形象感知为真实存在,也就要么产生维护和忠诚于国家制度的情感意愿,要么产生质疑国家制度的合法性乃至试图颠覆国家制度的冲动。

审美文化与民族国家认同建构的关联概如上述。但必须指出,虽然可以为了分析的便利,而将这种关联细化为族群认同、文化认同、制度认同三个方面,但在事实上三者存在一体互动关系,彼此互为支撑而又缺一不可,而文化认同更具有直接和基础意义。这是说,审美文化首先表现为民族国家的文化认同建构,即用诗性叙事方式缔造共同的历史传统、习俗规范以及无数的集体记忆,通过审美经验、审美情感的共享而缔构基于共同心性品质的文化共同体,进而创造族群一体感,以及对共同的社会制度的政治性认同。反之,审美文化对民族国家认同的冲击也首先表现为对文化认同的解构,进一步才会拆解统一的国族身份和政治共同体身份。

红色记忆生产与民族国家认同的塑造

严格说来,"红色记忆"是指在中国共产党领导下,中国人民经过艰苦斗争摆脱帝国主义、封建主义和官僚资本主义的压迫、奴役,最终实现民族解放和国家独立的革命史。但如虑及历史的连续性,或者说要理解从中国共产党诞生到中华人民共和国成立的历史,解释其动力与合法性,则必须将其置于自1840年中国社会巨变直至20世纪50年代新中国建设的长程历史中。毫无疑问,这段历史就是作为民族国家的中国建构的历史,是中华民族以崭新形象宣示其主体性的历史,因而也就是现代中国最为重要的民族集体记忆。这种集体记忆以及对这种记忆的价值认知与符号再现,构成了主导文化的核心内涵与重要维度。"在回顾或重视自己已经被证实了的历史,对它的重新叙事不仅进一步激起了历史书写者的自信心和光荣心,重要的是,它更隐含着过去/现实一脉相承的历史联系。民众通过历史进一步理解共产党领导的社会主义革命,并把历史/现实理解为一种必然的关系"[①]。因此之故,"红色记忆"的生产自然成为中华人民共和国成立以来主导文化建设的两条线索之一,始终是独具特色的审美文化图景,始终是支撑和维护社会主义中国的制度与文化认同建构的最为重要的精神力量。

---

① 孟繁华:《传媒与文化领导权——当代中国的文化生产与文化认同》,山东教育出版社2003年,第40页。

一、红色记忆生产的内在规定性

与主导文化一波三折的进程相应,"红色记忆"的生产也有波峰,有波谷,有主流,有逆流。它在新中国成立后的"十七年文艺"实践中确立起意义生产机制与话语表述模式,涌现出一批典范作品,以崭新的文化内涵与审美精神,强有力地促进了社会主义意识形态的巩固、社会主义新人的塑造、社会主义建设事业的开展。继而,受"极左思潮"与教条化了的马克思主义美学的影响,不断进行观念与审美提纯的"红色记忆"生产,在"文革"时期出现了扭曲化表达的倾向。公允地说,"样板戏"将国家意识形态与民间审美意趣相融合,通过"压抑"显示"崇高",不失为一种带有鲜明时代烙印的美学风格。但是叙事视角、文本结构与审美追求的同一化、类型化倾向,最终造成了"红色记忆"生产的模式化。它以抽象的意识形态承诺的图式化表现,掩盖了历史与人性的丰富性与真实性,自然也就在文化与审美两个方面都遭遇合法性危机,招致后来者的质疑与批判。

20世纪80年代以来,在中国的现代性进程重启之后,随着中国知识阶层的分化,以及主导文化、精英文化、大众文化的分化格局的成型,以"红色记忆"为资源/素材的审美文化生产,也呈现出多元共生的斑斓杂色。精英文化的启蒙立场、批判意识,大众文化的市民趣味、商业逻辑,构造了别样的"红色记忆",既对主导文化的权威性及其"红色记忆"叙事的典范性形成了挑战、解构乃至颠覆,但也为新的时代条件下主导文化的自我理解、自我定位,提供了由"国家""民族""历史""审美"等多重解释维度构成的镜像。以之为契机与动力,主导文化场域的"红色记忆"生产进入自我调整与完善的新阶段。

这种波折反复,固然体现了不同时代精神的感召与压力,但也可以理解为主导文化及其"红色记忆"生产机制的自我澄明与更新。不过,虽然有路线/方向的折曲,有话语/符号的新变,作为一种深深植根于中国的民族国家建构历史的诗性叙事,主导文化的"红色记忆"生产仍有其文化与审美的内在规定性,大致可从如下维度进行描述和分析:

1. 海登·怀特说:"一个历史叙事必然是充分解释和未充分解释的事件的混合,既定事实和假定事实的堆积,同时既是作为一种阐释的一种再现,又是作为叙事中反映的整个过程加以解释的一种阐释。"①诗性叙事尤其体现着历史叙事的这一特征。对历史的审美建构,既是对既定事实的"复现",也是对讲述历史的理念的"表述"。"复现"与"表述"纠缠在一起,构成历史叙事的完整织体,而"复现"又总是体现着"表述"的剪裁、过滤。这不仅是因为有关人的历史总是建构性的,将零散芜杂的人物、事件、场景组织为完整有序的历史图景、历史进程,总是体现着叙事者的价值取向,而这种价值取向又决定于时代、民族、阶级、性别等因素;而且还因为,只有通过为"过去"赋予意义,亦即将"过去"转化为"历史",才能在"过去"与"现在"之间建立起密切的关联。叙事既是对历史的组织,同时也是对历史的阐释,而"组织"和"阐释"所据之史观、述史之方法,又必然内蕴着特定的意识形态诉求。因而当人们将某种被组织和阐释的历史视作真实而接受下来,也就接受、认同了当中寄寓的意识形态诉求,从而实现了叙事的意识形态规训功能。

作为一种审美地建构历史的诗性叙事,主导文化的"红色记忆"生产体现的是主导意识形态的意义规约,亦即用主导意识形态的观念、命题与方法,组织和阐释近代以来中国的人物、事件、场景,而这与以马克思主义为指导思想的人文社会科学的历史叙事

---

① [美]海登·怀特:《后现代历史叙事学》,陈永国、张万娟译,中国社会科学出版社2003年,第63页。

并无二致。这就是把近代以来的中国历史描述为：中华民族备受帝国主义列强的欺凌和封建主义、官僚资本主义的压迫，直到马克思主义传入中国，才真正唤醒了民族意识。在中国共产党的领导下，各族人民以"革命"的手段争取民族独立与解放，建立了社会主义国家，实现了民族平等和民族团结，各族人民重新凝结为一个命运共同体。简而言之，只有社会主义和中国共产党才是中国历史和中国人民的必然选择。不同之处在于，"红色记忆"生产提供的是形象化的历史图景，从而"以对历史'本质'的规范化叙述，为新的社会的真理性做出证明，以具象的形式，推动对历史的既定叙述的合法化"①。

通过"以具象的形式"展开的规范化、本质化叙事，"红色记忆"生产建构了中华民族奋起抗争、走向新生的光辉历史，而在中国共产党的领导下进行社会主义革命与建设，亦因此获得了无可辩驳的合法性。进而，通过审美的想象与情感的代入、补偿功能，"红色记忆"叙事有效塑造了人们对于新中国制度与文化的认同。而这也就形成了"红色记忆"生产的文化逻辑、叙事模型，亦即"在既定意识形态的规限内讲述既定的历史题材，以达成既定的意识形态目的：它们承担了将刚刚过去的'革命历史'经典化的功能，讲述革命的起源神话、英雄传奇和终极承诺，以此维系当代国人的大希望与大恐惧，证明当代现实的合理性，通过全国范围内的讲述与阅读实践，建构国人在这革命所建立的新秩序中的主体意识"②。

2. "红色记忆"生产的意识形态功能不仅体现在对民族、国家历史的塑型，也表现在对主导意识形态（观念、情感、愿望）的具象化展示，而这彼此关联的两方面决定了其以现实主义为基质而又呈现出浪漫主义色彩的审美品格。这一方面是因为，正如阿尔都塞所说：

---

① 洪子诚：《中国当代文学史》，北京大学出版社1999年，第107页。
② 黄子平：《"灰阑"中的叙述·前言》，上海文艺出版社2001年，第2页。

> 意识形态所反映的不是人类同自己生存条件的关系,而是他们体验这种关系的方式;这就等于说,既存在真实的关系,又存在"体验的"和"想象的"关系……在意识形态中,真实关系不可避免地被包括到想象关系中去,这种关系更多地表现为一种意志(保守的、顺从的、改良的或革命的),甚至一种希望或一种留恋,而不是对现实的描绘。①

"红色记忆"生产所建构的主导意识形态话语也存在"真实关系和想象关系的多元决定的统一";另一方面,"红色记忆"生产要通过"英雄传奇"的讲述,通过英雄形象的塑造,"歌颂他们坚韧的斗争意志、忘我的劳动热忱,表扬他们对集体、对国家、对人民利益的无限忠心,借以培养人民的新的品质和新的道德,帮助人民推动历史前进"②,这就要求为历史叙事注入透明、纯粹、乐观的理想主义精神。

这对"红色记忆"生产的影响是,无论是叙事话语还是抒情话语,都依托指向"革命的终极承诺",亦即实现社会、文化、人性的完美的宏大叙事,而中国共产党领导下的中国革命和社会主义建设,则被设定为实现人类终极理想的通途。这也就是将中国建立/建设民族国家的历史,嵌入解放全人类的崇高事业的宏大背景中,将中华民族的命运与共产主义的"盛世信仰"一体化,从而将中国人物、事件、场景的特殊性转化为普遍性。叙事背景的宏大,意义旨归的远大,中国存在的巨大,中国革命与建设进程的波澜壮阔,构成了"红色记忆"叙事的意义生成维度,造就了"红色记忆"叙事的史诗品格,从而深刻地改变了个人与社会、国家的关系。诚如肖鹰所说:"史诗性叙述对革命史的经典化,把个人的集体化道路(牺牲

---

① [法]阿尔都塞:《保卫马克思》,顾良译,商务印书馆1984年,第203页。
② 周扬:《周扬文集》第二卷,人民文学出版社1985年,第240页。

和奉献)在历史必然性和远大性的背景上最终神圣化和永恒化。"①即使是对历史某一横断面的再现,对事件与情感细节的描绘,也因此意义维度的置入而具有超越性价值。

从时间上说,它通过人类终极目标的设定,化解了个体生命的短暂易逝性;从空间上说,它通过家、国、天下一体化的设定,化解了个体生命的有限性,而个体价值的实现,也只有在此特定的时空维度中获得真实性。这种概念的时间、空间,不仅是标定人物、事件、场景之存在性的尺度,也是使其产生意义的机制。反之,任何溢出此时空维度的行为、观念、情感,都不具有存在的合法性。当人们接受了这种时空观,也就形成一种新的认同建构机制,亦即在朝向"太平世界,环球同此凉热"(毛泽东《念奴娇·昆仑》)理想的革命实践中,舍弃、克服个体生命的直接性和本能性的东西,通过不断向普遍性的提升而确立存在感,而这也是实现终极关怀的基本途径,此正如李扬所说:"革命的神性力量,使个体突破日常伦理的行为获得了直接通向终极的价值确认,进而使'人成为神'。"②

3. 浪漫主义诗人诺瓦利斯说:"这个世界必须浪漫化,这样,人们才能找到世界的本意。浪漫化不是别的,就是质的生成。低级的自我通过浪漫化与更高、更完美的自我同一起来。"③"浪漫化"不仅是艺术创作原则与创作方法,更是看待/建构"世界"与"自我"的方法与信念。而对"红色记忆"叙事来说,革命浪漫主义首先是实现其意识形态话语生产功能的本质要求,"无产阶级的革命文学之所以必然是一种特殊的政治浪漫主义文学,是因为它的目的是

---

① 肖鹰:《真实与无限》,中国工人出版社2002年,第53页。
② 李扬:《50—70年代中国文学经典再解读》,山东教育出版社2003年,第190页。
③ [德]诺瓦利斯:《断片》,转引自刘小枫:《诗化哲学》,华东师范大学出版社2007年,第47页。

要宣传无产阶级的革命理想、革命策略和革命的方针路线"[1];其次也是发现历史真实的方法,所谓"真实"又并非科学意义上的认识与事实的符合,而是指符合革命的目标、承诺、趋势的历史的本质性,此诚如蒋光慈所说:

> 惟真正的罗曼谛克才能捉得住革命的心灵,才能在革命中寻出美妙的诗意,才能在革命中看出有希望的将来。[2]

"信念"的表达,"本质"的揭示,"真实"的呈现,都必然地要求革命浪漫主义的方法,亦使其成为"红色记忆"生产的叙事基调。

这对"红色记忆"叙事的影响,首先是按照"革命正义"的理念组织与阐释历史。它不仅符合揭示历史本质的意识形态话语建构的需要,而且是革命信念的一种体现。如此则叙事本身就是革命实践、革命诉求的镜像,不仅与生活互为印证,而且又可成为在现实中继续革命的参照与支撑。而被革命浪漫主义之光照亮的历史,已经是被"革命"的理念和要求编码过的历史,它删去了丛生的历史枝丫,凸显出"革命史"的主根脉。于是,纷繁芜杂的历史就被组织成为一个秩然有序的图式,它有清楚的发展线索与内在的事理逻辑,昭示着无产阶级革命的正义性、中国共产党领导的正确性、红色政权的合法性、社会主义制度与文化的优越性。

与此相关,"红色记忆"叙事必定呈现出浓郁的英雄主义、乐观主义、理想主义色调。这是因为革命浪漫主义设定的历史终极目标——一个可以实现人的全面发展的完美社会,以及对于实现这一目标的自信——这种自信建立在对历史本质、真实的认知的基

---

[1] 余虹:《革命·审美·解构——20世纪中国文学理论的现代性与后现代性》,广西师范大学出版社2001年,第178页。
[2] 蒋光慈:《蒋光慈文集》第四卷,上海文艺出版社1988年,第71页。

础上,使人们有坚定的信念与大无畏的精神去面对任何艰难险阻,将其视为实现自我价值必须经历之考验。而最好体现这种色调的做法,无疑是塑造虽然历经挫折、磨难甚至牺牲,仍对革命事业忠贞不移的英雄与先进人物的形象,他们一定是体现"革命正义"的理念、超越世俗性而将个体生命与"革命的神性力量"合一的卡里斯玛典型,也只有如此才能成为人们缅怀历史、汲取投身社会主义革命与建设的精神力量的具象载体,也才能完成"红色记忆"生产的意识形态建构功能。从形象建构的文化与审美的逻辑来说,英雄与先进人物的形象塑造必定会经过不断的提纯,最终走向"高大全"的模式,因为这种模式最完美、最彻底地体现了"红色记忆"叙事的意义建构导向。

上述三个方面文化与审美的内涵有内在的联系,而"红色记忆"生产的文化逻辑具有根本的决定性,决定着"红色记忆"叙事结构历史的方式、塑造人物的模式、话语表述的色调。据实而论,意识形态观念先行的"红色记忆"叙事对于历史的规范化、本质化建构,会在相当程度上掩盖历史的复杂性、人性的丰富性、革命的残酷性,尤其是当浪漫主义与现实主义的结合出现裂隙,不能保持必要的平衡,历史与现实的真实、本质就因被过度理想化而显示出自身的脆弱苍白,则"红色记忆"叙事也就隐含着自我解构的维度。这一方面表现为其所承载的意识形态话语的空心化,另一方面则是其所呈现的史诗风格的喜剧化,从而造成意图与效果的背离,以及完全出乎其意料的强烈的反讽意味。与此相关,对历史进行本质化、规范化的处理,也会造成简单化、类同化的叙事倾向。当"红色记忆"叙事的创新动力最终被纳入对毛泽东的革命战略思想与文艺思想照本宣科的窠臼,将"领袖话语"视为衡量"政治正确"与否以及审美合法性的唯一标准,它也就走上了对典范作品的自我复制之路。这虽并非"红色记忆"叙事之尽然,却是"红色记忆"生产的文化逻辑之使然,甚至可以说是必然。

尽管如此，必须承认，"红色记忆"叙事成功地建构了一个人民当家做主的"红色中国"的国家形象。它用审美的力量宣示了红色政权的合法性、革命战争的正义性，用马克思主义的世界观、历史观、价值观，用"革命""阶级""解放"等宏大叙事，拆解了"地域""血缘""族群"等造成的身份差异，将中华民族全体成员带入其中，他们借以建立起共有的国民身份意识与历史感，并以之为符号象征实现彼此认同，结为荣辱与共、生死相依的命运共同体，在中国革命与建设事业中完成了自身的解放。坚定崇高的革命信念、积极乐观的人生态度、简捷明快的叙事风格、明朗纯净的审美境界，使"红色记忆"叙事具有鼓舞人心、振奋精神、陶冶情操的强大力量。当其借助文化、教育等国家体制力量实现了话语、形象、意念的再生产，也就使人们在感知革命历史、形成自觉的历史主体意识的同时，建立起愉快地归属于新中国的政治认同与文化认同。来之不易的珍惜感、踌躇满志的民族自豪感、投身于国家建设的迫切感，就被激发了出来，而这又为民族国家认同的持续建构提供了源源不竭的精神动力。

二、当代中国红色记忆生产的挑战与新质

上述三个方面的内涵大致构成了"红色记忆"叙事的规定性，与"红色经典"文本系统共同形成了"红色审美"的文化传统，也积淀为几代中国人的文化无意识，陶铸了他们的审美心胸、审美定式、审美意向。从其自身文化逻辑与存在的合法性依据说，当代中国主导文化的"红色记忆"生产无疑也要继承与延续这样的规定性，使自己进入这传统并成为一个必要环节，而这也就意味着对传统的扬弃。而从审美话语生产与传播的环境论，在中国国家转型的政治文化语境中，主导文化的"红色记忆"生产要面对的问题与挑战、功能场域的结构，都出现了新的情况，这也逼迫其在观念、话

语与操作方式上进行调整,以维护其在国家文化场域的领导权。大致说来,来自精英文化与大众文化的挑战表现在如下三方面:

1. 对"革命正义"的解构。这就是从一个局外人的角度来观察和审视革命历史,看似秉持历史理性,而实质是对"革命"寒心乃至冷漠。它以所谓揭示历史真相的名义,将个人的恩怨冲突前景化,甚至凌驾于民族、国家的苦难历史之上,试图以此完成对"红色记忆"的重构,因而这不仅是一种再现历史的方法,从根本上说是一种政治信念,而其意义指向则是对"红色政权""红色审美"合法性的质疑乃至颠覆。在这种"去革命化"的"红色记忆"叙事中,"革命"不再是推动历史前进的合法动力,而是被描绘成"一种破坏性的力量",展现"革命的残忍、黑暗、肮脏的一面"①;"革命正义"也不再是叙事的逻辑前提、呈现历史意义的维度,反倒以各种叙事手法渲染其作为堂皇叙事的虚假性。而一旦这种逻辑前提被取消或悬置,历史也就被置入充满偶然性、不确定性的迷宫,而诸如"个体""家族""地域"等因素则被放大、凸显成为结构历史的轴心。

2. 对"史诗性"的消解。这就是鼓吹世俗化的生存景观的合法性,以之嘲讽、对抗共产主义理想,拒绝投身于解放全人类的革命事业的激情和浪漫,于是,传统的"红色记忆"叙事"对理想主义的炽热向往,对改造社会而达成人人平等、世界'大同'的乌托邦冲动,对人生的价值及意义进行形而上思考的真诚与执着都被日常性的生存经验、被'好好过日子'的世俗性号召所取代","透露出更加透心彻骨的悲观主义、世俗主义和投降主义"②。具体表现就是,崇高的革命理想被世俗生活认同取代,高昂的斗争精神被苟安妥协取代,神性的英雄形象被凡庸灰色的小人物取代。在这种"消解史诗性"的"红色记忆"叙事中,革命历史不再具有宏大、神圣、永

---

① 李泽厚、刘再复:《告别革命》,香港天地图书有限公司2004年,第64、63页。
② 孙先科:《英雄主义主题与"新写实小说"》,《文学评论》1998年第4期,第56页。

恒的品格与价值,反倒更凸显出凡庸、琐碎、无序的图景,成为一片精神溃散、颓败的瓦砾场,在其中活跃的芸芸众生实质上是诸种感性欲望的符号象征。

3. 对"严肃性"的弱化。这就是用"戏说""调侃"的模式与手法,实现对革命历史的商业消费,于是"离历史客体愈来愈远,文化意蕴的设置愈加稀薄,娱乐与游戏倾向越来越重,超验虚构的意味愈来愈浓"①,从而将严肃的革命历史虚无化、戏谑化。在此旨在解构革命之神圣性的叙事中,"革命"不但不再是组织与阐释历史的中心话语,反倒因意义的错置而显现其冠冕堂皇的虚假性,而"阴谋""凶杀""死亡""性爱""丑陋"等历史碎片和泡沫,则被置于前景,被视为历史的主干。当民族的苦难史成为茶余饭后的谈资,当严肃性的事件和价值被娱乐化和平面化,"红色记忆"叙事就既不能提供明确的意义指向,也不可能建构出历史的整体图景,而只是一种不断自我复制的无中心的话语能指游戏。就在能指链条的不断滑动中,接受者以一种无须较真的态度投入其中,无须遮掩亦无须自责地沉浸于娱乐消遣的海洋。

这种类型的"红色记忆"生产,折射着"后文革时代"世俗化的精神取向与喜剧审美精神。从消极的面向讲,它不动声色地构成了对"红色审美"文化传统的冲击,对"红色经典"文本系统的解构。但从积极的面向说,它针对传统"红色记忆"叙事之"伪崇高""伪浪漫"审美格调的消解——这从根本上源自其审美乌托邦构造与革命理念的虚假统一,却也为主导文化"红色记忆"生产的自我反思与超越提供了有益镜鉴。以之为契机与动力,当代中国主导文化的"红色记忆"生产在如下方面表现出新质:

1. 不再用非此即彼的二元对立思维模式处理复杂的历史,不再用"革命"/"反革命"的"忠奸对立"神话取代生活的日常性、多层

---

① 张清华:《中国当代先锋文学思潮论》,江苏文艺出版社1997年,第201页。

次性,掩盖人情、血缘、家族关系,不仅关注由"英雄传奇"构成的本质化的"大历史",也将视野投注在边缘的、芸芸众生的"小历史",寻求创造新的民族生命共同体,以之承载并展现革命历史的全景。即使是关于革命历史重大事件和重要人物的纪传性叙事,虽立意谱写中国革命进程的全景性史诗,着力展现领袖、将帅和英雄人物的功勋智慧、精神境界与人格魅力,但也并不排除对其亲情、友情、乡情以及生活细节的表现。这固然有创造陌生化的审美效果、激发接受兴趣的考虑,但较之传统"红色记忆"叙事,不仅还原了历史场景的真实性,复现了"英雄传奇"叙事的人性基壤,而且正因凡俗性因素的设置而凸显出那些卡里斯玛典型的崇高性。

而更具文化与审美新质素的,则是基于对普通人的人性、人情、人品的正面理解与常态认同,展开对"红色记忆"的诗意化与传奇性的叙事。这就是将普通人置于国家和民族动荡不宁的宏大背景中,浓描战争、革命辐射、震荡、影响和制约的日常生活世界,表现普通人的生存状态、精神气质、命运轨迹,展现其生存的卑微与生命的顽强,从而在"个人史"中折射着整个国家和民族的命运。他们是处在革命进程的边缘但被时代裹挟因而并不置身事外的小人物,承受了国破家亡的屈辱、灾难,但他们的传奇故事不仅具有动人心魄的力量,从而削平了历史与现实的距离感,将同为普通人的受众带入到现代中国的沧桑巨变当中,而且其所展现的众多个体生命活力最终百川汇海般地融入中华民族命运共同体的历史态势,也强有力地支撑起革命文化的庄严性。而这一感同身受的过程,也是在叙事体系与社会历史之间对于国家形象的互文性建构,是在一种仪式化的精神空间中完成对民族、国家的想象性认同。

2. 不再用"阶级斗争""领袖话语""政党意志"将多维度的历史单线条化、平面化,将波澜壮阔的"中国革命史"简化为中国共产党的"党史"与中国人民解放军的"军史",而是在凸显这一历史维度的同时重构历史的立体性,从而将革命时空拓展到前所未有的广度。民主革命、国共合作、北伐战争、国民党抗战……都被纳入"红色记忆"叙事中,形成了一种革命时空的"突围"。"这种'突围'主要表现在作家对战争历史真实、客观、全面认识和理解的基础上,从广泛的民族统一战线的视点,对战争精神内涵进行的多重观照。它的突出特点是将战争精神置入民族战争的历史范畴而不是单纯的阶级范畴。"①这方面的典型表现就是把国民党抗战也纳入革命叙事,客观真实地描写国民党军队浴血奋战、同仇敌忾的爱国士气,肯定其在中华民族独立解放运动中的历史贡献。

这种基于真实逻辑的历史理性不仅有助于历史图景的复现,其包容性更是将中华民族全体成员、各种政治派别与社会力量都纳入中国的现代性进程,建构了一个将所有族群、团体、个体都带入其中、相互联结的意象系统,从而完成了革命意义系统的重构。这一方面体现为对支撑中国从"王朝国家"向"民族国家"转型的"革命意识形态"的历史再现,另一方面是将中国共产党塑造为中华民族的根本利益与思想文化的代表,而其合法性则因叙史视野的宏阔、历史理性的凸显更具说服力。于是,各种关于中国革命的常规性价值立场,都得到了充分的尊重,而在传统"红色记忆"叙事中被遮蔽、被边缘化了的历史文化内涵,也都在不同程度上被还原和"正史化",不仅展现出中国革命历史的全景,更通过对于历史细节的挖掘与浓描展示出其本身的动人诗意。

与此相关,"红色记忆"叙事也不再避讳对历史的悲剧性内涵的展呈,不再将其视为对革命理想主义、英雄主义叙事之亮色的弱化、瓦解。这方面的明显表现就是对战争的残酷性、毁灭性的直接展示,对近代以来特别是抗日战争时期中华民族苦难历史的直接再现。而在讲述"英雄传奇"与芸芸众生的故事时,又将其置于中

---

① 许志英、丁帆:《中国新时期小说主潮》,人民文学出版社 2002 年,第 779—780 页。

华民族与命运抗争的意义结构中,从而将个体命运悲剧升华为民族命运悲剧。这不仅仅是出于建构历史认知的需要,亦即使生活在和平年代的中国人重温民族的苦难史与抗争史,还旨在激发人们的民族自豪感与投身实现民族复兴伟大事业的昂扬斗志。这是因为,"对悲剧来说紧要的不仅是巨大的痛苦,而是对待痛苦的方式。没有对灾难的反抗,也就没有悲剧。引起我们快感的不是灾难,而是反抗","一个民族必须深刻,才能认识人生悲剧性的一面,又必须坚强,才能忍受"①。对悲剧个体而言,命运控制个体的生命进程,而对民族集体史诗叙事而言,命运感则转化为一个民族在自身历程中感受到的深刻历史感,这不仅无损于民族自信心与自豪感,反倒更有力地支撑了革命正义性与"红色记忆"叙事崇高性的建构。

3. 不再强求审美风格与运作方式的同一,而是呈现多样化格局。就运作方式而论,随着市场经济的发展、文化产业的形成,除了少数在题材上具有重大思想、历史价值的"红色记忆"生产,依然被纳入国家文化工程,一如既往地得到国家财政与文化体制的支持,而绝大多数"红色记忆"生产则需主动适应市场机制,考虑市场需要,这也在事实上影响其存在的正当性。而在这方面,大众文化的商业运行模式提供了有益参照,例如运用市场手段筹措资金,根据市场需要进行产品的包装、宣传、发行,采用为大众喜闻乐见的形式,甚至运用明星效应扩大社会影响力。但二者的精神旨趣与文化功能毕竟不同,主导文化的"红色记忆"生产以自觉维护国家意识形态为己任,也以之为底线,既借鉴大众文化的模式、策略与方法,又抵制其因商业诉求所导致的精神内涵和审美趣味的芜杂性和低俗化倾向。无论如何,市场经济机制为主导文化的"红色记忆"生产提供了强大的物质基础与技术基础,而生存竞争的压力也

---

① 朱光潜:《悲剧心理学》,安徽教育出版社1996年,第206、301页。

激发出其从事自我反思与文化创新的自觉与活力。

这也影响了"红色记忆"叙事审美风格的多样化的形成。这表现在,虽然通过诗性叙事再生产国家意识形态话语的主题并未稍改,但在叙事模式、表意系统方面却呈现出多元发展的态势。这在代表性的主旋律影视作品中的典型表现就是,借鉴"青春偶像剧"元素渲染革命年代的青春爱情,借鉴"侦探悬疑剧"元素书写地下革命工作者的传奇故事,借鉴"武打功夫片"元素再现民族英雄心向国家统一的历史进程,从而将国家意识形态观念与极具观赏性的画面结合起来,使观众在感性娱乐享受的满足中感受爱国情怀、民族意识、革命理想的魅力。还值得一提的是对流行音乐元素的运用,它不仅一如既往地构成了叙事的潜在动力,更以一种契合观众审美心理的方式建构起基于革命历史认同的归属于民族—国家的集体想象。不仅如此,"红色记忆"叙事还在保持其崇高的审美品格的同时,融入喜剧、诙谐的审美元素,造成一种丰富混杂的审美效果,从而通过张弛有度的叙事节奏使受众始终保持积极的接受兴趣,这不仅无损于国家意识形态话语的塑型,反倒因真实性因子的植入而使其更具有感召力。

这些新质的形成,归根结底的原因是中国的国家转型在意识形态领域的诉求,直接体现为主导文化的自我调整与转型,而其目的则是在一个变动的社会秩序中维持国家意识形态话语的延续性。事实也是,尽管这一过程并非一帆风顺,但主导文化的"红色记忆"生产成功地应对了时代的挑战,克服了概念化、图式化、类型化的缺陷,接续了"红色审美"文化传统,并以新的审美风格与表意系统重构了"红色中国"的国家形象,诠释了中华民族走向独立解放的革命历史的合法性。通过对于"历史"的审美建构,在"过去"与"现在"间建立起紧密的联系,进而作为中华民族全体成员共享的历史记忆与文化传统,实现了对于"红色中国"的族群、制度、文化的认同建构。

大众文化的中国形象建构批判

20世纪中国的国家认同建构以中华民族多元一体的文化格局为坚实基础，以"醒狮"和"巨龙腾飞"为核心象征与文化想象，强有力地支撑了现代中国社会、制度和文化的巨大变革。在全球化和后殖民状态下，世界政治、经济格局与中国社会关系的重组，在重塑中国的国家形象、重建中国的政治/文化生活的同时，也使历史形成的民族国家认同遭遇前所未有的挑战。

在大众文化领域，这种挑战既来自域外文化产品裹挟着的利益/理念，也来自本土文化实践体现出的不同利益集团的价值诉求，弱化甚至消解20世纪中国对自身特征与标志的精神和制度建构。在我看来，当代中国的大众文化以其"快适伦理""感性美学"的符号表意系统建构了三种中国形象，大众在消费这些形象的同时，也据以感知和想象作为政治文化存在的中国，从而或隐或显地影响着当代中国的民族国家认同及其建构。因此对其进行哲学上的反省和文化上的批判，是一个在理论与实践两方面都具有重要性的课题。

一、大众文化建构的狂欢中国形象

就基本事实而言，来自港台和欧美的大众文化产品，为当代中国大众文化的萌生提供了最初的灵感和动力。从移植、复制进而寻求自己的道路，中国的大众文化精英驰骋想象所依赖的依然是域外大众文化的范式。耐人寻味的是,尽管一度被保守人士视作洪水猛兽,但在20世纪80年代的中国政治文化语境中,那些对日常生活微观叙事与身体感性合理性的肯定和张扬,却在一定程度上承载了批判"文革"意识形态的启蒙功能。随着20世纪90年代市场化逻辑向中国的政治、经济、文化各个领域的广泛渗透,社会生活世俗化和都市化进程的迅猛发展,以及伴随着社会分化必然出现的文化分化,在获得了相对充分和独立的生存空间(政治的、文化的)以及必要的生产能力(经济的)之后,中国的大众文化最终明确了自己的主体意识、生存法则和叙事逻辑。大众文化与主流文化、精英文化错综交织地建构起当代中国的文化网络,并以"隐形书写"的方式实现着关于自我、民族、国家的文化想象,而就"在种种非/超意识形态的表述之中,大众文化的政治学有效地完成着新的意识形态实践"①。

这种"新的意识形态实践"首先是构造了一个"全民总动员""快乐向前冲"的"狂欢中国"形象,这取决于大众文化"尽一切办法让大伙儿高兴"②的娱性文化逻辑。在当代中国,花样翻新的"选秀""综艺""征婚""户外竞技""欢乐问答"等娱乐休闲栏目充塞电视荧屏;"戏说历史"的宫廷戏和民间故事剧、"无事生非"的都市言情剧和农村生活剧被批量复制;体育和影视明星的逸闻趣事、详解时尚攻略的娱乐指南占据了网络和报纸的重要位置;声色俱全的娱乐广告和手机段子铺天盖地,织就了一张将分属不同地域、阶层、种族、性别、年龄的人们都抛入其中的"狂欢之网"。在大众文化精英看来,只要能制造出新异别致的娱乐效果并从中获利,不管是传达国家意志、国家利益的主流文化,还是吁求精神超越、高贵

---

① 戴锦华:《隐形书写——90年代中国文化研究》,江苏人民出版社1999年,第283页。
② [美]德怀特·麦克唐纳语,转引自[美]丹尼尔·贝尔:《资本主义文化矛盾》,赵一凡等译,生活·读书·新知三联书店1989年,第91页。

理想的高雅文化,抑或植根底层社会、表述人民愿望的民间文化,都可以通过时尚化、娱乐化的包装、重组,变成口味调匀的"心灵鸡汤";无论是崇高的信仰和观念,还是严肃的情感和话题,抑或权威的知识和经典,连同相关历史记忆和生活场景,哪怕是惨绝人寰的灾难、令人发指的暴行,也都可以通过解构、反讽、戏拟、黑色幽默,转化成娱乐消遣的对象。这意味着大众文化塑造了自己的文化英雄、生活典范和意义生成模式,透过"狂欢中国"的文化镜像,大众得以实现文化——精神和生活范型的自我定位,并遵循娱性逻辑给定的意义生成模式生成并确认自我存在的意义。

娱乐当然不是坏事。大众文化极大地满足了人们长期受到压抑的正当的娱乐需求,有效抚慰了底层人民的心灵,通过虚拟和想象的满足释放、化解了冲突性的情绪。因而大众文化的合法性既基于人性合理性的依据,也来自维护社会秩序稳定的需要。问题在于,由于缺乏必要的理性反省和体制规约,以及主流文化和精英文化没有根据变化了的社会需要进行适时更新,旨在实现利益最大化的大众文化不断刺激、迎合大众的享乐本能,持续扩张和越界,从而破坏了文化生态的平衡机制。而当娱性逻辑随着大众文化的扩张侵入国家文化和教育机制的每一个环节,现身于中华民族历史记忆的每一个瞬间,渗透了社会日常生活的每一寸肌肤,娱乐就被想象和建构为社会最高价值、文化叙事的深层语法结构,在社会和个体的无意识层面控制了人们的认知模式、语言机制、行为方式。

并不主动攻讦主流文化的大众文化由此悄悄地实现了它的意识形态功能,即针对民族国家认同这一宏大叙事的戏谑化解构:当一切不过是无须较真的娱乐消遣,则忠诚于民族和国家的情感与行为,就可被视作迂腐的陈词滥调拿来调侃,而中华民族的历史及其符号象征,也可以通过随心所欲的穿越,变作茶余饭后的谈资和笑料。而当一切严肃性的事件和价值都被娱乐化和平面化,相对主义的"享乐至上"成为社会生活的基本指南,就没有什么事情值得思想,没有什么信念值得坚守。为"愚乐"泡沫包围着的人们就只会关心个人利益和个人感受,精神的弱智化和碎屑化就在所难免。事实是,"如果一个民族分心于繁杂琐事,如果文化生活被重新定义为娱乐的周而复始,如果严肃的公众对话变成了幼稚的婴儿语言,总而言之,如果人民蜕化为被动的受众,而一切公共事务形同杂耍,那么这个民族就会发现自己危在旦夕,文化灭亡的命运就在劫难逃"①。

二、大众文化建构的欲望中国形象

与"娱性文化"逻辑结伴而行的是大众文化的"欲望叙事"策略。二者的逻辑关系在于,"尽一切办法让大伙儿高兴"决定大众文化本质上是一种幻觉文化、均质文化,非此则不能提供普遍性的娱乐,这就使其刺激和释放的大众的隐秘欲望,凭借"娱乐"的名义而获得了合法化。而对隐秘欲望的展示和消费,也凭借大众的名义获得了正当化,由此形成了大众文化的自我保护机制。显然,这种保护机制其实是大众文化自身文化逻辑的循环论证。

在深受伦理文化影响的中国人心目中,"欲望"绝不是一个"好词儿"。而在当代中国的文化版图上,曾经"犹抱琵琶半遮面"的"欲望"却高调出场。通过网络和手机流传的"下半身写作"、A片、偷拍或自拍的色情视频、黄色笑话,刻意书写中国人阴暗心理和迷乱心态的历史剧和当代情感生活剧,"调侃政治""恶搞经典""丑化领袖"的肥皂剧、网络游戏、博文、小品,渲染血腥暴力、歌颂野性英雄、展示污浊世相的畅销小说、通俗读物、影视作品,当中呈现出

---

① [美]尼尔·波兹曼:《娱乐至死》,第202页。

的种种物欲、肉欲、窥视欲、破坏欲、施虐欲,活色生香、纤毫毕陈地撩拨着中国大众的感官和神经。以其"个性解放""文化多元""身体革命""社会进步""关注生存"的自我标举,使大众无须遮掩更无须自责地沉浸于欲望的海洋,而"欲望的释放在全球化与后现代的双重世界想象背景下也自然而然地成为当代中国的国家形象特征"①。

具有悖论意味的是,在转型期中国的特殊语境中,商业性的大众文化对于欲望的审美性的宣泄和呈示,解放了曾经与政治意识形态和革命话语紧紧捆绑在一起的感官和身体,使其获得了独立性,重返感性和日常的生活语境,从而推动了社会生活的世俗化,以及总体性文化的细分化。然而大众欲望的"潘多拉魔盒"一旦被打开,就很难再将它关上,而大众文化精英们似乎也没有这种愿望。于是,"文化"成了欲望幽灵的独角戏,而"欲望"主宰了历史记忆与文化构想的主题和话语脉络。

大众文化建构了一个与"乡土中国"和"红色中国"截然有异的"欲望中国"形象,有别于身、家、国、天下的"伦理叙事"和反帝反封建的"革命叙事",被表述为人性解放与社会进步的"欲望叙事"是欲望中国想象的意识形态和话语生产机制。这意味着,大众文化针对中华民族的历史记忆、政治经验、革命传统、当代生活进行的欲望化改写(解构与重建),与其说是对历史真实和人性真实的重塑,毋宁说是制造了一个用以想象和体认历史传统、社会政治、自我生存状况的表象体系:

  进步就是占有更多物质财富,平等就是大家都向低的道德水准看齐,自由就是无止境地但又不负责任地追求快乐。②

---

① 杨厚均:《从欲望中国到智慧中国》,《文艺报》2007 年 4 月 14 日第 3 版。
② Hoggart, *The Uses of Literacy*, Hormondsworth, Penguin 1969 年,第 340 页。

为了获得欲望的当下满足和自我放纵的幸福,诸如个人名节、家族荣誉、民族尊严、国家利益等曾经被珍视的价值和信念,不但可以漠然置之或者等价折算,甚至本身也被解释为某种隐秘欲望的光晕。就此而言,大众文化的"欲望叙事"由此获得了意识形态所具有的"认知暴力"性质,它将"大众"规训为欲望化的"主体",将"历史"演绎为欲望的"假面舞会",将"生活"定义为欲望生产和消费的"轮回",从中呈现出的是骚动不安、欲壑难填的国家形象和性格粗鄙、心地阴暗的民族形象。

尤为关键的是,这种呈现并没有思想启蒙和文化批判的意义指向与精神内涵,而只不过是为了给欲望的演出搭建一个可以闪转腾挪的舞台。大众文化的"欲望叙事"不但以釜底抽薪的方式消褪了用来凝聚全体国民心灵的历史和文化传统的荣光,更致命的是,它"创造了一种条件,使追求声色物欲不断升级成为占主导地位的文化现实",然而"一个以自我满足为行事准则的社会也会成为一个不再有任何道德标准的社会"①。而一旦整体性和集体性的民族道德败坏与文化堕落难以避免,民族国家的危机就来临了,这不能不让人联想到荀子的提醒:"乐姚冶以险,则民流僈鄙贱矣。流僈则乱,鄙贱则争,乱争则兵弱城犯,敌国危之。"(《荀子·乐论》)

三、大众文化建构的文化中国形象

大众文化对"狂欢中国"和"欲望中国"形象的构建,表征了当代中国文化中令人担忧的民粹主义倾向,而更具悖论性和隐蔽性的威胁,则是大众文化对民族主义情绪的生产与传播,由此构建出一种存在着观念悖谬与精神迷误的"文化中国"形象。

---

① [美]兹比格涅夫·布热津斯基:《大失控与大混乱》,潘嘉玢、刘瑞祥译,中国社会科学出版社1995年,第85、77页。

作为文化工业,通过市场机制实现利益最大化,无疑是大众文化生产的真实目的。然而市场逻辑也使大众文化身不由己地陷入追新逐异的循环游戏,不但需要将"娱性逻辑""欲望叙事"推到极致,还必须始终保持对于社会思潮和大众心理变动的敏感,及时将其转化为市场效应。随着中国在全球政治经济格局中的位置日益重要,"中国模式""中国道路"成为国内外知识界普遍关注的问题,强调回归民族传统、持守民族本位立场的民族主义在文化领域高调登场,成为强有力的社会动员机制和文化整合机制。在各种集体场合,民族主义情绪高涨。人们迫切渴望复活被全球现代性和文化激进主义压抑与悬置的"中华性"及其物质载体,以确认民族国家特殊身份,重建一个"想象的共同体"①。大众文化精英迅速意识到其中隐藏的巨大商机,将民族主义情绪纳入大众文化生产机制,仿佛具有魔力一般地唤醒了沉睡已久的传统文化精灵。从蒙学读物、择吉黄历、流年命书到儒道经典、历史典籍,从江湖杂耍、竞技游艺、民风民俗到唐诗宋词、书画乐舞,从日常伦理、节日庆典、穿衣配饰到军事谋略、政治智慧,乃至阴阳风水、占星打卦、称命相面、房中补益、辟谷养生,都打着国字标签,依托纸质和电子媒介纷至沓来。这一十余年来热力不衰的大众文化奇观,似乎让人们产生了一种"旧日中国作为其他民族文化榜样的中心职能又在恢复"②的想象,并为之欢欣鼓舞。

毋庸置疑,民族主义是保持民族/国家同一性的基础,是高扬在民族国家上空的旗帜,"民族主义的神话、记忆、象征符号和仪式为社会内聚力和政治行动奠定了唯一的基础"③。大众文化对民

---

① [美]本尼迪克特·安德森:《想象的共同体:民族主义的起源与散布》,第5—6页。
② [美]费正清:《美国与中国》,张理京译,商务印书馆1987年,第352页。
③ [英]安东尼·史密斯:《全球化时代的民族与民族主义》,龚维斌、良警予译,中央编译出版社2002年,第185页。

族传统和民族记忆的重新展现,确实为大众提供了感受历史、重温光荣的途径,有助于在充满变数的当代中国社会凝聚民心、统一意志。但假如大众文化只满足于对作为文化资本的传统文化的包装和复制,则缺乏批判性和反思性的民族主义情绪和话语的高调出场其实潜藏着危险。这危险首先在于,受大众文化富于魅力的鼓动,一种新的以孔子和儒学为中心的"华夏中心论""中国文化复兴论"迅速滋长蔓延,与之形影相随的则是对于"儒教中国"的文化/政治想象。它对内无形中造成了对中原地区与汉族以外的文化系统的忽略甚至抑制——这显然是对"中华民族多元一体""中华文化多元构成"的误解和损害,对外则"强调本民族文化的优越而忽略本民族文化可能存在的缺失,从而演变为危险的'文化孤立主义'"①,在抵抗西方文化霸权的同时,也拒斥了普遍性的人类价值与正常的文化交流。不但滋生了文化上的妄自尊大和怨仇敌对心理,而且会加重对中国崛起感到不安的东亚和西方社会的反华情绪,这倒为各种形式的"中国威胁论"提供了佐证和口实。

不加理性拣择的大众文化生产,还使那些反科学、反民主、反人道的文化幽灵,打着"文化相对主义"和"弘扬传统文化"的旗号堂皇登场。这不但直接冲击了中华民族经过极为痛苦的漫长抉择才得以确立的新民主主义、社会主义文化系统,使近代以来前仆后继的思想启蒙努力付诸东流,而且有将大众拖入集体无理性和各色迷信深渊的危险。近年来国人对于种种违背医学常识和中医精神的"养生术""食疗术"的狂热追捧就表明了这一点。它只能导致民族形象的蒙昧化、民族生命的病态化、民族精神的畸形化,与实现中华民族伟大复兴的美好愿望南辕北辙。

显然,大众文化的民族主义话语生产存在有意无意误读"民

---

① 汤万文:《多元文化格局中的中国文化安全》,《理论与现代化》2007年第2期,第119页。

族""传统"的情形,这种误读还有其他表现。同样极具危险的是片面倡导和渲染中华民族和中华文化的多元性质,而忽视其一体性,当这种话语生产披着娱乐的外衣呈现,危险也就习焉不察。2004年以来风行不衰的方言类电视节目(新闻播报、娱乐栏目、室内剧、电视剧),展示少数民族生活习俗(婚丧嫁娶、节日庆典)和文体传统的音像制品、文化读本、歌舞比赛,在为国民提供充满新异感的精神生活、促进各民族/地域文化相互了解的同时,也潜含着由于中华民族一体性(历史的、文化的)背景的虚化而导致的种族的和亚民族的文化认同和分类,从而有可能危及国家文化共同体(共同的历史记忆、政治经历、情感、语言)的存在。当它被各类政治分裂势力利用,从文化权利呼求进至政治权力分割层面,隐蔽的威胁也就可能转变成直接的冲突。而事实是"国家认同是族群差异的精神基础和前提条件,族群差异应该是在国家完整性和同一性基础上的差异,没有国家认同的'差异'缺乏内在的凝聚力"①。

大众文化还可能以"保护文化遗产"的名义,造成地域文化景观和少数民族文化传统的"奇观化"。它往往打着"探秘""纪实"的旗号,因而颇能引发社会轰动效应和大众参与热情,并不觉察可能使那些建构出的"景观"和"传统"与世界和生活隔离,从而有变成"文化木乃伊"的危险。而通过民俗文化节、风情旅游、原生态文艺表演等文化物化途径改善了物质生活的民族或社群惊喜之余,也满足于成为"他者文化"的镜像,拒绝任何可能的发展革新,甚至极力放大本文化中的陋俗,以迎合、满足大众的猎奇心理,也可能因此滋生出危险的种族/地域文化偏执情绪。这些都不但必然会损害种族/地域文化的生机,而且最终将引向"中华文化多样性"消失

---

① 庞金友:《族群身份与国家认同:多元文化主义与自由主义的当代论争》,《浙江社会科学》2007年第4期,第73页。

的远景。这未必是大众文化精英的初衷,却是大众文化的"奇观化叙事"必然导致的后果。

四、三个误识与解决方案

问题的解决需要理论和制度上的创新,而就在这两个互为牵制的方面,我们还存在一些有待清理的误识。这些误识既来自大众文化的隐匿性与变动性——特别是具有全球化品格的大众文化在当代中国呈现出的特殊意义景观,也产生自不同的利益/理念集团的文化政治策略及其话语建构。

有三个根本性的彼此勾连的误识/话语建构,此即将"大众"等同于"人民大众"(话语 I),进而将"欲望"等同于"民心"(话语 II),与之相应的则是将"市场化"中性化(话语 III),从而完成大众文化的合法性论证。话语 I 的意图十分清晰,即通过"名实论证"的方式,在新民主主义"民族的科学的大众的文化"脉络中确定大众文化的位置和身份,将大众文化塑造成为 20 世纪中国"大众文艺"传统的继承者。话语 II 的意图在于,通过"民心论证"的方式确定大众文化的欲望生产毋庸置疑的主体性,如《尚书·泰誓》所说"民之所欲,天必从之",并与话语 I 实现逻辑重合,赋予大众文化"满足人民群众的精神生活需要"的文化功能。而话语 III 则意在凭借市场经济改革的官方/主流话语,通过赋予自由市场、公民社会以优先性,将大众文化生产机制嵌入被解释为不受意识形态支配的社会形态,使其获得充分的独立性和发展动力——"大众文化的生存和发展取决于市场经济规律",同时也为话语 I 和话语 II 提供有力支撑——"只有通过文化市场才能提供丰富的精神产品",以满足"最广大的人民群众"的真实需要。而在 20 世纪 90 年代的政治、文化语境中,被中性化了的"市场化"蕴含着对国家转型和民族身份重建的构想:"'市场化'意味着'他者化'焦虑的弱化和民族文化自我定位的新可能","市场化的结果,必然使旧的'伟大叙事'产生的失衡状态被超越,而这种失衡所造成的社会震撼和文化失落也有了被整合的可能","提供了一种新的可能的选择、一条民族的自我认证和自我发现的新道路"①。

显然,这些话语充分利用了业已转化为社会无意识的古代中国的政治文化传统、现代中国的革命文化传统,并与当代中国改革开放的时代强音相应和,为大众文化的出场与扩张营造了强有力的舆论氛围,进而转化为政策和制度设计。相较之下,从政治和哲学的角度反省和批判大众文化的声音,看起来是那样的不合时宜与软弱无力。

但这些论证颇有似是而非之处。话语 I 无疑存在"偷换概念"的逻辑谬误,即将"大众文化"的"大众"同义于"人民大众"的"大众",有意无意地忽略了前者的被建构性质及其形式主体性,以及后者的政治语义。"人民大众"是新民主主义和社会主义理论与实践的基石,因此尽管"大众"与"人民大众"存在人群重叠的情形,却体现着不同的文化立场和精神意向——"发生在中国现当代文化史上的'大众文学''通俗文学''民歌运动'等,与九十年代大众文化没有必然关系"②。通过这种转换,话语 I 掩盖了大众文化的消费性与商业动机,以及把"特定社会圈层的文化观念,虚构成整个社会的文化需求,从而可以堂而皇之地运用各种社会资源实现自己的文化特权"③的真实企图。

话语 II 的含混在于,将中性化了的心理性的"欲望"等同于思想性的"民心"。然而,诚如赵汀阳所指出的,"真正的民心是经过

---

① 张法、张颐武、王一川:《从"现代性"到"中华性"——新知识型的探寻》,《文艺争鸣》1994 年第 2 期,第 15 页。
② 杨扬:《大众时代的大众文化——从比较文化的视野看当代中国的大众文化》,《文艺理论研究》1994 年第 5 期,第 37 页。
③ 马龙潜、高迎刚:《"大众文化"与人民大众的文化》,《文艺理论与批评》2005 年第 6 期,第 13 页。

理性分析而产生的那些有利于人类普遍利益和幸福的共享观念。从形而上学上说,作为共享观念的民心并不存在于心理过程中,而是存在于非物质性的思想空间中,它承载着人类的思想、经验和历史,简单地说,民心的存在形式是思想性的而不是心理性的。因此,民心并不就是大众的欲望,而是出于公心而为公而思的思想"①。并且,即使是欲望本身,也还有价值论的区分。因而话语 II 非但不是真正意义上的"民心论证",反倒是"从众谬误"的一种体现,从而为那些迎合幽暗意识和畸形心理的欲望生产和再生产开出了合法通道,当其与话语 I 互为指涉,就更强化了这一论说无可置疑的性质。

至于话语 III,则如汪晖所论,"所谓'市场化'不是一般地对市场的赞同,而是要把整个社会的运行法则纳入市场的轨道,从而市场化不是一个经济学范畴,而是一个政治、社会、文化和经济的范畴。在 20 世纪 90 年代的历史情境中,中国的消费主义文化的兴起并不仅仅是一个经济事件,而且是一个政治性的事件,因为这种消费主义的文化对公众日常生活的渗透实际上完成了一个统治意识形态的再造过程"②,因而话语 III 不但是以"去政治化"的手法将商业霸权和消费意识形态体面化,制造了"公民社会"的陷阱以削弱国家的文化主导权,也有意无意地隐藏起大众文化的政治内涵。然而在"文化政治"的分析框架内,"一个社会把什么事情看作是最值得追求的和最受尊敬的,它将决定一个社会的总体价值取向,从而决定人们的生活和命运,所以这是根本的政治问题"③。

这些误识的存在充分显示了当代中国思想界的混杂状态与知

---

① 赵汀阳:《天下体系:世界制度哲学导论》,第 29 页。
② 汪晖:《去政治化的政治:短 20 世纪的终结与 90 年代》,生活·读书·新知三联书店 2008 年,第 84 页。
③ 赵汀阳:《最好的国家或者不可能的国家》,《世界哲学》2008 年第 1 期,第 68 页。

识界的分化状况,也表明大众文化研究欠缺民族国家认同的问题意识与文化政治的分析框架。而从精英文化立场做出的大众文化批判,也并未真正把握当代中国大众文化在受众、内涵和功能方面的特殊性。也正是因为这些误识的存在,尽管当代中国文化市场的形成与文化体制的改革始终是和国家的强大存在相关的,国家始终掌握着文化立法权和监管权,强调国家利益的优先性和至上性,但在大众文化的具体实践层面,"地方本位""经济至上"的观念依然是真正有力地支配文化市场资本运作的潜规则。而在实际上是虚位/错位的"为人民服务""与国际接轨"之类的高调叙事/意识形态压力下,制度匮乏和制度剩余的状况同时并存。那么,以对这些误识的清理为基础,如何能够通过对大众文化的理念构想、文化规范和体制引导,建构国家文化长城和中华民族共同精神文化家园,弱化大众文化的消解性因素,同时使其中富有活力的关系和因素发挥积极作用,从而成为参与构建旨在重塑、加强国家认同的感知共同体的文化力量?

这里既存在当代中国文化建设需要解决的普遍性问题,也存在由大众文化的特殊性而生发出的个别化问题,同时还必须在政治、文化、经济互动一体性质日益增强的社会结构中寻求解决方案。这涉及大众文化发展的前提、核心与路径等具体问题,至少包括:

1. 既然大众文化已经是当代中国文化网络的重要"构件"和"装置",在创造巨大经济利益的同时也在生产和传播精神理念和文化价值,其存在不容忽视乃至漠视,则大众文化的发展就应遵循当代中国文化建设的普遍原则和基本逻辑,在社会主义先进文化建设的总体框架内进行理念和制度的规划。这种规划必得由先进文化引导并体现文化的先进性。大众文化精英应当意识到:"娱乐只有当其与文化中某种更根本而深层的东西融合起来时,才富有价值",因而"应该既注重日常生活的感性体验,又不放弃价值理性维度的意义追求"①,大众文化只有同与生俱来的享乐性和商业性作斗争,才能确立和保持其人文品质和文化建构性,也才能作为"文化"而存在。与此紧密相关的是,中国的大众文化也应以先进文化为引导增强文化原创力,激发全体国民的文化创造活力,尊重差异,包容多样,促进新的中华民族认同和国家认同的形成。不能随波逐流,唯域外大众文化模式马首是瞻,或者一味迎合某些人群的癖好,更不能无原则地标新立异,因为"创新"也可能是无聊庸俗的。

2. 由于民族和民族国家是历史地被创造的,这决定了民族/国家认同的建构主义视野,民族国家认同处于不断的调整中,因而当代中国的民族/国家认同就应以不断变化的世界和时代主题为基点进行政治/文化建构,而不是依赖某种凝固不变的抽象化的"中国性"。由于中国并非单一民族国家,而中华民族是一个多元一体的政治文化概念,这种特殊性决定了当代中国文化建设必须通过提升全体国民的国家认同,"进一步强化中华民族共同性的想象,不断积淀13亿人民的中华民族共同体意识",进而"通过构造中华民族文化共同的文化基础和文化象征符号的重建,增加民族认同与国家认同的重叠内容"②。唯此才能从根本上保证国家的统一和民族的团结,避免危险的种族/地域文化偏执情绪危及国家文化共同体的存在。创造一种将各族人民都带入其中、走向共同富裕和强大的中华民族的历史叙事与文化想象,建构融合各族人民的智慧、经验与认同符号的"和谐中国"的国家形象,理应成为大众文化建设的框架和主题,同时也是衡量大众文化文本实践正当性与否的标准。那些有意无意地强化族群差异(生活方式、文化传统、

---

① 傅守祥:《大众文化的审美品格与文化伦理》,《文学评论》2009年第3期,第192页。
② 韩震:《论国家认同、民族认同及文化认同——一种基于历史哲学的分析与思考》,《北京师范大学学报》2010年第1期,第111页。

表意模式)、解构中国现代革命及各族人民共同创造共和国的历史、沉湎于"国粹""民粹""本土"幻觉的大众文化实践及其支撑理念,显然都应在摒弃之列。

3. 民族国家认同建构必须落实在制度(政治、经济、文化、法律)层面,得到政策和法规的有力支撑。从根本上说,朝向民族国家认同建构的文化体制创新旨在建立一种兼具权威性与包容性的文化生态和意义建构机制。以捍卫民族国家主体性、提升全体国民的国家文化认同为目的,综合运用政治引领、经济调控、法律制裁手段,鼓励和扶植那些有助于促进民族国家认同建构的大众文化实践,有效应对来自国内外各个利益/理念集团文化的潜在威胁与强力消解。为此必须坚持政府主导,坚持国家利益与民族大义这一文化体制改革与文化立法的生命线,牢牢把握文化发展主动权,通过重构大众文化的意义导向和生成机制,使大众文化充分体现文化的先进性,体现当代中国的核心价值体系/国家意识形态(理想、信念、情感)。但又不能重蹈以闭关锁国的文化政策和本土化的建构策略拒斥现代性进程的覆辙,避免堕入绝对的集体主义和保守的集权主义的窠臼。这里既存在需要我们在新的历史语境中予以重新审视的老问题,比如党和国家的意识形态与文化管理角色及功能问题,更多的则是需要运用创新性思路解决的新问题,比如如何实现政府主导的社会文化管理模式,如何保持资本市场的活力而又避免市场化逻辑对国家文化主权的侵蚀。文化体制改革的理论创新势在必行,在此方面,我们需要借鉴其他国家的成功经验,引进先进的制度理念,但必须依托中国传统特别是现代中国的制度思想和实践,走自主创新之路。

和谐中国形象建构的意义、类型与方式

一、和谐中国形象建构的意义

在民族国家认同视域中,红色记忆叙事与和谐中国形象的建构,是当代中国主导文化建设的两条线索。如果说红色记忆叙事是在国际共产主义运动、世界革命的宏大背景中,建构了红色中国的国家形象,为中国的民族主义运动、中国的社会主义革命赋予普遍性意义,那么,和谐中国的国家形象的建构,就是在后冷战、多元现代性的世界格局中,将旨在实现中华民族伟大复兴的中国模式、中国经验提升为普遍性。这意味着,从"红色中国"到"和谐中国",既是在不同历史时期感知中国、想象中国的方法,也是作为对不同时代问题的文化与审美的解决方式的中国想象,呈现为前后相续、彼此相关的历史与逻辑环节,而绝非对立、断裂的关系。相较而言,红色中国形象的建构是以合法性为关键词,而在历时维度展开的中国的族群、制度、文化的认同建构;和谐中国的形象建构则是以优越性为关键词,而在共时维度进行的中国的族群、制度、文化的认同建构。

从现实基础看,和谐中国形象是对和谐社会的审美建构,而和谐社会体现的是当代中国的国家身份转型。大致说来,自1978年中国将对内改革、对外开放作为基本国策,经过近40年的探索发展,一个和平崛起的中国不再游离于世界体系与全球文明之外。"在改革以前,中国被看作一个依凭政治意识形态建构起来的社会",而在"20世纪90年代,中国领导人非常成功地组织起一种以利益为基础的社会秩序,并从这样一种秩序中获得了良好的效果"①。诸如最大的发展中国家、世界第二大经济体、中国模式等概念已成为中国的新身份标识。建设中国特色社会主义、实现中华民族伟大复兴的中国梦、全面建成小康社会等命题亦成为中国的自我意识。而一个历史与文化传统底蕴深厚而又充满现代活力的中国形象,正愈益广泛地得到国际社会的认同。正是在国家身份转型的背景下,中国共产党十六届四中全会正式提出了建构社会主义和谐社会的任务,而经过十几年的推进,和谐社会正在从一种美好的政治愿景变为现实。用审美的手段诠释和谐社会的概念,论证其合法性与优越性,讲述中国故事,以激发全社会的创造活力与参与热情,加快和谐社会建设,也就被提上主导文化建设的议程。

　　从文化理念看,和谐中国形象是对和谐文化的审美建构,而和谐文化体现的是当代中国的意识形态转型。大致说来,从传统意识形态向当代意识形态的转型,其基本方向是在全球化压力下,以坚持社会主义理想、马克思主义指导思想为前提,探索性地回归中国传统文化,形成当代中国的价值观,也就是社会主义核心价值体系。"建设和谐文化,最根本的就是要坚持社会主义核心价值体系。马克思主义指导思想,中国特色社会主义共同理想,以爱国主义为核心的民族精神和以改革创新为核心的时代精神,社会主义荣辱观,是社会主义核心价值体系的基本内容。"②而"在博大精深的中国传统文化中,'和'的思想占有十分突出的位置,它是中华民

---

① 郑永年:《通往大国之路:中国的知识重建和文明复兴》,东方出版社2012年,第113页。
② 李长春:《大力推进和谐文化建设　繁荣发展社会主义文艺》,《求是》2006年第23期,第4页。

族的精神魂魄","和谐文化作为一种民族精神经过上下五千年的生成和发展,不但成为中国文化的向心力,同时已积淀成为东方文化类型或文化系统,产生了独特而又具有普遍价值的智慧结晶"①。以这种有中国特色的社会主义核心价值体系引领和谐文化的建设,用审美的手段诠释当代中国价值观的内涵,论证其合法性与优越性,以增强民族的自信心、自豪感、凝聚力、向心力,也就清晰化为主导文化建设的主题。

这两个互为支撑的方面,织就了作为理念与愿景的和谐中国的表象与意义,决定了和谐中国形象建构的符号表征、叙事逻辑、文化境界、政治诉求。而在中国传统中,"和"的概念至少可细分为"人人之际""天人之际""身心之际"等层面与维度的和谐。因此之故,和谐中国形象建构,也就内在地要求在自然、社会、文化诸层面表现"和"的理念与实践。而这既是中华文明根柢、中华民族精神的新开展,又是社会主义本质属性的体现;既体现着深厚的历史文化底蕴,又折射着实现中华民族伟大复兴的中国梦的绚丽时代亮色。这样一种中国形象,当其从审美想象、诗性叙事转化为对现实的认知与实践的行为,从想象态、拟态化的生活图景和生活感觉,转化为模仿趋同的愿望,就会激发起对民族文化传统的自豪感、对民族文化创造能力的自信心,激发起坚定维护中国价值、中国道路、中国制度的自觉信念,以及投身建设和谐社会、实现中华民族复兴的伟大事业的热情。

似乎可以这样说,和谐中国形象的建构,既是认同"和为达道""协和万邦"的中国智慧的归根想象,也是朝向实现"天下文明""世界大同"的中国理想的盛世想象。从根本上说则是中国的国家转型要求的中国身份的自我定位。这也就使其必然地成为形塑与维

---

① 吴秀明:《文学对和谐社会文化建设的担当》,《文艺报》2014年3月17日第3版。

护民族国家认同的主导文化建设的主题。而虽然要将其完美地落实在符号表意系统，以中国话语从事中国表达，创造具有中华民族传统风貌和审美魅力的中国形象，并不能一蹴而就，但以之为文化逻辑、意义生产导向机制，在主导文化的功能场域，已经出现了一些值得描述与分析的审美文化景观。

必须指出的是，迄今为止，和谐中国形象建构还没有贡献出具有典范性的精品之作——尽管数量已然可观，这也使得我们只好采取哲学的方法，分析其中寓含的文化理念与审美空间。原因大概有三：1. 和谐社会建设作为进行时态，还没有完全展现出其全部可能，这是根本的限制性因素；2. 与中国国家身份转型相适应的主导文化的生产机制、生产方式还未最终确立，文化体制改革还未最终完成；3. 艺术家自身还存在着文化、审美理念上的适应与转型问题，例如不少人还是习惯以俯瞰众生的启蒙者姿态看待乡村与底层。

尽管如此，作为主导文化建设的主题、中国形象建构的主导线索，日益清晰化的和谐中国形象建构已显现出动人的文化力量，已成为当代中国人观察自我与社会的镜像。它凝聚了全体中国人的理想与期盼，又反过来激励人们投身于和谐社会的建设，并在此进程中实现彼此认同，因而是当代中国民族国家认同建构的重要机制。仅在此意义上说，和谐中国形象建构就不仅需要国家文化政策、体制保障方面的大力扶植，也需要一流的艺术家、文化产业的经营者自觉投身其中。归根结底，这是一个伟大的文化工程，是使中国最终成其为中国的伟大的文化工程。

二、后乡土中国时代的和谐乡村形象建构

"乡土中国"是社会学家费孝通针对传统中国基层社会——农村提出的概念，"并不是具体的中国社会的素描，而是包含在具体

的中国基层传统社会里的一种独具的体系,支配着社会生活各个方面"①。中国的广袤国土上分布着众多零散的农村,中华文明是农耕文明,而在中国争取民族独立的革命运动与社会主义建设中,农村和农民又做出了巨大的贡献乃至牺牲。因此之故,在很长时间内,乡土中国的中国形象不仅是西方世界认知中国的方式,也是中国理解自我的途径。甚至可以说,不了解中国的乡土社会,也就不了解中国文明的根柢;不理解中国的农村,也就不能理解中国革命的成功;不熟悉中国的农民,也就不能把握中国人的性格。它以顽强的生命力支撑了古代中国的长期存在,以自我解放的勇气支撑了中国向现代民族国家的转型,又在当代中国国家转型中扮演了改革先锋的角色。另一方面,它顽固的自我复制的生命习性,又使其在很大程度上成为中国建设现代化、民主化社会的阻碍。

农村在中国国家存在与转型及其自我理解上的重要性,使其必然成为中国形象建构的重要维度。但对农村形象的审美文化建构,却因时代和建构者的差异而呈现出多元形态:

1. 对传统士大夫来说,它是摆脱名缰利锁的束缚、回归自然人性的诗意田园,躬耕陇亩意象的反复呈现,映射着士大夫的生活情趣与人生理想,虽然有时也会表现对农人辛劳的同情与慨叹;

2. 在近代以来启蒙思想家的笔下,它既是残存中国人的脉脉温情和美好人性的记忆之地,也显露其落后、愚昧、凋敝、僵化的反现代性的面貌,这种自我矛盾的形象建构映射着转折时期的知识分子的复杂心态;

3. 在无产阶级革命文艺家视野中,中国的乡村是孕育革命萌芽的肥沃土壤,一旦被植入革命、解放、阶级斗争的种子,就会激发巨大的能量,而山乡巨变又必然会对革命进程产生巨大影响。

这三种形象构成了理解乡土中国的多重维度,既触及其真实

---

① 费孝通:《乡土中国》,上海人民出版社2007年,第4页。

存在的面相，但更是一种文化与审美的建构。而在新中国成立后，与中国农村社会主义改造进程的推进同步，用革命、解放、阶级斗争的观念与叙事框架建构的农村与农民的形象，最终被确定为主导乃至唯一的方案，尽管也会在某些时期根据政策甚至政治运动的需要，强调表现人民内部矛盾的和谐解决。

新时期以来，中国的农村逐渐进入一个后乡土中国的时代。这一方面指在经历新中国建立以来大规模的农村社会主义改造运动后，传统的乡土社会的结构与运行机制已基本解体；另一方面是指，在建设美丽中国、和谐社会、和谐文化的整体框架内重建乡土社会，逐渐清晰化为中国农村走向现代化的路径。从前一个方面发展出以反思、启蒙、怀旧为意义指向的乡土叙事，从后一个方面发展出以建设美丽乡村为意义指向的乡土叙事，从而建构起一个和谐的社会主义新农村形象。大致说来，在大量的新农村影视作品中，和谐有三个维度的表现：1. 在绿色农业经济理念引领下的人与自然的和谐；2. 在共同富裕社会理念引领下的人与人的和谐；3. 在乡风文明文化理念引领下的人与自我的和谐。更深层的则是传统性与现代性的和谐，这就是在和谐文化的框架内恢复传统道德、民族文化符号的生机，并将其展开于经济、社会、文化维度。

这样一个和谐乡村形象，既是对正在发生的中国农村巨变的艺术再现，但更是对社会主义新农村这一理念与愿景的审美建构，而这一理念与愿景又是和谐社会、和谐文化的具体体现。从叙事策略说，它并不回避矛盾，或者用某种虚假的意识形态承诺、某种堂皇话语掩盖矛盾，不再用阶级分析的解释框架看待矛盾，并通过重大事件的设置展示矛盾，而是用基于共享利益、生活理想、节庆礼俗、文化符号乃至血缘地缘的命运共同体概念，通过日常生活叙事表现矛盾的发生与化解，从而为人民内部矛盾概念注入时代内涵。与之相应，在叙事美学风格上，对于地域文化元素、民族文化元素、通俗文化元素、喜剧元素的大量、正面的运用,也呈现出多样化和谐的审美图景。这两个方面的创新支撑起和谐农村形象的建构,不仅生动地诠释了和谐社会、和谐文化的内涵,而且二者合力营造出的轻松愉快的审美氛围,对置身于社会转型期的受众而言也更具有召唤性,更易于创造指向民族与国家的想象性认同。

三、后革命时代的和谐家庭形象建构

对任何国家和社会来说,建基于婚姻和血缘关系的家庭都是最基本、最基础的构成单位。而对中国、中国人而言,家庭更是具有特别重要的意义。"家庭、家族、宗族在中国农耕文明的演进中,可以说一直是社会生产、社会交往、社会生活的基本单位……家庭与国家,高度同构化,形成不可分割的共同体。在这一家国共同体中,社会道德、社会礼制、社会经济、社会政治、社会文化,以家庭伦理、家族伦理为起始,由家庭、家族而地区,而国家,而天下,逐步向外扩展。"[①]这不仅造就了中国文化家国同构的文化规范,也孕育了中国人家国一体的文化心理,外现为"家国通喻"的审美原型或审美原则:"家族形象或家庭形象,也往往是更为庞大和繁复的国家形象,乃至整个文化形象的'凝缩模式'"[②]。可以说,不理解中国人对家庭的特殊感情,亦即在对"家"的眷恋与守护中寄寓的对"国"乃至"天下"的情怀,也就不能充分地理解中国文化与中国人的特质。

这也使得家庭形象的建构成为感知与想象中国的方法,或者也可以说,建构怎样的家庭以及扩大了的家族形象,也就象征性地

---

① 姜义华:《中华文明的根柢:民族复兴的核心价值》,上海人民出版社2012年,第65—66页。
② 王一川:《中国形象诗学——1985至1995年文学新潮阐释》,上海三联书店1998年,第318页。

表达了对于怎样的中国形象的建构。大致说来,在20世纪中国家庭形象序列中,有三种类型的建构思路:

1. 启蒙现代性的思路,这就是将中国家庭、家族与封建主义等一切阻滞中国现代转型的因素进行一体化叙述,因而不遗余力地展示其黑暗、阴险、腐朽、抵制进步、压制人性的面相;

2. 革命现代性的思路,这就是在阶级斗争的框架内,将中国家庭、家族描述为出身与革命、血缘亲情与阶级感情相冲突、斗争的场所;

3. 反思现代性的思路,这就是针对西方现代社会的弊病,正面展示中国家庭、家族温情脉脉的人际关系与传统伦理的优越性,以之中和所谓"现代性的酸"。

这三种思路、三种家庭形象,也大致体现了近代以来中国历史的进程及其自我反思的逻辑环节,反过来也对此进程与反思的推进产生了积极的影响。

新中国建立后,在主导文化的家庭叙事中,革命现代性的思路无疑是主导性的,但也部分地将启蒙现代性的思路融入其中,而将其改造为指向社会主义革命、无产阶级专政之合法性的叙事。在"文革"文艺作品中更是将其极端化,将"时刻不忘阶级斗争"的领袖话语确立为家庭形象建构的唯一原则。于是,家庭中事实存在的父子、夫妻、兄弟、姐妹诸种关系,最终都被简化为革命与反革命的关系,而家庭生活蕴含的多维面向,也最终被简化为不断改造旧思想、继续革命的单线条叙事。这种建基于革命、阶级斗争、思想改造等意识形态话语的革命家庭形象的建构,既是对革命时代中国的社会事实特别是社会心理的反映,因而有其作为艺术真实成立的根据,但也确实带有浓郁的政治动员色彩。极端化了的革命家庭形象与极端化了的红色中国形象,在逻辑上形成了彼此映射的关系,而在文化功能上更是互为支撑,这也可以理解为家国同构、家国通喻的传统审美原则在革命时代的体现。

新时期以来,在破除了极"左"思潮、教条化了的马克思主义意识形态影响后,中国的家庭生活、家庭关系也逐步回归其正常轨道。但是,随着市场经济及其原则的全面展开,又出现了以地位、享受、名利等往往打着个体解放、自由旗号的追求瓦解家庭关系、家庭伦理的社会乱象。因此,重建中国家庭就不仅是实现个人幸福、家庭稳定的私事,而是在根本上事关国家与社会秩序安定团结的大事。其基本方向就是在和谐社会、和谐文化的框架内,在坚持社会主义文化导向的前提下,弘扬传统家庭伦理道德,寻求传统性与现代性的统一,既尊重家庭所有成员的个性要求,更强调家庭和谐的意义。和谐家庭形象的建构,就是在这一背景下成为主导文化建设的重要维度和面向。

必须指出的是,当代中国和谐家庭形象的建构,是在后革命时代的文化语境中进行的。这是一个以和谐共处而非生死对决为主题的时代,是以经济建设而非阶级斗争为中心的时代,是以发展话语而非革命话语为指引的时代,从而为和谐家庭赋予新的内涵。这在和谐家庭形象建构上的表现就是,不再将视野投注在那些具有卡里斯玛典型意义的英雄人物的革命家庭生活叙事,而是"高度关注当代中国普通市民的生存状态,高度关注普通百姓日常生活经验,用平视的眼光去注视普通百姓和弱势群体,表达他们的愿望和期待","描绘了一幅父慈子孝、母女情深、夫唱妇随的人生图景"[①]。普通人的家庭生活中的日常化的生活事件与生活场景,在生动细腻乃至富裕的艺术呈示中显现出自身的诗意,而他们尽管才能平庸且历经挫折却始终保持乐观心态、热爱生活、相濡以沫的人生经历,也呈现出不同于英雄主义、革命浪漫主义叙事的浪漫情调。而在家庭关系的处理上,当代中国的家庭形象建构更是抛弃

---

① 邹韶军:《在平凡和琐碎中捕捉浪漫——论都市平民题材电视剧的文化、艺术品格》,《中国电视》2004 年第 8 期,第 29 页。

了阶级、革命的区分标准,转而用传统文化特别是儒家的家庭伦理观念,处理夫妻、父子、母女、婆媳等关系,但又扬弃了家长制、等级制的糟粕,将尊重个性发展与人性需要适度融入,以此实现对于家庭生活内部多样性和谐的诗性叙事。

这样一个和谐家庭形象的建构,也不回避表现家庭内部的矛盾、家庭与社会的矛盾,但一方面,它将这些方面的矛盾设置为家庭生活叙事的背景或动力,而不是直接展示乃至刻意渲染;另一方面,这些矛盾最终都在全体家庭成员的共同努力下被成功化解,或者暗示出化解矛盾、走向和谐的光明未来,从而给人以希望。这也构成和谐家庭形象的叙事策略,而背景的沉重不仅不会遮掩和谐的亮色,反倒更衬托出那些平民主人公身上蕴含的平凡中的伟大、那些看似琐碎无聊的日常生活的超越性价值。这也使其既在某种程度上回归到中国审美文化传统——例如经过一波三折最终化解矛盾、皆大欢喜就符合大团圆的民族叙事传统,同时也体现出对现代性的积极回应,而非如曾经作为审美文化创作模板的对于虚假和谐的虚假歌颂。

四、后启蒙时代的和谐底层形象建构

任何时代与国家都存在着在政治、经济、文化等方面均处于社会下层的群体,以及由众多底层人物构成的底层社会,而在全社会实现普遍的富裕、民主、文明以及人的全面发展之前,底层的存在都是无法避免因而必须正视的现象。而如何看待底层社会与底层人群,解决底层存在的问题,则成为观察一个国家的政治、经济、文化能力的视角,也是显示一个国家的国家性质与政权合法性的维度。进而,"透过一个民族的底层生存状况与底层意识理念,可以洞察一个国家的未来。因此,如何有效地讲述底层经验、构建底层意识、塑造底层形象,使之符合主流意识形态所倡导的社会秩序与文化价值观,便成为主旋律基调下的底层叙事不得不直面的一个问题"①。底层形象建构因此必然成为国家形象建构的组成部分,是借以再现国家现实的方式,更是以审美手段象征性地解决社会症状与问题的方式。

20世纪90年代,随着中国改革开放政策的全面落实,市场经济及其原则在创造中国经济高速发展的奇迹的同时,也将中国社会带入急剧分化的状态,而意识形态转型与制度转轨的相对滞后,又未能及时将那些冲决动荡、严重冲击国家和社会秩序的政治、经济、文化力量进行化解与引导,因此造成众多社会问题的井喷式的显现。从社会阶层分化看,中国经济改革的成功造就了大量经济富庶、生活安定的中产阶层,而制度改革的滞后则造成了不断拉大的城乡差距、贫富差距,出现了为数众多的"生活处于贫困状态并缺乏就业保障的工人、农民和无业、失业、半失业者"②,他们构成了当代中国社会的底层。底层就是在此背景中凸显为人文社会科学研究的关键词与问题。而用审美方式再现底层社会的生活景观,讲述底层人群的故事,传达他们的诉求,表现他们的生存经验、生存意识,亦即建构底层形象,也因此被纳入当代中国审美文化景观。

历史地看,底层形象建构大致有四种类型:

1. 底层的自我叙事,是底层人群对自己的艰辛生存状况与平凡生活理想的展示,寓含着对政治黑暗、社会不公的控诉;

2. 底层的文人叙事,是志在兼济天下的古代文人对底层人群的苦难与挣扎的呈现,表达了对底层人群的同情与怜悯,以及改良社会的期盼;

---

① 林进桃:《多元视域中的底层影像——1990年代以来中国"底层电影"研究》,上海大学2015年博士论文,第8页。
② 陆学艺主编:《当代中国社会阶层研究报告》,社会科学文献出版社2002年,第9页。

3. 底层的革命叙事，是革命文艺家运用革命话语对底层生活图景、底层人群意志的塑型，揭示底层从受难到反抗的必然性；

4. 底层的零度叙事，是拒斥宏大叙事的文艺家对底层社会、底层生活的冷静甚至冷漠的写实。

毋庸置疑，这些底层叙事展现出底层真实的多个维度与面相，隐含着叙事者的政治、文化与审美的多种诉求与想象，也构成了底层形象的历史与逻辑的开展。以至于可以说，在本质意义上，底层被浮上社会意识的表层，本就是在历史形成的多种话语权力的制衡关系中成型的形象建构，而无论是本质主义叙述还是反本质主义叙述，底层形象都会在真实与想象之间存在裂隙，而这恰恰是显示其文化张力的空间。而和谐底层形象建构，则是在这些维度、诉求、想象之外，以和谐社会、和谐文化的国家意识形态话语重构底层。这就是化解底层明显表现出的针对现代性、文明、社会主义优越性等积极的正面的价值的不和谐因素，通过叙事策略与表意系统的转换/置换，将其转化为建构和谐中国、实现中国梦的环节。它体现的是后启蒙时代的文化逻辑与叙事策略，意谓不再用所谓启蒙者的立场面对底层，将其描绘为一个因启蒙的匮乏而造成的黑暗角落，因此而需要启蒙之光的照亮，而是用血浓于水的袍泽情谊为底层代言，用民族伦理与道德叙事渲染底层的温馨，这又在某种程度上构成对近代以来的启蒙话语的反思。

这也就是说，和谐底层形象建构虽然也旨在实现对底层的本质主义和规范主义的叙事，但既不是用一种虚假的意识形态话语建构的审美幻象去遮蔽底层生活的真实图景——特别是对因为国家政策、制度的缺陷或者是在执行上的错误而造成的底层人民生活苦难的叙述，也不是用一种似乎永远延迟的虚幻的乌托邦承诺，消除底层与现代文明间的冲突，而是在民族文化再造的信念基础上，将底层人群、底层社会描述为物质贫困但精神富有、地位低下但品德高尚、生活艰辛但坚韧不拔的生活世界。所以和谐底层形象建构不是要通过生活艰辛与阶层矛盾的遮蔽或取消而显示和谐,而毋宁说是将其设置为底层人物自强不息的生命史展开的背景,以道德叙事、成功叙事、清官叙事的叙事模型——这也就构成一种审美地解决政治文化问题的方式,去化解或转化底层的不和谐因素。当中隐含的语义指向是,如果接受者认同这种叙事模型,也就会认同其叙事图景,形成符合国家意识形态体系的看待底层的感觉结构,因而必定会对接受者发生积极的认同建构作用——这种感觉共同体的力量甚至会超过政治、经济的组织力量。

所谓道德叙事模型,就是将底层人物及其故事塑造为中华民族传统美德的具象化展示。具体表现就是,虽然底层叙事中的主人公的家庭乃至家族都处在生存危机的临界态,他们被迫放弃个人意志与理想,离开熟悉的生活与职业环境,或者离乡背井,或者存身市井,但在他们为了争取生存与发展的权利而与命运、社会体制抗争却无可奈何的琐碎生活细节的展示中,却富有诗意地展现了他们身上所有的仁爱、孝悌、诚信、互助、吃苦耐劳、坚韧不拔等美好品德。这些美德更多地是来自中国传统文化的塑造。这就构成了底层叙事的意义翻转或者说意义置换,亦即将底层生存的苦难叙事置于后景,而将维系底层社会存在的道德叙事置于前景,二者构成了强烈的对比关系:对底层生存苦难的展示越细致,对底层社会美德的表现也就越感人。不仅如此,支撑底层社会存在的传统美德,也被诗意地想象为底层人物摆脱困境、获得幸福的根源,他们最终借以回到了整个中国社会的和谐状态。而为了有力地实现这一叙事意图,叙事者还会设置与作为传统美德化身的主人公相反的人物形象,他们不仅是推进戏剧冲突、衬托主人公形象的手段和角色,更以其自身的不幸反衬着主人公的幸福结局,诠释着道德叙事的合法性。

所谓成功叙事模型,就是将底层人物塑造为历经磨难但最终走向成功的形象。同样地,底层生存苦难也被设置为背景,而主人公则如孟子所说"天将降大任于斯人也,必先苦其心志,劳其筋骨,饿其体肤,空乏其身,行拂乱其所为,所以动心忍性,曾益其所不能"(《孟子·告子下》)。他们不怨天尤人,不逆来顺受,而是用素朴的生活信念、勤劳、质实、拼搏精神,再加上辛勤的努力,最终成为所在行业领域的佼佼者,不仅改善了个人物质生活处境,而且还得到了社会荣誉,甚至收获了爱情。当底层人物的成功叙事被置于前景,而将底层生存的苦难叙事置于后景,也就完成了底层叙事的意义翻转或者说意义置换。二者也构成了对比关系:对底层生存苦难的展示越细致,底层人物的成功故事也就越具有传奇性,从中显现的道德品质也就越具有感染性。这不但会强化成功故事的示范性,而且也有助于成功叙事的审美效果的实现。而为更好地达成目标,成功叙事还运用诗性叙事手段,展示成功者在物质追求之外的诗意理想,以及在实现理想的过程中得到的全社会的关爱。这不仅提升了主人公的精神境界,将其与暴发户形象区分开来,也为底层形象注入诗意、和谐的亮色,从而祛除了底层社会的阴暗面和戾气。而作为现代社会创伤性疤痕的底层苦难,也在相当大程度上被稀释、淡化。

所谓清官叙事模型,就是塑造有强烈的事业心和责任感、关心人民疾苦的基层国家干部形象。为了拯救陷入生存困境的底层人群,他们不惧丢官罢职甚至丢掉性命的危险,与各种黑社会势力以及不法官员斗智斗勇,最终以信仰、正义战胜了邪恶。这些符合底层社会伦理诉求的新时代的清官,是化解底层苦难,将其融入和谐社会的宏大叙事的根本力量。而从叙事策略看,当拯救底层的清官叙事被置于前景,而将底层生存的苦难叙事置于后景,也就实现了底层叙事的意义翻转或者说意义置换。二者也构成了对比关系:对底层生存苦难的展示越细致,越能凸显清官的道德品质与智慧才能。以"苦难"始而以"和谐"终的情节设置,也因此产生了象征意义,暗示在党和政府的关怀下,底层人群终将走出生存困境,他们也从因为感觉自己被抛弃而产生对国家、政府漠然不理的心态,最终因为生存苦难的结束而重新建立起对国家、政府的信任,以及在国家各种政策的扶持下走向小康的信心。

　　这三种叙事模型,当其成功地实现了底层叙事的意义翻转、意义置换,也就成功地建构起和谐底层形象。其文化象征意义是:底层苦难只是中国社会转型期的暂时现象,而和谐才是中国社会转型的本质要求和必然趋势。

图书在版编目(CIP)数据

中国的美学问题/程勇著. —上海：复旦大学出版社,2020.10
ISBN 978-7-309-15293-7

Ⅰ.①中… Ⅱ.①程… Ⅲ.①美学-研究-中国 Ⅳ.①B83-092

中国版本图书馆 CIP 数据核字(2020)第 154547 号

中国的美学问题
程　勇　著
责任编辑/胡欣轩

复旦大学出版社有限公司出版发行
上海市国权路 579 号　邮编：200433
网址：fupnet@fudanpress.com　http://www.fudanpress.com
门市零售：86-21-65102580　　团体订购：86-21-65104505
外埠邮购：86-21-65642846　　出版部电话：86-21-65642845
上海崇明裕安印刷厂

开本 890×1240　1/32　印张 10.375　字数 260 千
2020 年 10 月第 1 版第 1 次印刷

ISBN 978-7-309-15293-7/B·733
定价：62.00 元

如有印装质量问题，请向复旦大学出版社有限公司出版部调换。
版权所有　侵权必究